深圳传

叶曙明 ◎ 著

SPM 南方出版传媒
全国优秀出版社
全国百佳图书出版单位
广东教育出版社
·广州·

图书在版编目（CIP）数据

深圳传 / 叶曙明著. —广州：广东教育出版社，2018.12
ISBN 978-7-5548-2644-7

Ⅰ. ①深…　Ⅱ. ①叶…　Ⅲ. ①深圳—地方史　Ⅳ. ①K296.53

中国版本图书馆CIP数据核字（2018）第276604号

策　　划：陶　己　林玉洁
责任编辑：林玉洁　唐娓娓　杨利强
装帧设计：黎国泰
责任技编：涂晓东

深圳传
SHENZHEN ZHUAN

广东教育出版社出版发行
（广州市环市东路472号12-15楼）
邮政编码：510075
网址：http://www.gjs.cn
广东新华发行集团股份有限公司经销
广州市岭美彩印有限公司印刷
（广州市荔湾区花地大道南海南工商贸易区A幢）
787毫米×1092毫米　16开本　19.5印张　390 000字
2018年12月第1版　2018年12月第1次印刷
ISBN 978-7-5548-2644-7
定价：98.00元
质量监督电话：020-87613102　邮箱：gjs-quality@nfcb.com.cn
购书咨询电话：020-87615809

Contents

目录

上篇　山海岁月

第一章　远古的回声

第二章　唐宋盛世

第三章　海防第一线

第四章　大时代洪流

下篇　大鹏在天

第五章　杀出一条血路

第六章　孔雀东南飞

第七章　寻找新路向

第八章　世纪之都

上篇 山海岁月

第一章 远古的回声

新石器时代的深圳

深圳，1985年5月13日，星期一。

一轮红日从大鹏半岛的迭福河尽头缓缓升起。求水岭和观音山上的苍苍林木，被一层耀眼的光晕所笼罩，变幻着明暗闪烁的色彩，由空蒙而渐趋明朗。山体的阴影在迅速退缩，林间响起了鹧鸪此唱彼和的鸣叫，还混杂着许多不知名的鸟啼声，叽叽喳喳，从山下古潟湖的上空掠过。湿重的岚气渐渐消散，气温缓缓上升，阳光洒落在大鹏湾的海面上，蓦然反射出片片粼光，在汹涌的波涛间起伏隐现。海浪触石，洪波涌注，潮涨如歌，潮退如吟。此情此景，在千万年光阴

咸头岭新石器时代遗址全景

里，出现过无数次，却依然如此壮丽、如此迷人。

在求水岭南面山脚下，古潟湖的西南面，距离迭福湾海岸不到400米的沙丘地带，有一条小村，叫“咸头岭村”。如果不是1981年深圳市第一次文物普查时，在这里发现了一个史前社会的文化遗址，地图上恐怕也不会标示出它的位置。从那时起，“咸头岭”这个名字，便在广东考古界传开了。经过几年的勘察、钻探、选点，确定发掘区和制订发掘计划，咸头岭终于迎来了正式开挖的一天。

一个阳光温暖、微风和煦的夏日早晨，当薄雾散尽以后，一支由广东省考古人员组成的考古队，精神抖擞地进入发掘区，展开了第一天的挖掘工作。天气很适合野外作业。考古队搭好了竹棚，在沙丘的挖掘区四周铺上复合板，以防工作时人来人往，压塌了探方；然后开始一层一层往下挖，每挖一米，就在四周留出半米宽的台面，喷上胶水，使砂层固化，然后再小心翼翼地挖下一层。

富足山出土的三国东吴的青釉虎子

发掘工作进展顺利。当清理完地表堆积层以后，埋藏在下面文化层的大量陶器和石器，便一点一点重见天日了，其中有釜、罐、盘、钵、杯、支脚、器座、圈足盘、盆、碗、筒状物等陶制生活用具，有锛、斧、刀、凿、拍、铲等石制生产工具。其种类之丰、数量之多、工艺之精，直到今天，在深圳地区所发现的数十处新石器时代文化遗址中，亦属独占鳌头，无有俦类。

这时，人们已经意识到，这是一个极其丰富的宝藏了。于是，考古队在1989年和1997年又进行了两次发掘。但这三次发掘，都没找到可供测定时间的物质，因此未能确认遗址的年代。2004年8月31日进行了第四次发掘，终于从残存的木炭中找到了科学测定的标本——碳-14。2006年春天，深圳市文物考古鉴定所和深圳博物馆又在遗址西北部进行了第五次发掘，最后确认遗址距今约七千年。

七千年！几乎所有人都被这个结论震撼了。这是珠江三角洲地区迄今被确认年代最早的人类遗址。它揭示了这样一个事实：早在新石器时代，岭南人就以此为家，日沐风雨，夜枕海涛，凿石作器，开窑烧陶，弋猎捕鱼，繁衍子孙。七千个春秋轮回，七千个寒暑更替，一部土地、血缘与族群的文明史册，就从这

咸头岭遗址考古发掘探方

咸头岭新石器遗址出土的陶釜

里开始落墨，谱写最初的篇章。

咸头岭遗址是岭南地区新石器时代最具代表性的文化遗存。尽管早在1956年，广东省文化局文物工作队就已经在宝安县铁岗水库工地发现多处新石器时代晚期的文化遗址，出土了大量的石器和陶器，有不少保存完整。但由于无法确认它们的年代，只能根据文物特征——与长江以南沿海一带的新石器时代文化遗址很相似——推测它们与龙山文化接近，也就是距今4000多年。而咸头岭遗址年代得到了确认，比龙山文化早了约3000年。

2006年，咸头岭遗址被正式命名为“咸头岭文化”（关于怎么命名，学界众说纷纭，有人建议命名为“大湾文化”，还有人建议命名为“咸头岭—大黄沙文化”“西樵山一期文化”“金兰寺一期文化”等，不一而足），并被评为当年“全国十大考古新发现”之一。历史舞台的大幕，就从这块山陬海噬的地方，被徐徐挑起了一角，从时光隧道那一头透过来的吉光片羽，为我们开辟了广阔的想象空间：7000年前的深圳人是怎样生活的？他们住怎样的房子？他们的食物从哪里来？他们穿怎样的衣服？他们的聚落形态是怎样的？他们与珠三角地区的其他聚落是什么关系？

现在，就让我们回到7000年前的深圳。

那时地球正处于全新世大暖期，由于冰川融解，滔滔的海水从遥远的极地汹涌而至，鲸波怒浪，喷薄连天，海平面比现在高出足足两米，珠三角还没完全成陆，位于东经113° 46′ ~114° 37′ 、北纬22° 27′ ~22° 52′ 的大部分地区仍是一片汪洋。潮汐涨退，夹着海洋罡风，日复一日、年复一年地把海沙推到岛屿的岸边，渐渐堆积成沙堤，形成陆地；愈来愈多的陆地浮出水面，渐渐连成了一片。

七娘山系、鸡公山系和羊台山系就像一条驾雾而至的游龙，卓然耸拔的梧桐山恍如龙脉之首。数千里珠江水，滔滔至此，汇入大海。就山水形势而言，蛇口为水口，香港大屿山为案砂，北山南水，海湾套叠，岛屿星罗，犹如金龙含珠、灵龟下海、银盆养鱼，被堪舆家视作聚财和成就大事之地。

站在梧桐山上，向西展望，是九龙半岛；向东远眺，大鹏湾尽收眼底。天风高旷，海色浩茫。再往东，就是大鹏半岛的求水岭和观音山。蜿蜒曲折的海岸线，倚山面海，藏风聚气，飞潜动植，资源丰富。大叶榕、细叶榕遮天蔽日，根须蔓延，入地即生，长成十几亩的浓荫；木棉树花开季节，漫山遍野，有如赤浪怒卷，丹霞映日。虎豹、猿猴、山猪在山中出没。陵谷之间分布着众多的山地河流和潟湖，最大的河流就是深圳河，发源于梧桐山牛尾岭，原名罗溪，又有“过蛲水”“滘水河”“清河”等名，直到鸦片战争前后才改称“深圳河”，流域面积达312平方千米，提供源源不绝的淡水，养育了无数的水产动植物。

南头红花园出土的汉代青釉弦纹单耳杯

这里气候温和潮湿，据20世纪80年代初——也就是深圳大规模城市化之前——的数据，全年平均气温约22.1℃；春季经常大雾弥漫，一年中总有那么三五天，梧桐山会神秘地消失在云迷雾罩之中。海面以东南风为主，蛇口、赤湾、妈湾一带风势强劲。清嘉庆《新安县志》载：“三冬无雪，四时似夏，一雨成秋，其舒早，其肃迟……厥土涂泥，水气上蒸，春夏淫霖，庭户流泉，衣生白醭，即秋冬之间，时多南风，而础润地湿。”

迄今有实物可资考证的第一代“深圳人”，便在这个潮湿和燠热的亚热带海滨之地，建立起自己的家园，筚路蓝缕，繁衍生息。

从咸头岭、大梅沙、小梅沙、大黄沙等新石器时代遗址发现的陶器，可以一窥深圳先民的某些生活场景。这些陶器五花八门，从用途上看，有盛食物的、盛

大梅沙遗址考古发掘现场

水的、做锅碗的，也有贮藏物品的；从艺术上看，既有白陶，也有彩陶；从材质上看，早期以夹砂陶为主，后期以泥质陶为主。有些烧制时火候较低，陶质较软；有些烧制时火候较高，陶质坚硬。由此可以看出，制陶的技术也在不断地改进提高。

在某些彩陶的残片上，依稀可见赭红色的条带纹；而在另一些器物的戳印纹中，则有赭色填彩。深圳先民用贝壳在陶器上刻画出各种复杂的纹饰，有水波纹、编织纹、叶脉纹、双圈纹，也有云雷纹、夔纹、方格纹、乳钉纹等，形形色色，千变万化。在春坎湾等地出土的镂孔圈足彩陶盘和白陶盘，令人惊艳。彩陶盘加浅红色陶衣后磨光，用镂孔、刻画和彩绘等手法制成组合花纹，白陶盘则用压印、模印、篦点、刻画、浅雕等多种手法制造出几何形图案，细微之处，可见匠心。这是深圳先民留下的最早期的艺术创作，古朴、简约，透出一种地老天荒的韵味。

深圳先民靠山吃山，靠水吃水。考古人员在屯门涌浪遗址和大屿山沙螺湾遗址发现了多件规格相同的大型石锚，可以推测船只的数量与大小规格都超出了今人的想象；在深圳下洞村发现了石网坠，这是一种浅海捕鱼工具；蚌地山发现了石犁；在大黄村发现了一些炭化的粮食颗粒。把这些零星的发现

1980年小梅沙遗址出土的彩陶圈足盘

连缀起来，一个引人遐思的结论便呼之欲出了：那时的深圳先民，除了渔猎之外，也开始耕种了。农业时代的第一缕曙光，已在遥远的天边隐约吐露。

咸头岭出土的新石器时代中期的石拍

在生产工具中，最富有争议的是“拍”。咸头岭一共发现了六件“拍”，圆角长方形，正面有直线凹槽，左右贯穿上下两端，背面及四周打磨光滑。人们最初以为它是用来拍印陶器纹饰的，但后来有研究者提出，“拍”是树皮布的制作工具。

树皮布也可称作早期的“布料”，经过对树皮进行拍打、浸泡、晒干等工序，缝制成无纺“布料”，可供遮羞之用。石拍是用来拍打树皮，把树皮的纤维结构拍松的。劳作者从早到晚重复一个机械的动作：挥动沉重的石拍，一下一下地拍打树皮。这是一种极其繁重的体力劳动。近现代制作树皮布的技术，在海南岛的黎族中仍有传承。咸头岭发现的石拍，经过碳-14测定，是6600年前甚至更早时期的物品。直到今天，世界上还没找到比它更早的树皮布石拍，东南亚地区已发现的石拍比它晚了3000多年。

古人常以“衣冠”借代“礼教”，“衣冠文物”反映着一个地方的文明水平。1956年在蚌地山、墨鱼坳山的新石器遗址上，曾先后发现陶制的纺轮。这是一种原始的纺纱工具，其作用是把一堆杂乱的纤维牵伸拉细，利用纺轮旋转产生的力量，把拈细的纤维拧成麻花状，其工作原理与今天纺纱机的纺锭基本相同。纺轮最初可能是用来编织麻绳渔网，后来才慢慢发展为纺织布料。

石器制作从打制到磨制的变化，纺织技术从石拍到纺轮的进步，是一次历史性飞跃，为社会生产、生活带来了巨大的变化。其间经历了漫长的岁月，经过了一代又一代人的努力，才实现了这个伟大的跨越。

红花园出土的汉代陶灶

除了生产工具和生活用品外，在咸头岭还发现了房屋建筑的灰土铺垫硬居住面、灶和立柱留下的柱洞等建筑基址。当时的房屋墙壁可能是木棍和竹条搭构框架，外面敷泥再用火烧成。根据柱洞的大小和分布，推测是一座圆锥形的棚屋。

在这间棚屋里，曾经发生过一些什么事情呢？有过怎样的欢乐、悲戚、恐惧、愤怒、忧愁、憧憬和希望呢？这是六七千年前一户没有留下姓名的深圳先民的家。为了这个家，身披树皮布衣、腰扎麻绳的男人们，每天迎着朝阳，踏着露水，扛着用石英岩或砂岩打磨成的石锛、石斧、石犁、石刀、石戈出门，赤足而行，登山涉水，砍柴伐木，狩猎捕鱼，耕地播种。他们最原始的交通工具是一种生前作船、死后作棺的独木舟。独木舟的制作方法很简单，就是把粗大的树木剖开掏空，刳木为舟。女人则在家拍打树皮，编织裘褐。一天的劳作结束后，人们都回家了，父亲和孩子们同川而浴，凫水相戏，享受天伦之乐。

那些早已火烬灰冷的土灶，6000多年前也曾冒出过熊熊的火焰，烤肉的浓郁香气也曾飘满一室，围在炉边的孩子们，个个眼睛发光，垂涎欲滴。当母亲把烤好的肉用陶盘盛出来时，孩子们欢呼雀跃，伸出一双双小手。而辛劳一天的父亲就坐在一旁，含笑望着满屋子欢蹦乱跳的孩子。这种生活场景，我们一点也不觉得陌生，孩子们的欢笑声仿佛还在耳边袅袅回响。当长庚星开始在海平线上闪烁时，一家人便挤在简陋的土屋里，伴着屋外的虫唱蛙鸣、山间的风嚎雨啸、大海的隆隆涛声，沉沉入睡。而新的一天，就在睡梦中，悄然到来。

大黄沙新石器时代中期遗址

深圳先民也会定期举行一些祭祀仪式，尽管我们还不清楚六七千年前，他们有什么宗教信仰，拜的是什么神。最初的宗教崇拜，总是和图腾相关的。《淮南子》说，越人“被发文身，以象鳞虫”。鳞虫有可能是鳄鱼，也有可能是蛟龙或蛇。越人以鳞虫为图腾，把图腾文在身上，是为了获取某种神秘的力量。深圳地区曾有龙跃岭、龙鼓山、龙岐山、横龙冈、大龙冈、九龙（原属宝安）、龙穴洲等地名，令人浮想联翩。

当然，也不是全部越人都以“鳞虫”为图腾，也有以飞鸟为图腾的。中原人用牛骨、龟甲占卜，以定吉凶，而越人则用鸡骨演禽打卦。鸡也是鸟类的一种，越人甚为看重。深圳的鸟类很多，最常见的有鹧鸪、山鸡、鹌鹑、画眉、江鸥、

西乡铁仔岭出土的南朝青釉鸡首壶

鹤等。不少地方以鸟类命名，如鸡公头、鸡魁石、鹅公岭、鸡婆山、凤凰岩、凤栖冈、大鹏山、鸦洲山等。

除了“鸡”这种被驯化的鸟类以外，鹤也是常被提起的鸟类。先秦的《逸周书》说岭南有“菌鹤”，清代的《南越笔记》则写作“水鹤”，说这种鸟“性通风雨，有风雨则鸣而上山，否则鸣而下海”。既然有预知风云变幻的“神通”，被越人当作神灵膜拜，也就不奇怪了。深圳有鹤斗、鹤坑、鹤洲、鹤园、白鹤山、白鹤滩等地名，不少研究者相信，鹤也是深圳先民崇拜的对象之一。

猜想不一定正确，地名也不一定直接反映着远古的图腾，但从中可窥见鸟类在先民心目中的位置。在南越的铜鼓中，常有“羽人”形象出现，这些身披羽毛扮成鸟类的人，载歌载舞，被认为是在举行祭祀图腾的活动。

考古人员曾经在香港大屿山、西洲、蒲台岛、长洲、东龙洲，以及港岛的大浪湾、黄竹坑和清水湾等地，发现石刻岩画，岩画上描绘着圆圈纹、云雷纹等几何图案，还有鸟、蛇、夔龙、怪兽等动物图案。这些岩画显然都与先民的祭祀有关。但我们还不能完全确认，深圳先民是怎样进行祭祀的。

1970年，考古人员在香港南丫岛深湾遗址三座土葬墓附近，发现了大量颅骨碎片，却没有肢体骨骼，亦无明显的焚烧痕迹。他们做出大胆的推测：这很可能是一批作为祭品的人牲，被砍头祭祀后，肢体由众人分食，只剩下头颅加以掩埋。无论中原还是四夷，远古时代都有猎首祭祀和食人习俗，深圳地区也不例外。

在距离这次考古发现约20年后，香港中文大学和广州中山大学再次对南丫岛进行联合考古。这次他们在一座貌似商周时代的古墓中，发掘出一件奇怪的物品。该物品呈扁平长条形，长21.8厘米，刃口4.6厘米，刻有细微的阴线花纹，柄部方形，上端有一高一低两组钼牙。考古人员左看右看，揣测它的用途，忽然有人说了一句：“不会是牙璋吧？”几乎所有人的眼睛都瞪圆了。“没错，是牙璋！”“天啊，在香港发现了

咸头岭出土的新石器时代中期的彩陶圈足盘

牙璋！”现场顿时响起一阵压低了嗓音的惊呼。

香港在1842年被迫割让给英国之前，一直是属于宝安县（深圳）的。而牙璋盛行于北方龙山文化年代，它在香港的出现，被视为具有“里程碑意义”。《周礼》记载：“牙璋以起军旅，以治兵守。”人们一直以为它是用来调兵遣将的兵符，但随着愈来愈深入的研究，才慢慢搞清楚了，它是古人祭祀的礼器，用于宗教活动的重要信物。

大黄沙新石器时代遗址出土的陶器座

一种流行于北方的祭祀礼器，怎么会在深圳地区出现？这是否反映了中原文化对岭南的影响？以当时的交通条件，要从千里之外影响到岭南，绝非易事。如果这个牙璋是中原人带来的，他必定是一位社会地位颇高的贵族或者巫师，才会随身带着牙璋。但一个商周时代的北方贵族，为什么要离开宫庙城社，越过瘴气弥漫的五岭，涉过河流纵横的三角洲，一路穿荆度棘，蹁蹶而行，茫茫大海也不能让他止步，哪怕只有一艘千疮百孔的破船，他也要拼命划桨向前，为的是去一个他闻所未闻、见所未见的荒凉海岛上，并在这个荒岛上默默死去？这个人是谁？他此行的目的是什么？他是仅仅把牙璋作为纪念品带来，还是把整套祭典仪式都搬来了？南丫岛真的举办过符合中原礼仪标准的祭典吗？如果有一天真相能够水落石出，那将会是一个奇妙无比的故事。

考古是为了解开历史上的谜团，但往往每一个小小的发现，却会带出更多新的谜团。关于古代深圳人的宗教活动，目前只有一些零星的器物，缺乏一根把它们串起来的线，因此无法呈现出一个完整的画面。

日子就这样一年年过去，在月圆月缺之间，夏天去了，冬天来了。咸头岭、大黄沙、大梅沙、小梅沙一带，逐渐形成了众多的聚落，处处炊烟。咸头岭很可能是一个中心聚落，人口最多，各种器物的制作水平也最高，对整个地区有强大的辐射力。尽管这里的芸芸众生生如草芥，死如败叶，连一个姓名也没留下，但他们所经历的一切、所创造的一切，如果记录下来，就是一部气势恢宏的史诗，足以衡量出历史的宽度。

咸头岭陶器的不少纹饰和器形，与湘西高庙文化和松溪口文化的陶器十分相似。在蚌地山、黄策捕鱼山发现的陶器，也被认为具有龙山文化的特征。历史上能称之为偶然与巧合的事物，少之又少，两种文化的相似，必有某种联系。

咸头岭出土的新石器时代的印纹夹沙陶尊

这是一件神奇的事情，大家在相隔千山万水的不同环境中成长，并非受同一个老师的传授，却不约而同地在石壁、住宅和器皿上，刻下他们觉得美丽的图案花纹，而这些图案往往由相同的元素构成；他们用石块、贝壳和动物骨头做的首饰，简直就像出自同一个设计师之手。无论是聚落的形成、对食物的选择、图腾崇拜，还是工具与武器的发明、对创造艺术的渴求……凡此种种，大江南北不仅发展模式极其相似，而且在进程的时间线上，也有许多惊人的重叠。几乎可以断言，深圳先民与五岭以北的地区在6000年前就建立了文化交往。但以当年的交通条件，他们是怎样做到的？这真是一个难解之谜。

清咸丰《顺德县志》写道：“昔者五岭以南皆大海耳，渐为洲岛，渐成乡井，民亦藩焉。”一个“渐”字，浓缩了千万年的沧桑之变。而一座伟大的东方城市，就在大海永恒的喧嚣声中，奠下了最初的文明基石。

北方吹来的风

如果近距离观察深圳先民的生活，每天日出而作，日入而息，饭稻羹鱼，火耕水耨，果隋蠃蛤，自给自足，似乎一成不变。但如果拉开时间的距离来看，文明的进程一旦启动，就再也无法停止。

1984年，考古人员在深圳观澜镇东庵村追树岭一个春秋时代的文化遗址中，挖掘出了石锛、石斧、石铲、石镞和一把青铜短剑。人们蓦然意识到，深圳的历史，已不知不觉从石器时代迈进青铜时代了。1987年，在深圳茶光村叠石山发现了四件埋藏于地下2300年的铁斧，这表明深圳的铁器时代也如期来临。也许我们不能确切知道，从石斧到铁斧，这中间到底跨越了多少岁月，但山河节序，却已在鸢飞鱼跃间，屡变星霜。

当代学界不乏这样的史家，他们抱有一种惯性思维，只要看到岭南有什么进步，就说是受中原文化的影响，是中原人把诗书礼乐传到岭南，是中原人把先进的农业技术带到岭南，是中原人教会岭南人用砖瓦盖房。两千多年前，北方正处于“金戈铁马唱大风”的战国时代，中原文化还没有能力大举进入岭南，但深圳地区自生文明的进程，却已和中原地区大致同步。这个事实，常被人有意无意地忽略。

我们并不否认中原文化对岭南的影响，但需要足够的历史证据，来说明这种“影响”是从哪里传来的，是在什么时间、由什么人、经过什么路径传来的。1993年，深圳博物馆在大梅沙海滩上的春秋古墓中发现了短剑、矛、钺等青铜器和陶纺轮。如果说石器技术、青铜技术、烧陶技术都是从中原传来的，那就需要提供这种技术南传的路线图，而不能笼统地说是受中原影响。

赤湾出土的新石器时代晚期的叶脉状陶炉箅

20世纪80年代后期的一个夏日午后，一位年近七旬的外国人，迈着艰难的步子，登上了深圳市南山区福光村后面的屋背岭。这里很少有外国人单独前来探访，所以引起了当地村民的好奇围观。这位老人是深圳大学的英籍教授，名叫彼得·汤普森（Peter Thompson），中文名为谭世安。第二次世界大战期间，他从剑桥大学建筑系辍学，随英国红十字会医疗队来到中国，当了一名运输医疗药械的司机。战争结束后，他回到英国广播公司（BBC）任高级编辑和导演，还出版了一本名为《中国人的手艺》的书，介绍中国的石雕、编织、刺绣等传统文化。谭世安退休后，在深圳定居，并在深圳大学执教，讲授建筑学课程。

在烈日曝晒下，老人的衣衫已全部汗湿，但他仍然走几步就弯下腰，在地面敲敲打打，寻寻觅觅。不久前，在当地的建筑工地上，他发现了一些形状奇特的石块，并对这些石块产生了极大的兴趣。以他的文物知识判断，这些石块当属商周时代的遗物。他推测这里应有一片蕴藏丰富的商周文化遗址。盛夏季节，谭世安冒着溽暑炎蒸，踏遍了附近的荒山野岭和建筑工地。他披沙拣金，找到的商周时代陶片、石器和青铜器愈来愈多。

1996年7月，谭世安在深圳逝世。去世前，他把多年收集的几百件从商周直到明清时期的文物——有石器、陶器、瓷器等——全部捐给了深圳博物馆。

屋背岭商时期墓地俯瞰

深圳博物馆考古队根据谭世安提供的线索，于1999年开始对南山区西丽街道一带进行试掘。考古人员沿着谭世安当年走过的崎岖小路登上屋背岭时，不禁为之感叹：这么远，这么难走，不少地点连专业的考古人员也是第一次去，而一个年迈的外国人，十几年前就不畏艰险地来此寻找中国古代的文物，他仅仅是出于对中国的热爱、对中国传统文化的喜好、对人类文化的尊敬，这份情怀实在令人感动。

屋背岭商时期墓地发掘探方

具有丰富考古经验的河南省文物研究所和洛阳市文物队，也应邀派出研究员参加了这次试掘。地点是一片荔枝林。为了找到每个墓葬的边缘，他们采用了最原始的办法，就是每发现一件石锛、陶片之类的器物露头，就用手铲和手指轻轻敲打器物四周三四米范围的土地，看哪里的土质较坚硬，哪里的土质较松软，哪里的声音闷，哪里的声音脆。声音闷的可能是墓内的土层，声音脆的则可能是墓外的土层。他们趴在地上，时而敲敲打打，时而侧耳聆听，脸上的表情时而欢喜，时而失望，就好像他们正和地底的某个怪物通话似的。村民们远远地围观，十分好奇。

那年正好下雨很少，地面都干燥成硬块了，敲哪里的声音都差不多，考古人员就用水把地面浇湿，等稍干后刮掉一层表土；再浇水，再刮掉一层。就这样反复地浇水，反复地刮土，反复地敲打，终于在168平方米范围内，发掘出13座商周墓和2座春秋墓。

试掘的结果令人激动不已，考古人员用“历经艰难试掘，喜获惊人发现”来形容。2001年4月上旬开始正式发掘，北京大学的商周考古专家也风尘仆仆地专程赶到深圳。经过三个月的发掘，在这片面积1400平方米的地方，又发掘出81座商周墓葬，出土石器和陶器近200件；从另外3座春秋时期的墓葬中，也出土了不少铜器、石器和玉器。

大家发现一个有趣的现象，94座商周墓的规模都差不多，随葬品数量也差不多，似乎反映出当时人们的社会地位并没有太悬殊的差别。另一个有趣的现象是，在某些墓葬中，只发现锛、斧、刀等生产工具，没有发现纺轮；而在某些墓中，却又只有纺轮，没有锛、斧、刀等生产工具。这是否说明墓主生前的职业和性别不同？会不会前者的墓主是男性，后者是女性？如果此论成立，似乎说明远在商周时代，男女的分工就已经很明确了。

北京大学的考古专家在仔细审视之后，对当地的考古人员说：你们的发现，“填补了岭南地区商周时期考古的空白”。大家一开始屏息静气，听到这句话后，顿时欢声四起。2001年，南山西丽屋背岭商周墓葬群遗址被列入“全国十大考古新发现”之一。

2001—2002年屋背岭出土的商时期墓葬器物

这一脉文明的创造者，便是咸头岭的香火继承人，被中原称为“百越”民族中的一支。顾名思义，百越是由许多水处舟行的小部族组成的，分布在浙江、福建、江西、湖南南部及两广地区，各自独立，互不相属。虽然统称“百越”，但差异很大，两广越族分西瓯、南越和骆越等不同氏族。成书于西汉的《淮南子》，曾以寥寥数语勾勒出湘南与岭南越族的生活形态：“九嶷之南，陆事寡而水事众，于是民人被发文身，以像鳞虫：短绻不绔，以便涉游：短袂攘卷，以便刺舟，因之也。”在出土的南越铜鼓上，船纹是最常见的图案，足以证明两千多年前岭南沿海地区的造船业已经是一个举足轻重的行业。

红花园出土的汉代铜镜

越人的生活形态，每时每刻都发生着变化。原因很多，地理、气候、饮食、居住等条件的细微之变，都可能会引发一连串的涟漪效应。随着全新世大暖期的结束，海水渐退，土地增加，各种植物蓬勃生长，人们的食物结构也发生变化，从而促使农耕时代的到来。人口的增长和流动，带动了农耕、畜牧等技术的更新、提高，又引起了更广泛和持续的变化。

人们的生活地点，随着环境的改变而不断迁徙。在不同的地方，遇上不同的人，在漫漫的迁徙途中，聚落间的交流不断地发生着。人类的文明奠基于交流，没有交流就没有文明。深圳亦然。外来文化基因的植入，是本土文化在短期内豹变的重要酵素之一。在屋背岭的商周遗址中，就发现有部分陶器，如圈足豆，明显带有中原地区岳石文化的痕迹，由此证实两地是有文化交流的。

在追溯外来文化基因的源流时，不能不提及战国时从北方流入岭南的季连部落。上古时代，季连部落生活在甘肃、陕西、河南一带，不少族人与以牧羊为业的羌族有姻亲关系，季连部落亦以“芈”（与“咩”通，是羊的叫声）为各部落的共姓。甲骨文中，“羌”是“羊”的变体。商朝兴起时，对季连部落的剿杀甚烈，其族众七零八落，四处逃亡。其中有一个重要的氏族——罗氏，逃亡至甘肃东南部。武王伐纣后，裂土分茅，罗氏被封为子爵，其封土在湖北房县，后来被楚国所灭。罗氏族人南徙至洞庭湖一带。公元前391年，楚国南平百越。罗氏不得不继续南逃，穿越穷山恶水，扶老携幼，杖履相随。他们栖栖惶惶的背影，最后消失在被北人视为畏途的五岭以南。

其后不知经历了多少艰难险阻、颠沛流离，罗氏族人终于在岭南站稳了脚跟，并且创立了“缚娄国”，地域覆盖今惠州、博罗、东莞、深圳、香港、汕尾、河源、兴宁一带。两广地区至今仍有大量带“罗”字的地名，如博罗、罗定、罗董、罗水、萝岗、罗岭、罗浮山等。深圳的松岗有罗田，坪地有罗谷，石岩有罗租，还有罗山、罗湖等，连深圳河的原名也叫罗溪。明代罗湖袁渔隐（讳子清，以字行）曾作《携客游罗溪作脍》诗曰：“罗溪水长鳜鱼肥，同客观潮坐石矶。作脍欲归谋斗酒，白衣人到已斜晖。”又一首《游罗溪》诗曰：“罗溪峻岭水还深，上有乔松百尺阴。何必更寻幽曲处，一竿明月可长吟。”

这些带“罗”字的地名，是否都与罗氏有密切关系，有待考证。但缚娄国首府在博罗，博罗这个地名，则是由“缚娄”演变而来。这是深圳土生越人与中原人在血缘上的第一次融合，不少研究者推测，是罗氏把中原的农耕和畜牧技术带到了岭南。

另一种鲜活的外来文化基因，来自茫茫大海的那一边。当北方七国争雄之际，东南亚的“蛮夷贾船”已随着春天劲吹的东南季风到达了广东沿海，与当地

向南村商时期遗址考古发掘现场

人交换珠玑、犀角、象牙、玳瑁、玛瑙、鸡血石、柘榴石、琥珀、果布婆律（龙脑香）等物品。岭南人无意问鼎中原，却热爱海洋，热衷于海外贸易。深圳地处珠江三角洲最南端，无疑是海上贸易的第一站。

南头古城东晋南朝壕沟遗址出土的三足砚台

如果大秦王朝不是凭着武力征伐，把中原文明带进岭南，岭南将会循着另一路径，发展起自己的海洋文明。中华文明是多元发展起来的，是多个地方因应各自不同的条件，独立地发生、成长，然后相互交融，参伍成文，有如百川朝海，并行不止，汇聚成浩瀚大洋，并非以中原为“一元始祖”，从中心向四面散播。

秦始皇灭楚之后，很快降服了浙江的越族，又顺利征服了温州一带的东瓯和福建境内的闽越，但唯独在岭南遇上了顽强抵抗。深圳地区的越人在大酋长译吁宋的统领下，加入抗秦战争。他们的行动飘忽不定，神出鬼没，令秦军疲于应付。三年不解甲弛弩，伏尸流血数十万，连秦军统帅屠睢也被西瓯人砍下了头颅。习惯高纬度北亚气候的秦军，深陷于危机四伏的亚热带丛林之中，被越人没完没了的夜袭，夏季的酷热、潮湿、台风、毒蛇、山蚂蟥和痢疾折磨得死去活来。当雨季来临时，沟渠河谷化为奔腾咆哮的急流，台风横扫大地，究竟有多少秦军死在丘陵灌莽和沼泽地里，永远无人知晓。

屠睢死后，秦始皇派任嚣、赵佗率军继续征讨岭南，并不惜动用十万军工，开凿灵渠，使长江的船只得以由湘江过灵渠，入漓江、桂江，再转入西江，顺流南下，直达番禺。秦军苦战九年，终于在公元前214年杀死译吁宋，灭掉缚娄国，实现了征服岭南的宏愿。秦始皇置桂林、南海、象三郡。任嚣是南海郡的第一任行政长官，以番禺（今广州）为郡治。深圳地区隶属南海郡。

几十万的秦军再也没回到北方，他们永远留在了岭南，开边殖民，年纪大的便就地解甲归田。如果把季连部落罗氏入粤视为中原人向岭南的第一波移民，那么秦军南征就是第二波移民。秦始皇的南征大军是以逋亡人、赘壻、贾人组成的，可见他本来就没打算让这些人在战后返回北方。收服岭南，就是为了把它作为一个罪犯、贱民和谪宦的流放地。

任嚣死后，赵佗拥旄岭南，开国称孤，号称“南越国”。他很聪明，居楚则楚，居越则越，对岭南采取“百越和集”“变服从俗”的政策。不过，越人到底有些什么习俗，历史记载甚少，后人的描述大多是根据当年的只言片语加以揣测。比方说，《史记》写道：“夫翦发文身，错臂左衽，瓯越之民也。”于是，后人便推想越人的日常形象，大约是把头发剪得很短（方便水下作业），身上文上花纹（为捕鱼而饰作蛟龙形象，最初是为了蒙骗鱼龙，后来是为了与图腾合一，获取神秘力量），与中原人蓄发的习俗迥异。

咸头岭出土的新石器时代的深腹灰陶钵

赵佗自称“蛮夷大长”，在接见汉武帝的使臣陆贾时，故意装扮成越人模样，“魋结箕倨”。这说明并非全体越人都是“翦发文身”的，贵族阶层因不必栉风沐雨，大约也是挽髻如椎的；即使接待贵宾，坐姿也是两腿张开，形如簸箕，与中原“跽坐”的礼仪大异其趣。

越人餐桌上的食物，可谓五花八门，无所不包。《淮南子》说他们喜欢吃蚺蛇，“越人得蚺蛇以为上肴”。而明代《五杂俎》说得更夸张：“南人口食，可谓不择之甚。岭南蚁卵、蚺蛇，皆为珍膳，水鸭、蛤蟆，其实一类……又有泥笋者，全类蚯蚓。扩而充之，天下殆无不可食之物。”飞潜动植皆可口，蛇虫鼠鳖任烹调。在中原人看来，这是非常野蛮的习俗。但深圳本来就是一个山海交错之地，良田有限，野兽众多，常出没伤人，人们要在这里生存，就得以命相拼，与野兽争夺地盘。弋猎捕鱼成为人们祖祖辈辈的生存之道，这是环境造成的。

汉高祖刘邦在一份诏书中说：“越人之俗好相攻击。”越人的性格，好勇斗狠，地盘观念很强。连蚺蛇都敢吃，还有什么可害怕？强

赵佗塑像

大的秦军也被他们打得狼狈不堪。赵佗并不强行推广中原冠带，而是虚怀容纳越俗，擢拔越人为官，鼓励中原人与越人通婚。《汉书·高帝纪第一》载，刘邦称赞赵佗“居南方长治之，甚有文理，中县人以故不耗减，越人相攻击之俗益止”。也就是说，在赵佗宽厚的仁政治理下，中原人可以在岭南安居乐业，越人也不排斥攻击他们了。这种“文理”，反映在舟车、文字、音律、冕旒、衣食、人伦、政治等方面，开物成务，草创经营，为岭南文明注入了一派盎然生机。

说晋语的深圳人

赵佗死后26年，即公元前111年，汉武帝平定南越国，将其地分为九郡，今天的深圳地区仍归南海郡，分属番禺与博罗两个县。南征楼船汉军二十万人，大部分留在了岭南。这是中原向岭南的第三波移民。

越人出征复原场景

秦、汉大军作为征服者，他们使用的语言，必然居主导地位。秦军把雅言带到岭南。所谓雅言，是指春秋战国时期，北方在官方场合（包括讲学与祭祀）使用的语言。《论语》说："子所雅言，诗书执礼皆雅言也。"初期他们只是在西江流域驻扎屯田，雅言的流行，也局限于秦军戍区内，即今肇庆、佛山、广州、中山、珠海、东莞、深圳、香港及梧州、贺州等地。以秦军所使用的"军话"及"雅言"为基调，不断融入当地的越语，慢慢从方言岛的存在形态演变为广府话（粤语、白话）。俟汉武帝平南越国后，在更大范围内流传，远及交趾刺史部所辖区域。

深圳地区的经济开发，真正被朝廷纳入全国范围，是从盐开始的。盐是极重要的生活物资，一日不可或缺。深圳濒临大海，有取之不尽的海盐资源，至今留下盐田、盐村、盐灶等地名。汉武帝把盐业收归官府专营，在全国设立38个盐与铁的生产、销售、转运管理机构，由大司农派出的盐官主持。盐官权力很大，几乎可与郡守平起平坐，因此有"太守"之称。当时岭南地区有两个盐官治所，西边的设在高要，东边的设在南头。南头盐官又称作"东官太守"。这是第一次有朝廷的行政机构派驻深圳地区。

制盐复原场景

东汉末年，天下分崩，进入魏、蜀、吴三国争霸时代。深圳因远离兵燹，得以全身避祸。盐业吸引了大量的劳动力，深圳地区亦因此而繁盛起来。深圳有好几个采盐点，规模较大的东莞盐场在南头，另外还有两个较小的盐栅，一个在归德（今沙井一带），一个在黄田（今深圳机场及香港屯门一带）。

一代一代的盐民，光着膀子，赤着双脚，每天在海边聚沙淋卤，砍柴刈草，取水熬盐，过着日晒雨淋的"煮海"生活。这里的每片海滩、每寸土地、每粒沙子，都吸饱了深圳盐民洒下的汗水。深圳先人有《鹾海谣歌》："遐陬赤子难衣食，砍山煮海劳筋力。煎熬辛苦无奈何，彼思出作而入息。"民间又有谣歌唱道："煎盐苦，煎盐苦，煎盐日日遇阴雨。爬碱打草向锅烧，点散无成孤积卤。旧时叔伯十余家，今日逃亡三四五。"这是盐工生活的真实写照。虽然谣歌作于明代，但盐工的生活古今一辙，都是那么苦。

由于人口增多，居民的生活也发生着变化，争地盘的事情时有发生，甚至招来盗贼觊觎。较为富裕的家族，已开始修建类似坞堡的建筑。这种建筑在北方颇为盛行，被南下的北人带到了南方。其形式有点类似后来的客家围龙屋，一座大的坞堡，可以住一条村的男女老少。深圳地区真正大量出现围龙屋，是在清初期。

渐渐地，好地头都被先到者住满了，迟来的人只能在溪河池塘边的卑湿之地落脚。昔日越人从巢居建筑发展出"干栏"的房子样式，并被普遍采用。这种房子搭建在木桩之上，上层住人，下层架空作为圈栏，豢养牲畜或放置杂物，既可以减轻地面潮湿对人体健康的影响，也可以避开毒虫蛇蝎猛兽的侵害。干栏建筑无论在立意上还是在形式上，均与后来风行于东南亚的骑楼建筑有一脉相承之处。

1981年，广东省博物馆在南山区红花园发掘出九座汉墓，其中一座属西汉早期墓，其余八座是东汉墓。墓主看上去都是"有身份的人"，并非田夫野老。值得注意的是，西汉墓的位置，就在南头的司盐都尉治所南侧几百米之处。其时南山四面皆水，对外交通很不方便，别处的富贵人家不会无来由地跑到这里营葬，所以推测墓主是南头本地人，很可能是经营盐业的富户。

从九座汉墓中清理出来的文物有罐、鼎、壶、三足盒、带把的三足杯、盂、尊、熏炉、豆形灯、铜钱、铜镜等，还有银镯、银指环和料珠等奢侈品，其品种和数量之多，令人眼花缭乱。器物的形状更呈现出汉越混合的风格，你中有我，

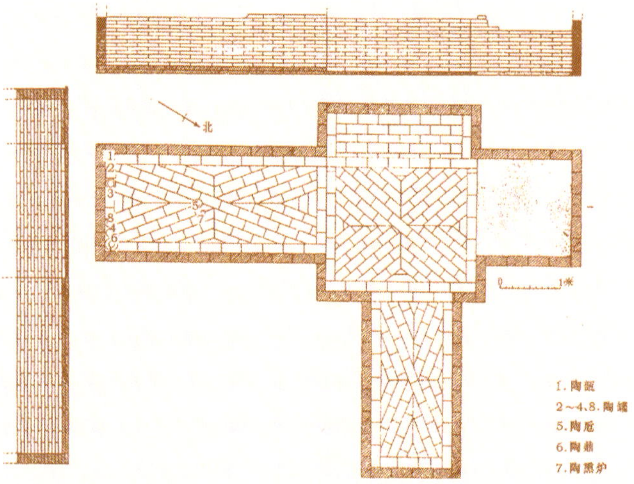

南头红花园东汉砖室墓（4号墓）结构图

我中有你，表明中原汉文化与岭南越文化已逐渐融为一体。而最令人意外的是发现一块刻有乘法口诀表的墓砖，这在全国汉墓中也是首见，足见当时深圳地区的社会生活已经昌盛，文化教育已有相当水平。

南头红花园东汉墓出土的“乘法口诀铭文砖”

西晋“永嘉之乱”以后，晋室南渡，从而揭开了东晋的历史。大量流民涌入岭南，梅关道上，应接不暇。这是中原人口向岭南的又一次大规模移民。所谓“北人避胡多在南，南人至今能晋语”。两晋以前，中原没受到“胡人”（游牧民族）的全面入侵，晋语依然是古汉语的嫡传。但西晋以降，先有“八王之乱”，继有“五胡乱华”，国势衰微，中国出现了近三百年的南北分治。游牧民族入主中原，导致北方汉语因大量游牧民族的语音加入，与传统雅言渐行渐远。而逃难的中原士民，却把承自东周的雅言再次带进这个相对稳定的地区。晋语与秦、汉雅言本属同源，故易于融合。

珠三角生齿日繁，为便于管理，东晋咸和元年（326），从南海郡析出东官郡。咸和六年（331），从博罗县析出宝安县，连同欣乐、兴宁、海丰、海阳、绥安共六县，归东官郡辖。这是宝安正式立县之始，其范围包括今天的深圳、香港、东莞、番禺南部、中山、珠海及澳门等地区，甚为广阔。宝安是东官郡的首县，郡治与县治都设在南头城子冈，也就是今天南头城东门外杧果园一带。这个原来的盐业管理中心摇身一变，升格为整个县的行政管治中心。

宝安这个名字的来由，据《广州府志》说，是因城北八十里有一座宝山而得名。宝山今属东莞市，山色秀丽，以龙潭飞瀑闻名，曾被发现有银矿宝藏，古人在这里设场炼过白银，故称“宝安”，得宝而安。但《新安县志》则说因“山辉泽美，珍宝之气彰焉，故郡名以宝安”。所谓“珍宝”是指这里出产珍珠。无论是因为自然景色的优美，还是因为有银矿和珍珠，都说明宝安在古人心目中是一方风水宝地。

东晋政权建立后，中国政治经济重心移往南方。在东西方航海家前赴后继的努力下，广州与罗马之间终于建立了直航路线。从罗马出发，穿过尼罗河到红海的古运河，循红海向南，跨过印度洋和太平洋西南部，经交趾而达广州。据《梁书》记载，南北朝时期广州和东南亚、西亚的十五个国家与地区有贸迁往来，实际之数，当不止十五个。阿拉伯人记下了中国人西行的足迹：“中国的商舶，从公元三世纪中叶，开始向西，从广州到达槟榔屿，四世纪到锡兰，五世纪到亚丁，终于在波斯及美索不达米亚独占商权。”宝安居于太平洋航线进入广州的咽喉位置，许多远洋商船在进出广州时，都会先在屯门停泊，或为躲避台风，或为补充淡水和粮食。

远至南海之滨的深圳，移民逐年增多，沿海地区变得人烟稠密。历史上第一位

1987年新安铁仔山东汉墓出土的人面墓砖（上图）和纪年墓砖（下图）

有名有姓的深圳人黄舒（字展公），就是东晋年间的一位“新移民”。他不是什么开疆拓土、兴灭继绝的英雄豪杰，而是一位普普通通的以“孝道”留名青史的平民。

黄舒出生在湖北江夏（今武汉）。江夏黄氏源远流长，其祖上是上古时代潢川黄国的大族。公元前648年，潢川黄国被楚国所灭，黄氏族人大部分迁居湖北，今黄冈、黄陂、黄安、黄梅等地，皆因之而得名。黄舒的生卒年份均不可考，只知道他是东晋年间随父亲从江夏移居到宝安，落户于沙井的。沙井是著名的产盐区，茅洲河、洋涌河、新桥河、沙井河等多条河流纵横交错，穿越境内，注入伶仃洋交椅湾。这里的居民生计大都与盐业有关，境内的大步涌码头和茅洲埠头，都是以盐运为主。

西乡铁仔岭东晋墓出土的青釉四系罐

黄舒是否从事盐业，不得而知，明崇祯《东莞县志》只说他“家贫力业，以供修瀡”。黄舒侍奉双亲至孝，在当地口碑载道。他是儒家在岭南树立起来的一个孝子榜样。最早为黄舒立传的是南宋沈怀远写的《南越志》，经过历朝历代文人的渲染，有关黄舒的故事细节愈来愈丰富、愈来愈感人。

据说，黄舒每天服侍双亲用膳，毕恭毕敬，即使在盛夏溽暑中，也穿戴得整整齐齐，一丝不苟。双亲让他办什么事，哪怕在千里之外，他也会马上去办，毫无难色。父亲去世后，他亲自负土筑坟，搭庐守墓。即使深夜，草庐四周虎啸狼嚎，他也全然不惧，夜夜趴在坟头哭泣，哭声在旷野飘荡，随悲风远闻，乡人无不同情感叹。如此寝苫枕草，守制三年，酒肉不沾，每天只喝稀粥一碗，以致形容枯槁。无论谁来劝他回家，他都泣而不答。后来母亲去世，他又把这三年的经历重演一遍。乡人都说黄舒生养殁哀，是孝子曾参再世。有司奏请朝廷旌表，把黄舒住的地方改名为“参里”，村后的那座山亦改称为“参里山”。后人又在大钟山为黄舒建了一座“孝子祠”。

两晋时代，朝廷标榜以孝治天下，非常推崇孝道。明代当过东莞知县的山东人董裕对黄舒的评价是：“此岭表人士之初也，曲江诸贤，犹在其后。”中原衣冠的流入，带来了与南方不尽相同的语言、饮食、冠服、礼制、用具、艺术、信仰、道德、风俗等，为岭南文化的发畅荣敷提供了丰富的养分。但这种文化的传播，并不是传道授业，而是中原文化与岭南文化不断互相交融、涵化的过程。

物质生活的变迁，必然引起文化质素的变迁。一种文化传入新区域之后，也会随着环境的变化而变化。黄河流域的农耕、畜牧技术，如果不与南方的气候水土相结合进行改进，便一无是处。深圳不仅为北方流民提供了安身立命之地，而且还教会了他们如何在南方生存。

新安镇上合村的石牌坊（左图）和黄舒墓（右图）建于清代，以纪念晋代乡民黄舒的孝行

福大命大的小城

东汉时期，废除了盐铁专卖制，改为收税制。深圳地区偏安陬隅，凭着“盐”这种商品，迅速积聚财富，连海盗也闻风而来。东吴元兴二年、甘露元年（265），为了防止海盗的侵扰，吴国设司盐都尉，在南头筑起一座城寨作为治所。虽然今天已无法找到它的任何残迹，但毫无疑问，这是一件划时代的事件，因为它是深圳地区的第一座“城”，距今已一千七百多年，具有非凡的象征意义，足以令它永久铭刻在历史的坐标上。

很早以前，曾有人提出疑问，司盐都尉这个官职，会不会是司监都尉之误？汉代以来，未闻有司盐都尉之设。《宋史》写作司监都尉，该职肩负一郡治民、进贤、劝功、决讼、检奸之责，没有专治盐政的。况且司监都尉才可以称“治”，盐官还不够格称“治”。但大多数史家倾向于认为，由于深圳地区盐业太重要了，专设一个司盐都尉，也是有可能的。

直到南朝末年，这座城寨才浸微浸灭，被称为“芜城”。它之所以沦为芜城，是因为南头升格为郡城与县城以后，其规模与功能都不足以满足发展的需要了。因此在东晋年间（317—420），一座更大型的城池在司盐都尉的城寨附近建起来了。2001—2002年，深圳考古人员在对被列入广东省文物保护单位的南头古城进行发掘时，清理出一条曲尺形的壕沟（其中东西长110米，南北长38

2001—2002年在南头城南门外考古发掘出与东晋时期东官郡城相关的城壕遗迹

南头古城门

米），宽约六米，深两米多，出土了不少东汉、三国和两晋时期的文物。考古专家经过辨认，认为这很可能是东晋时期东官郡城的护城壕，即使不是护城壕，也是郡城的排水沟。

1700年的建城历史，终于得到了实物的印证！

对南头古城的描述，以前的史书往往语焉不详，虽然宣称它有1700年历史，但具体的记录，却大都是从明洪武二十七年（1394）修建的“东莞守御千户所城”开始。明代以前的一千年，就像海市蜃楼一样，虚虚实实，真假难辨。东晋护城壕的遗迹，为我们揭开了古城的千年神秘面纱。

也许，这座古城的繁华与富庶，远远超乎我们的想象。当年即使站在塘朗山上，也可以遥见城墙内的热闹景象：护城壕沟波光粼粼，城门洞开，人来人往；狭窄而拥挤的街道，鳞次栉比的店铺，五花八门的招牌，熙熙攘攘的人流。即使听不见它的声音，也能想象出是何等的喧闹。

行走在这样的街道上，空气里混杂着煮食的烟火气、食物的香气、粪便的臭气与干草的腐气，形成了一种稠密人居特有的气息；官家的轿子从大街上经过，开路的兵丁大声呵斥来不及躲避的人；轿子过去以后，挑着担子的小贩又从横街钻出来了，敲打竹板、铁板，吆喝叫卖，声音远近可闻；打铁铺里“当当”的锻

2000年新安镇铁仔山古墓群发掘现场

打声，肉铺里砍猪大骨的“咔咔”声，磨坊里“吱吱呀呀”的碾磨声；孩子在街上追逐嬉闹，惹得一片鸡飞狗叫；女人们嘴里发出“噜噜噜”“啰啰啰”等各种奇怪而独特的声音，呼唤自家的鸡、鸭、猪，构成一首复杂的多重奏乐章。远处的码头排列着一座座盐仓，公家运漕、舳舻相继，私行商旅、络绎不绝，市场的屠沽之辈，盐场的工人，码头的苦力、脚夫，谈生意的掮客，用鸡骨头和铜钱占卜算卦的巫师，终日忙忙碌碌，使这座古城充满了活力。

20世纪80年代以后，南头古城附近陆续发现数十座古墓，主要集中在大王岭、红花园、铁仔山一带，形成一个对南头古城的马蹄形包围圈，离城最近的古墓只有两三百米，远的有一两千米。可以确认年代的，以东晋墓居多，东汉墓和西晋墓则较少，这似乎也从侧面反映了深圳人口在东晋以后大幅增加的事实。

南头古城西边不远的铁仔山，曾经发掘出130多座从战国到明清时期的墓葬，这是一个庞大的墓葬群。其中东晋和南朝时期的墓葬，随葬品非常丰富，有青釉双系罐、四系罐、六系罐等，釉彩鲜亮如初，造型圆浑可爱；还有精美别致的三足砚台、铜镜、滑石猪、青釉唾盂和青黄釉鸡首壶等，为我们破译六朝时期的深圳历史提供了弥足珍贵的材料。

1985—2000年西乡铁仔山东晋南朝墓出土的青釉鸡首壶和青釉带托盘三足炉

鸡首壶是古人用来做

水壶或酒壶的，称为“罂”，相传由浙江越窑首创，“鸡”与“吉”谐音（但在现代粤语中，这两个字的读音却不相同），寓意吉祥，在西晋至唐代年间（317—589），广泛流传于南方各地。深圳发现的鸡首壶，很可能是由南渡晋人带来的。由于北方云扰不息而南方相对稳定，东晋至南朝年间，晚渡北人，不绝于途。布吉、坪山、观澜的张氏，罗山、坪山、大鹏的赖氏等大家族，都是这段时期从江北迁入的。

南头古城的六朝墓葬，墓主身份虽无法确认，但在铁仔山的三座东晋墓和五十多座南朝墓，大部分是长方形的砖室券顶墓，分前后墓室，最大的墓室长近六米，宽逾一米，墓中还砌有仿直棂窗、渗水井和排水沟，规格豪华。在一些墓砖上，以雄浑有力的隶书刻着“大兴四年辛巳岁宜封侯”“太宁二年岁甲申宜子孙”等文字（大兴四年即公元321年，太宁二年即公元324年），彰显了墓主尊贵的社会地位，绝非一般寒人庶族的墓葬。据此可以推测，在九品中正的制度下，深圳虽远在边陲，也开始有门阀世族出现了。

大约在晋安帝元兴三年（404），宝安第一次面临战争的威胁。

晋安帝隆安三年（399），浙江一带爆发由琅琊人孙恩领导的五斗米道暴乱，史称“孙恩之乱”。本来，这场动乱发生在遥远的长江流域，与深圳关系不大，这里几乎没人听过孙恩的名字，人们照旧晒盐、耕作，闲时男人们照旧嚼着

南头古城牌坊

槟榔喝着酒，女人们照旧针头线脑过日子。唯一与这场动乱扯得上关系的，是几年前孙恩的叔父孙泰被朝廷流放到广州，曾在东官郡一带传播过五斗米道，留下了为数不多的信众。后来孙泰死了，事情似乎也就过去了。

不过，到了元兴元年（402），孙恩作战失利，投水而死，其残部拥戴孙恩的妹夫卢循为首领，继续与晋廷对抗，史称“卢循之乱”。元兴二年（403），卢循被晋将刘裕大军围剿，无法立足，率众浮海南下，刘裕衔尾追击。宝安县居民惊恐地发现，这场本来与己无关的战争，突然兵在其颈了。

元兴三年（404）十月，卢循的舟师出现在大鹏湾外海面，黑压压一片，引起城中一片惊惶。人们担心卢循会在大鹏湾登陆，如果他们要进攻广州，这里是一个很好的后勤基地，一旦夺取了东官郡，就可以兵临广州城下了。南头郡城里，虾慌蟹乱，一夕数惊。不少有钱人家已收拾细软，准备逃走了。但这次卢循却没有攻城，他的舰队如同魅影般掠过大鹏湾，经虎门直奔广州去了。

宝安官民顿时松了一口气。没多久，从广州传来消息，说卢循已经占领广州，驱逐了广州刺史吴隐之，自封为广州刺史和平南将军。又过了没多久，听说朝廷已正式任命卢循为征虏将军、广州刺史。“反贼”居然摇身一变为朝廷命官，这个故事后来被宝安民众当作茶余饭后的谈资。又过了没多久，卢循的大军打着“广州刺史”的旗号，摆出代天巡狩的姿态，威风八面地开到了东官郡城外。东官郡原来的官吏逃的逃，降的降，这座坚固的城池，未经战火蹂躏便归了卢循。对宝安百姓来说，这未尝不是一件好事。

南头古城博物馆

但实际上，晋廷招安卢循只是缓兵之计。晋安帝义熙六年（410）二月，卢循再次造反，统兵大举北伐。战争一直持续到翌年六月，卢循再次被刘裕所败，仓皇退回岭南。不过他没有逃到宝安，而是一路逃到交趾郡龙编县南津（今越南慈仙、仙越地区），最后走投无路，步孙恩后尘投水自尽了。

卢循的余部四散溃逃，不少隐藏在宝安县沿海岛屿大奚山、南亭山和竹没山（今深圳内伶仃岛、香港大屿山一带）的岩穴之中，不敢回到陆地，从此世世代代过着乘浪逐波的生活，以鱼鳖为食，以捕鱼、采蚝、采珠为业，被人们称为“卢亭”（也叫“卢余”）。明末清初学者屈大均的《广东新语》和做过清朝礼部尚书的钱以垲的《岭海见闻》都提及了“卢亭”，把他们描写为半人半鱼的怪物，兽形鸩舌，椎髻裸体，身有短尾，受惊则潜入水底，能伏在水中三四个月不死。明朝正德年间（1506—1521），香港大屿山哄传捕捉到一女卢亭，被渔民送到官府。初时她只会发笑，不会说话，慢慢才学会穿衣及食五谷类食物。不少学者言之凿凿，称广东沿海为数众多的疍家人就是卢亭的后裔，但此说却没有更多的证据支持。

南头古城两度与战祸擦身而过，似乎上天也特别垂爱这座新兴的小城。晋将刘裕在剿灭卢循之后，立即黄袍加身，逼东晋皇帝退位，改国号为“宋”，自封为宋武帝。这是南朝第一个王朝，史称“刘宋”（区别于后来的“赵宋”）。新王朝实行分封制，以宗室出镇要地，都督军事，执掌军权，宝安是皇族的封邑之一。

按照朝廷规定，万户以上的封邑为子国，千户以上的封邑为男国。宝安不设县长，最高行政长官为男相。由此可知，当时宝安的人口应在千户以上，万户以下。作为封邑，宝安不用向朝廷缴纳赋税，男相用地方财政收入经营自己的封邑，盖房子，修道路，加固城墙，过着膏粱文绣的生活。老百姓也间接获得好处，日子安安稳稳，吃上一碗太平饭。直到萧齐时，东官郡治迁往怀安县（今东莞境内），宝安县被取消封邑地位，才恢复纳税。萧梁时期，东官郡改称东莞郡，郡治迁到增城。

尽管经历了南朝宋、齐、梁、陈四个朝代，兵戈扰攘，天下离乱，但宝安却一直安然无事，经济发展如常，民众安居乐业，真是福大命大。唯一令居民感到有点失落的，是东官郡治迁走了，宝安不再是郡一级的行政中心，没了昔日的热闹。

坐杯子渡海的和尚

岭南人似乎特别喜欢拜鬼神，神灵的名目也特别多。古人说：“粤人佞神，妇女特甚，所有桥梁江岸、片瓦拳石，无不指为灵验而神明事之。”南宋进士王象之在《舆地纪胜》中说，岭南“士人遇疾，唯祭鬼以祈福”。《宋史》也说：西南夷“病疾无医药，但击铜鼓、铜钞锣以祀神”。明儒黄瑜在《双槐岁抄》中说：“南人凡病，皆谓之瘴。率不服药，唯事祭鬼。”这类记述，在古书中盈帙满笥，多不胜数。甚至有时连一棵被雷劈掉半边的榕树、一口会冒烟的老井、一块形状奇特的石头，也会被当作神灵来朝拜。有一首竹枝词讽刺该习俗：“粤人好鬼信非常，拜庙求神日日忙。大树土堆与顽石，也教消受一枝香。”但作为中国本土宗教的道教，最初传到宝安时，却受到了冷遇。

道教始于东汉，迨至两晋时期，在岭南已十分兴盛。从广州府到各个郡城，玄衣黄裳、袷帻袴褶的道士，多如过江之鲫。他们大摇大摆，进出公门，甚至跻身仕途，一边炼丹，一边做官。南海太守鲍靓就是一位道士，据说他公余常骑着一双鞋子，在广州与罗浮山之间飞来飞去。他的女儿鲍姑也是一位会飞的道姑。官私史籍（如《晋书》《神仙传》《南康记》《南越志》《冥祥记》等）里，会飞的道士很多，却未听说有谁愿意飞去宝安的。广州刺史邓岳曾推荐鲍靓的女婿葛洪当东官太守，葛洪也是道士，自号抱朴子，名气比岳父还大，人称“葛仙公”，担任过参军、主簿一类官职。他婉拒了邓岳的好意，表示自己宁愿上罗浮山炼丹，也不想去宝安。

不过也有例外。大名鼎鼎的孙泰就去过宝安传教，但他是以戴罪之身被朝廷流放去的。事实上，他虽有舌灿莲花之功，却唤不起当地人对五斗米道的兴趣，始终没有凝聚成一股可资驱使的宗教势力，以致卢循造反时，宝安一带东零西散的五斗米道信众几乎没有起过任何作用。直到明清时，宝安县（当时已改称“新安县”）有几十座大大小小的佛寺，但道观却寥寥无几，这是一个非常奇特的文化现象。

南汉时的杯渡禅师石像

东汉建和元年（147）前后，中国佛教史上第一个佛经翻译家安世高漂洋过海，先到广州，再赴江淮；中国第一位著书弘扬佛法的学者牟子，也是广信人。佛教与道教同时兴于东汉，在岭南各擅胜场，拥有众多信众。与道教的际遇相反，佛教在南朝刘宋时，便顺利进入了宝安。最早到达的和尚，人称“杯渡禅师”，其俗家姓名和出家法号俱已失传，甚至他是不是第一位踏足宝安的和尚，也有存疑待考之处，盖因佛教在中国的传播路径，主要是从岭南开始的。但杯渡禅师的出现，是佛教第一次在深圳的历史上留下了痕迹，并且开枝散叶。

据古人描画，杯渡禅师体形魁梧，肤色黝黑，长着一张方形脸，络腮胡子，双目炯炯有神。如今香港的青山禅院还供有他的塑像。坊间相传，杯渡禅师的行为举止有点像民间故事里的济公和尚，疯疯癫癫，不拘细行，常坐着一只木杯飞渡大江大海，所以大家叫他“杯渡禅师”。

南朝宋文帝元嘉初年（425年前后），杯渡禅师就坐着一只木杯，敲着木鱼，唱着佛号，从广陵（今扬州）一直漂到了宝安。他在南头待了一段时间，元嘉五年（428）三月，他又跳上那只平时藏在布袋里的神奇木杯，乘风破浪，飞到了大海的另一边。他登岸时，只见大山横亘，与海相倚。杯渡问一个樵夫这叫什么山，樵夫说，这叫羊坑山（又名屯门山，即今香港青山，时属宝安县）。

杯渡禅师蹬着一双草履，拄着一根禅杖，一步一个脚印，渡过鹿湖，穿过桃花涧，攀上滴水岩，直上羊坑山顶。上到山顶，眼前豁然开朗，海面云烟弥漫，晦明变幻无穷；大风八面而来，吹得袈裟呼呼作响，像振翅欲飞的大鹏。他举目四顾，万壑如海，翻起满目苍黛，吊钟花开满一山，万千小钟随风起舞；海浪如山，荡开万顷茫然，天高海阔，龙潜鱼跃。禅师不禁满心欢喜，决定在此驻锡，筑庵修行。他在宝安待了多久，史无记载，只知道他还到过附近的灵渡山传播佛法，最后不知所终。有人说他是从印度来的，又回印度去了；也有人猜他可能在羊坑山某个隐秘地方悄然圆寂了。

羊坑山上耸立着两根巨型石柱，相距四十余步，高五丈余，有扪参历井之雄，历经千百年风雨，岿然不动。杯渡禅师走后，这两根石柱却突然折断。乡人惊骇不已，盛传当日有一巨鲸入海，尾巴扫过天空，碰到了石柱，一时间天崩地裂，石柱倾颓。民间故事，绘形绘色，口耳相传，所表达的是对杯渡禅师的崇敬之情。

当年五斗米道的孙恩死后，宝安人没有为他修建什么纪念性建筑，但他们对杯渡禅师却另眼相看，不仅把羊坑山改名为“杯渡山”（又名“圣山”），还兴建了一座“杯渡庵”，庵门额书“杯渡禅师”四个大字。庵前有虎跑泉，庵左侧有岩洞，深不可测，相传是杯渡禅师初到青山时托宿之处，亦名为“杯渡岩”。山顶有“高山第一”四个摩崖大字，据耆旧所言，是唐代大诗人韩愈登山游览后留下的墨迹。其实韩愈并未到过屯门，这四个大字是北宋时新界邓族始祖邓符所摹刻。

杯渡庵香火鼎盛，南汉时，狂热信奉佛教的后主刘鋹于大宝十二年（969，北宋开宝二年）赐封青山为瑞应山，命人塑杯渡禅师佛仪，以香花供奉。又把原来简陋的杯渡庵扩建为规模宏大的杯渡寺，把杯渡庵、杯渡岩都囊括在内。这就是今天香港青山禅院的前身。清康熙《新安县志》把“杯渡仙踪”列为“新安八景”之首。

人们在杯渡曾经驻锡传法的灵渡山（在香港元朗夏村侧，时亦属宝安），修一大佛扃。寺中有一口水井，相传是杯渡禅师所掘，大家都叫它“杯渡井”。不少善信入庙上香之余，都会饮一掬甘洌的井水，以沾佛慧。唐朝时寺名为“大云寺”，宋朝时改名为“碧霞宫”，清代至今叫“灵渡寺”。经宋、明、清、民国多次重修，这座已逾一千五百岁的古老寺庙，至今依然完好，香火依然旺盛。山门外镌有一副楹联：“灵气所钟山独秀，渡杯而至石犹新”；在二进拱门上，有清代状元梁耀枢的题额“道从此入”。

杯渡禅师走后一千多年，即明万历年间（1573—1619），新安进士郑文炳到屯门寻访杯渡遗踪，写了一首诗：“闻说禅踪此旧游，一杯飞渡渺沧州。山前卓锡泉犹在，岩上悬枝钟尚留。石柱高标千古胜，兰花静挹四时幽。登临欲觅烧丹诀，翘首层峦紫气浮。”所谓“岩上悬枝钟尚留”，是指杯渡山上长满了吊钟花，但不知什么缘故，这首诗把“烧丹”“紫气”一类具道家色彩的物象，与佛教高僧杯渡扯到一起，可能是山上也曾经有道士炼过丹吧。

宝安人不太热衷道教，却虔诚地到杯渡寺、灵渡寺中上香、跪拜、祈祷，祈求风调雨顺、家宅平安。年年岁岁，一代一代的香客，来了又去，去了又来。有些老香客今年还在儿孙搀扶下颤巍巍地进庙上香，明年就消失了，永不再来了，但大雄宝殿内，又出现了几多新香客的面孔。

就这样，在信香寸寸成灰之间，多少六朝烟雨、大隋风云，都被无情雨打风吹去。暮鼓晨钟，灯传日月，终于迎来中国历史上辉煌一时的唐宋时代。

第二章　唐宋盛世

百二山川镇海门

唐代初年，宝安县的行政建制发生了一系列的变化。它曾一度归入广州都督府管辖，后来被裁撤，并入东莞县。唐天宝元年（742）以后，又恢复了宝安县建制，但只过了十五年，又被裁撤，重新并入东莞县，并且在其后几十年间再次经历了恢复建制，又被裁撤合并的命运。这使得后人在记述深圳历史时，遇到非常多的麻烦。本书只能这样处理：在宝安县成立前，称深圳地区；宝安县成立后，称宝安地区；宝安县裁撤后，一般称深圳地区，某些时候称东莞地区；新安县成立后，称新安地区。

建制如此频繁变化的原因，很可能与海防及盐业有关。当局者也许觉得这里地广人稀，产业以盐、渔为主，农稷难称发达，没有必要单列一县。但这对宝安地区的发展，将造成多么深远的负面影响。

岭南文化发端于秦汉，至唐宋乃光显于社会、政治、伦理、艺术、宗教、道德等领域。唐诗中留下了“梯航万国来，争先贡金帛”“岸香蕃舶月，洲色海烟春”“秋来海有幽都雁，船到城添外国人”等诗句，再现了海上丝绸之路的盛况。天宝年间（742—755），鉴真和尚云游至广州，只见珠江上“婆罗门、波斯、昆仑等舶，不知其数，并载香药、珍宝，积载如山”，令他大开眼界。

每年九、十月间，当寒冷的冬季季候风越过南岭之际，满载绫绮罗绢的中外商船，便鼓起风帆，从广州出发，穿越马六甲海峡，跨过印度洋、波斯湾，

唐宋时期往来珠江口进行海外贸易的“番舶”模型

再到阿曼湾、亚丁湾、东非海岸，经过九十余个国家和地区，航期（不包括沿途停留时间）近九十天。翌年三四月间，再随东南季风“回唐山”。中华文明，亦随着远洋商船的云樯，越过蔚蓝色的大海，走向更为广阔的世界。

自秦汉以降，凡外洋进入广州的大船，只有一条必经之路，就是沿着佛堂门（又名佛头门、铁砧门）、汲水门（又名急水门）、屯门、南山，经南头城、虎头门（又名虎门），进入珠江而抵广州。这条航道水势湍急，船只经常出事，但由于水深可行大船，而珠江口西侧（今珠海、中山一带）水道甚浅，因此远洋大船只能走珠江口东侧。

唐代诗人韩愈曾有诗描写屯门形势之险：“乘潮簸扶胥，近岸指一发。两岩虽云牢，水石互飞发。屯门虽云高，亦映波浪没。”而诗人刘禹锡写得更精彩：“屯门积日无回飙，沧波不归成踏潮。轰如鞭石矻且摇，亘空欲驾鼋鼍桥。惊湍蹙缩悍而骄，大陵高岸失岩峣……征南将军登丽谯，赤旗指麾不敢嚣。翌日风回沴气消，归涛纳纳景昭昭。乌泥白沙复满海，海色不动如青瑶。”

有趣的是，这两位诗人都没有到过屯门，刘禹锡承认他是听人说的。清乾隆《广州府志》在引用他这首诗时，把第一句改成了“海门积日无风飙”，也许是想用较为含糊的“海门”取代过于具体的“屯门”。但这恰恰说明了屯门名气之大，即使是只鳞片甲的传闻，也足以让诗人热血沸腾，写下文采飞扬的诗句了。

除了没到过屯门而留下了诗篇的韩、刘两位诗人外，晚唐大诗人罗隐也在宝安留下不少传说。深圳博物馆编写的《深圳古代简史》说，罗隐的“足迹跨越了几乎整个宝安县”。在大鹏湾洛格洲的一块岩石上，刻有罗隐的诗句，清代初年，尚依稀可辨，人们把这块岩石叫作“罗隐岩”。西乡村有一口水井，名为“沙井”，水质特别甘甜，据说罗隐曾饮过这口井的水。乡间耆旧在讲述这些从祖父的祖父传下来的故事时，神情都特别自豪。

梁简文帝大宝元年（550）设立屯门镇，派兵驻守。杯渡山为天然要塞，东面是屯门湾（今称青山湾，古时叫屯门澳），巨洋澎湃，云舒霞卷；湾以东为九迳山，以南为大屿山，层峦叠嶂，嵯峨耸立。屯门湾三面环山，是天然的避风港。波斯、阿拉伯、印度、中南半岛及南洋群岛等地的商舶，大多是乘夏季西南风发之便，向东北航行，抵达中国海后，先集合于屯门，获得官府批准后，再驶入广州。

唐玄宗开元二十四年（736），鉴于进出珠江口的外国船只日益增多，朝廷再次设立屯门军镇（又称团门或段门，寓屯兵之门意），作为扼守珠江口的关篇藩篱。屯门镇的指挥部设在南头城，与宝安县治共处一城（也有说设在香港屯门的），但镇将的官位比县令还高，不受地方官府节制，统领两千镇兵，直辖于岭南节度使。整个珠江口两岸、大鹏湾，乃至今香港元朗、屯门、离岛等沿岸和海面，都属屯门镇的镇守范围。

唐玄宗天宝三年（744），浙江一带海贼吴令光作乱，纵横驰骋，所向披靡，连陷台州（浙江临海）、明州（浙江宁波）等沿海多个大邑。东南震动，朝廷不安，下令河南尹裴敦复、晋陵郡太守刘同升和南海郡太守刘巨鳞各领兵围剿海贼。刘巨鳞登台点将，广东有那么多军队他都不用，只要屯门镇兵随他乘船北上，与吴令光开战，最终荡平海贼。这可以证明，屯门镇兵是一支作战能力很强的劲旅。刘巨鳞的人生经历也颇为传奇，他曾经私下协助鉴真和尚东渡，最后却以贪腐落马。

随着外洋船只愈来愈多，南头、屯门的国防军事意义益显重要。五代十国时，屯门一带为南汉国所有，改屯门军镇为“靖海都巡”，并在杯渡山北麓兴建军寨。宋代时设“屯门砦”，派兵驻守。自古兵为邦捍，南头雄踞珠江口，一夫当关，万夫莫开，是朝廷心目中的

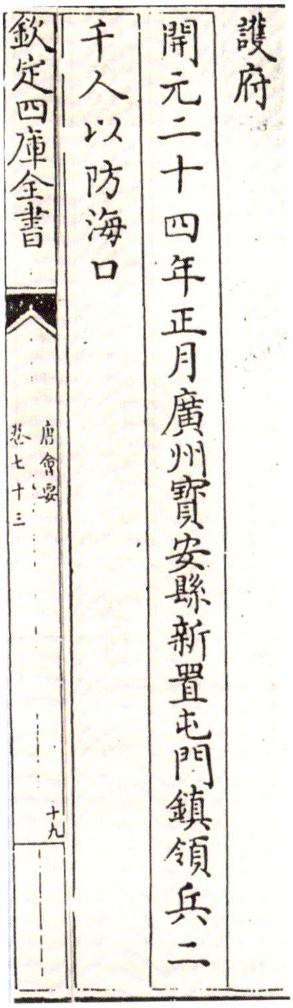
護府
開元二十四年正月廣州寶安縣新置屯門鎮領兵二
千人以防海口
欽定四庫全書
唐會要
卷七十三
十九

有关唐代设置屯门镇的文献

百二山河。其国防意义，不可谓不大。

唐肃宗至德二年（757），宝安县被裁撤后，南头城不再是地方行政中心，而是变成了一个单纯的军事指挥中心，终日车辚辚、马萧萧，辕门画戟，刁斗森严。两千人在当地算一个很大的数目了，足以让人感觉到满街都是荷戈负甲的大兵。这些人如狼似虎，挖壕沟，架鹿瓶，占水源，储粮食，闹得城中鸡犬不宁，不少豪门大族吓得纷纷迁走。这一现象，从近世的考古结果上，也可以看出蛛丝马迹。

深圳历年发现的古遗址甚多，新石器时代的就有40处，商周时代的有60余处，春秋战国时期的有近10处，宋元明清时期就更多了（明清大部分尚未正式发掘）。2012年出版的《深圳市第二次文物普查报告》中专辟“古遗址”一章，根据深圳地区已经发现的古遗址情况，分为三小节记述：新石器时代遗址；商—南朝时期遗址；宋元明清时期遗址。令人不解的是，唐代居然欠奉。这个光芒四射的伟大朝代，在深圳历史上，竟没有多少遗簪坠履可供后人凭吊。

这一时期的深圳，除了盐业是官营，继续保持兴旺外，其他方面乏善可陈。传说中的盛世，离这里还很遥远。愿意留在深圳的富家巨室愈来愈少，有些迁走了，有些是“君子之泽，三世而斩”，家道中落，不复昔日的豪华，而新的巨室大族，却迟迟没有产生。迄今为止，在深圳发现的唐墓甚少，连商周时代的墓葬都比唐代的多。在著名的铁仔山历代墓葬群中，汉代墓葬有2座，东晋墓葬有3座，南朝墓葬有22座，宋代墓葬有4座，明清墓葬有205座，至于唐代的墓葬，则一座也没有。直到2001年，深圳兴建大学城时，总算在南山区屋背岭附近的南春花果园东山，发现了一座晚唐的墓葬（据说整个深圳地区正式发掘的唐墓一共4座）。

唐代时内装稻谷的酱釉带围栏陶魂瓶

《深圳市第二次文

1988年发掘的福田沙头圩长岭唐代砖室墓

物普查报告》称："深圳隋唐到北宋时期的墓寥寥无几，且缺乏可靠的断代依据，这是一个值得今后研究的课题。"其实道理并不复杂，能保存上千年的墓葬，大多是有钱人家；穷人的土坟，不过三四代就化为尘沙、抹为平地了。发现的墓葬少，原因只有一个，那就是富人少了。

宝安自晋成帝咸和六年（331）立县以后五百余年间，天下群雄纷争，兵革互兴。多少离宫土花碧，多少衣冠成古丘！宝安却很幸运，置身于遥远的南方海滨，除了有一些山贼海盗的疥癞之疾外，几乎没有经历过真正的战乱。

"贞观之治"时，深圳人在煎盐；"安史之乱"时，深圳人还在煎盐。煮海煎盐的人，官方称为"亭户"，也称"灶户"，他们向官府领取本金，生产出来的"正盐"（额盐）归官府所有。另一种生产"浮盐"（额外的余盐）、卖给商户的，称为"锅户"。煮海这个行当，民间叫作"野煎盐"，或者叫作"土煎盐"。唐宝应元年（762），朝廷在广州设置岭南监院和巡院，管理食盐的销售和生产。但人们对这些官衙没有多少印象，习惯了天高皇帝远的宝安人，耕耘树艺，采珠煎盐，夙兴夜寐，手足胼胝，亦足以养家糊口。这种太平日子过久了，仿佛一切都是理所当然的。

然而，唐僖宗乾符六年（879），宝安人平静的生活突然被金戈铁马伐鼓声惊破。

1980年南头大湖村隋墓出土的青釉六系罐

大梅沙陈坑村唐墓出土的青釉钵

当十二岁的唐僖宗即位时，大唐的江山已是岌岌可危。曾担任翰林学士的刘允章在《直谏书》中直指“国有九破”：“终年聚兵，一破也。蛮夷炽兴，二破也。权豪奢僭，三破也。大将不朝，四破也。广造佛寺，五破也。贿赂公行，六破也。长吏残暴，七破也。赋役不等，八破也。食禄人多，输税人少，九破也。”

1983年福启塘尾鸡场工地铜钱窖藏出土的唐“开元通宝”铜钱

终唐一代，盐利都是朝廷极其重要的财政收入。由于安史之乱导致北方户口锐减，钱粮收入大幅缩水，国库空虚，故盐利成了朝廷最主要的摇钱树之一。天宝、至德年间（742—757），盐价每斗十钱，为了增加收入，唐肃宗时，把每斗盐的价格大幅提升，“尽榷天下盐，斗加时值百钱而出之，为钱一百一十”（《新唐书·食货志》），百姓买不起盐，只能“淡食”。不少地方土豪组织武装走私食盐以牟利。官府对私盐贩子惩处极严，一旦被抓，九死一生。

但严惩似乎没起到什么阻吓作用，私盐贩子与官府的矛盾愈演愈烈，达到白热化程度。乾符元年（874），卖私盐起家的山东濮州人王仙芝登高一呼，聚众数千，揭竿长垣。乾符二年（875），另一位私盐贩子、山东曹州人黄巢率众响应。长达十年的王仙芝、黄巢之乱，由此揭开帷幕。乾符五年（878），王仙芝死，众推黄巢为首领。乾符六年（879）四月，黄巢大军入粤，九月攻陷广州，随即驱虎狼之师，扫荡周围县城。

以黄巢大军一天攻陷广州的战斗力来看，称其为“势如破竹”亦不为过。他们想拿哪个县城就拿哪个，和笊篱捞饺子一般。其中一支队伍杀入了东莞，一路沙尘滚滚，追奔逐北，直杀到大鹏山下。大鹏山又名七娘山，相传古时有七仙女降临此地，山势奇雄，如鹏踞海，山下有绵延67.8千米的海岸线，曾被

《中国国家地理》杂志评为“中国最美的八大海岸”之一。黄巢大军像旋风一样，一口气翻过了大鹏山，锋镝所至的最南端，是一个叫归城里梅塘村的地方。这个地名如今早已湮灭，没人知道它的具体位置，据推测在大鹏古城东侧附近。

侥幸躲过了卢循之乱的深圳人，这回真的要一尝“满城尽带黄金甲”的滋味了。但深圳好像真的得到了上天特别的眷爱，在危急关头峰回路转。黄巢占据广州后，人们都以为他会割据一方，称皇称帝。殊不料由于水土不服，黄巢军中疫病大爆发，不少将士染上疫病，死者十之三四，部下思乡心切，纷纷劝请北归。黄巢在广州仅作短暂逗留，便拔营西向，由广西麾军北上，离开了岭南。

深圳人又松了一口气。黄巢之乱对深圳地区最直接的影响，就是有不少避乱的流民涌入，当中不乏富室豪户。他们有的人是直接从五岭以北迁入，有的是辗转多年以后才正式落地生根。富裕移民的增加，对宝安县被裁撤后地区逐渐边缘化、社会活跃度日趋降低的状态，不失为一种调剂，起了一定的激活作用。另一个利好消息是，由于战乱造成民间一片凋敝，故朝廷宣布免去岭南十分之四的赋税，以纾民困，这也吸引了一些大族从别处移居岭南。先后迁入深圳的有福田村的廖氏、深圳圩的洪氏、坪山镇的刘氏、罗田村的赖氏、沙井镇的曾氏等。

据族谱所载，深圳笋岗何氏家族也是因逃避黄巢之乱而从江西庐江郡迁入广东的。何氏是庐江巨族，在三国魏至南朝宋、齐、梁朝近三百年间，十代人中，有七十余人在史书或考古发现的墓志铭中留下姓名，其中封侯十余人，皇后三人，驸马六人，尚书及以上官职者十四人。黄巢大军杀到赣江边后，何氏的一支仓皇逃到广州，继而流徙多地，最后迁入深圳笋岗定居。另一支逃入福建宁化，百年间不断南迁，先到广东兴宁，最后亦定居深圳。

北方进入残唐五代（907—960）以后，满目兵戈，万国戎马。这时的岭南，已是南汉国时期，局面相对稳定，于是有更多的中原人逃往岭南。深圳下沙黄氏，原属“江夏黄”的一支，便是这个时期迁徙入深圳地区的。

邵武黄峭山（字仁静），曾任工部侍郎、奎章阁学士，共娶三房夫人，生二十一子，是当地的高门巨族。五代后周广顺元年（951），天下纷纷乱乱，年逾八十的黄峭山深惧家族树大招风，决定分烟析产，命三房各留长子一人，其余儿子各带家产一份、《黄氏家谱》一套，别籍异居。临别时，黄老先生题诗一首，赠予儿孙："骏马堂堂出异方，任从随地立纲常。年深外境犹吾境，日久他乡即故乡。朝夕莫忘亲命语，晨昏须荐祖宗香。惟愿苍天垂庇佑，三七男儿总炽昌。"这首诗便是日后黄氏后裔相认的凭证。黄氏的其中一支，后来辗转流入了深圳地区，下沙黄氏便是邵武黄氏的后人。

当太阳再一次从东方冉冉升起，大地已恢复了平静。大鹏山上浮云渐开，长风时而呼啸而过，时而又敛声屏息。山渊间传出了樵夫砍柴的"嚓嚓"声、"坎坎"声，夹着溪流的"叮咚"声，使山林愈发寂静；有个粗犷的嗓音在唱："酒秃酒秃，何荣何辱？但见衣冠成古丘，不见江河变陵谷！"声音由远而近，从羊肠小道的那头，转出个芒鞋竹杖的云游和尚，边行边唱，惊起草间无数雀鸟，你追我逐，飞向山谷对面。俯瞰山川米聚，畎亩之中，农夫已开始耕作，翻土的翻土，锄草的锄草，一片忙碌。远眺大洋，捕鱼的船只扯起风帆，一艘一艘驶出了港湾。这是平凡的一天，几百年来都没有什么变化的一天。

然而，历史这本巨书，就在日升月沉之间，又匆匆翻过了几页。盛极一时的大唐亡了，当"贞观之治""永徽之治"时，大家沉浸在盛世的荣耀中，谁也没想到它会亡，但它毕竟亡了；刘氏在岭南建立南汉国，不久南汉国也亡了。直到有一天早上，刚从梦中醒来，揉着惺忪睡眼走出家门的深圳百姓，一抬头看见长满青苔的南头城上，竖起了一面新的旗帜，迎着海风"哗哗"飞扬，这是他们从未见过的，上面绣着一个大大的"宋"字。

福田沙头圩长岭唐代砖室墓出土的文物

盐和珍珠

在深圳有一个地方叫盐田，今天仍叫盐田。顾名思义，这里曾经是生产海盐的地方。宋代开宝五年（972），东莞县并入增城县，盐田归了增城；但时隔一年，又恢复了东莞县，盐田又归东莞县。北宋后期，开设叠福盐场（在今沙头角东北、大鹏湾西南），盐田、大鹏、葵涌、沙头角都属叠福盐场所辖。

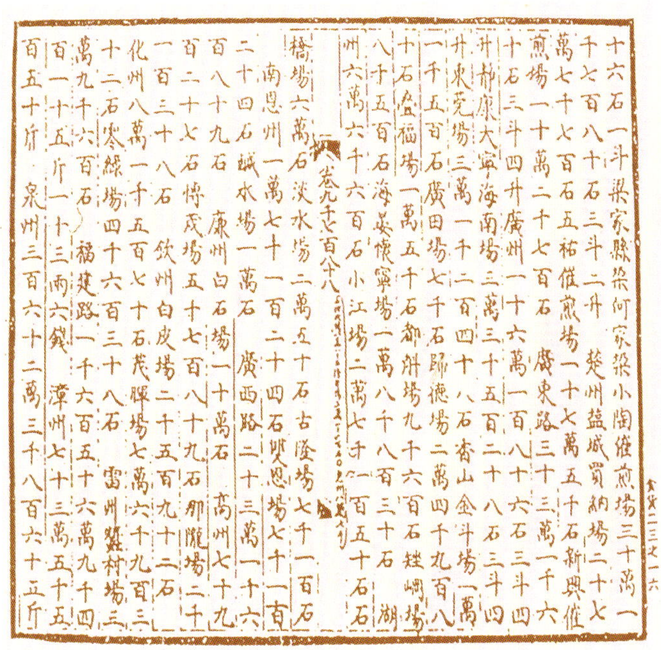
食貨二三之一六
十六石一斗梁家縣柴何家縣小陶催煎場三十萬一
千七百八十石三斗二升 楚州鹽城買納場二十七
萬七千七百石五祐催煎場一十七萬五千石新興催
煎場一十萬二十七百石 廣東路三十三萬一千六
十石三斗四升廣州一十六萬一百八十六石三斗四
升静康大寧海南場三萬三十五百二十八石三斗四
升東莞場三萬一千二百四十八石香山金斗場一萬
一千五百石廣田場七千石歸德場二萬四千九百八
十石叠福場一萬五千石都斛場九千六百石桂𪩘場
八千五百石海晏懐寧場一萬八千八百三十石 湖
州六萬六千六百石小江場二萬七千一百五十石石
卷九千七百八十八
橋場六萬石淡水場二萬五十石古隆場七千一百石
南恩州一萬七十一百二十四石㕭思場七十一百
二十四石鹹水場一萬石 廣西路二十三萬一十六
百八十九石康州白石場一十萬石 高州七十九
百二十七石博茂場五十七百八十九石那隴場二千
一百三十八石欽州白皮場二千五百九十二石
化州八萬一千五百七十石茂暉場七萬六千九百三
十二石零綠場四十六百三十八石 雷州蠶村場三
萬九千六百石 福建路一千六百五十六萬九千四
百一十五斤一十三兩六錢 漳州七十三萬五十五
百五十斤 泉州三百六十二萬三千八百六十五斤

关于宋代叠福盐场的文献

盐向为深圳地区最主要的商品之一。中唐以前，东莞（深圳）产的食盐主要在岭南地区销售，到了唐末，开始销往五岭以北。五代后汉乾祐二年（949），兵部侍郎于德辰上封事，便提及“湖南见食岭南盐，请置官纲于湖南立务权（榷）卖”。《宋史》中更有详细的记录：“广州、东莞、靖康等十三场，岁鬻二万四千余石，以给本路（指广东本地）及西路二昭（今广西平乐）、桂州（今广西桂林）、江南之安南军（今江西大余）。”

宋代的食盐市场，名目五花八门，诸如身丁盐、折米盐、干食盐、籴本盐、秤提盐、宽剩盐、衣赐盐、赡学盐、上供盐、僧道盐、铺户盐、罪盐、役盐，不一而足，甚至还有长生盐、还魂盐等，一般人都会被弄得晕头转向。这反映出宋代盐法的烦琐复杂，经常因为一条规定，就在商品盐的市场上衍生出一种有特殊用途和名称的类别。

东莞盐场是深圳地区最大的盐场。南头城外海边砌起了一道道围墙，把大片盐田围了起来，就像城堡一样，目的是防止有人把盐私自带出盐场，也便于集中管理盐户。制盐一般在夏天，盐工个个光着上身，腰间扎条围布，近乎赤身裸体。开辟盐场非常辛苦，先要用牛犁地、耙土，清理每一根杂草，把泥块敲碎，浇上海水晒干，使地面变硬，再仔细平整，务必达到“宛如镜面光净，四下平坦”的标准，然后铺上厚厚的草木灰，再引入海水浸泡，慢慢晒干，如此反复，使灰中饱含盐分，然后扫聚成堆，挑到专门制卤水的池子。盐工们顶着烈日，在灰上来回用脚踩，把灰踩实，再浇淋咸水，从下面浸出来的便是卤水，汇入卤池。

深圳、香港宋代盐场分布图

为了确定卤水是否合格，盐工用一个很简单的土办法进行测试：把鸡蛋扔进卤池里。如果鸡蛋浮起来，说明这卤水行了，便把卤水挑到专门煎盐的工棚，倒进大竹镬（牢盆）熬煮。这种竹镬是岭南特有的，用竹篾编织而成，直径八尺，深四尺，用蚝壳、珊瑚和其他贝壳烧成灰，封实四周，再涂上泥巴，使之不漏水。一镬可煮二十余石卤水，一昼夜可煎出十几石白花花的盐。除了“煎盐法”，还有“晒盐法”，前面制卤的工序都是一样的，但到最后不是煎，而是晒，把卤水晒干了就是盐。

煮海水为盐之法，不外乎“煎”和“晒”。煎出来的是熟盐，晒出来的是生盐。按屈大均在《广东新语》里的说法，熟盐“成于火煎，性柔易融化，味咸而甘，便于调和”，主要是卖给渔民。而生盐“成于日晒，性刚能耐久”，因为“其味倍咸，食之多力”，最受山民的欢迎。生盐、熟盐各有各的市场，并无谁优谁劣之分。不过，晒盐不用柴薪，成本自然比煎盐要低得多，所以逐步取代了煎盐，成了主流的制盐方法。

由于朝廷实行榷盐政策，与私盐的斗争，便成了一个终身无解的任务。凡贩卖私盐，都可定“犯榷货”“犯禁物”的罪名。北宋太祖赵匡胤时，凡私自煎盐三斤，就是死罪；蚕盐（农村实行按户配售的食盐）私自拿到城里买卖，也是死罪，三十斤就要人头落地。宋太宗赵匡义甚至规定，盗卖池盐、井盐的，不计多少，一律处死；盐务人员监守自盗的，不计多少，也一律处死。

但无论朝廷的篱笆筑得如何严密，惩处“盐子”（民间对私盐贩子的称呼）的手段如何严酷，私盐贩卖行径还是杜绝不了。广东惠州、大奚山（今香港大屿山）一带，遍地盐子，甚至有豪门富户、官场中人参与，盐子自发武装起来与官兵周旋。《宋名臣奏议》卷一百八有载，北宋大臣范纯仁曾一针见血地指出：“利厚，则诱民犯法而刑不可禁；刑重，则民思苟免而竭力拒捕。”结果，便出现了官府禁得愈狠，民间私盐愈多，盐子反抗愈烈的恶性循环。

煮海为盐图

宋代的岭南盐产量远超唐代，甚至出现货多滞销的情形。宋太宗雍熙年间（984—987），广南路（深圳地区所属）便积存了两百三十余万石盐，没有销路，“徒劳修仓盖覆，仅同无用之物”。朝廷为了解决过剩问题，下令广南各州的盐场停止生产，“权罢数年”。官府一声令下，说停就停，并不考虑盐户的出路。官盐既无市场，私盐又受严打，盐户一时陷入了生存困境。各处的盐子暴动此起彼伏，大幅激增。宋代在南头城西面约23千米处建起了一个新的军营——固戍角寨，派重兵驻守；又在海上的溽洲岛设置望舶巡检司，在杯渡山设置捕盗廨，为的是震慑地方，严防“盐贼”“盐盗”闹事。

南宋宁宗庆元三年（1197），大奚山发生了一起惨烈的事件。大奚山在大鹏湾海上，原属宝安县辖，环三十六屿，四周三百余里，岛民以渔盐为生。大奚山盐民属黄田盐场，大部分是当地瑶民（又有称作“峯民”，常与“畲民”混为一谈）。宋孝宗时期，朝廷就以“大奚山私盐大盛”，勒令地方帅臣严加弹压。但地方官员深知瑶民性格彪悍，一旦官逼民反，可不是闹着玩的，故不敢轻举妄动，而是采取“怀柔”政策，对盐民以自己食用为由造一点私盐，即所谓的“腌造盐”，睁一只眼闭一只眼，并不怎么干预。

大鹏龙岐盐场遗址（1984）

到南宋宁宗时，朝廷派徐安国（字衡仲）提举广东茶盐，肩负打击私盐的重责。此人是乾道二年（1166）进士，当过知县，未闻有涓埃之功，但诗词写得不错，“纤腰趁拍轻于柳，娇面添妆韵似梅”一类诗句，在坛坫之上，也颇有一些酸文人吟哦传诵。徐安国初涉盐业，不知深浅，下车伊始，即决心以雷霆手段扫荡大奚山私盐。

在徐安国的统领下，官兵大举出动，乘船进击大奚山，遇到反抗，格杀勿论。这下把岛民彻底激怒了，有个叫高登的盐民首领，袒臂一呼，数百人瞬间聚拢，扯起大旗，鸣鼓进军。鼓声瞬间传遍全岛，男男女女，一听到鼓声，马上丢下手里的活，抄起刀枪剑矛、锄头扁担，走出盐场，走上田头，走出村口，从四面八方赶来加入高登的队伍。几个时辰就集合起逾千人马，把所有官兵赶出大奚山，占领了全岛。

朝廷匆匆罢免了徐安国，但并不能平息盐民的愤怒。高登号召盐民打到广州去，杀尽残害盐民的贪官污吏，大家齐声响应。几百艘渔船解缆升帆，浩浩荡荡驶出埗头，满载着皮肤被晒得乌亮、手执简陋“兵器”的盐民，乘着珠江大潮，向二百五十里以外的广州城进发。沿途官兵不敢撄其锋，稍一接战，即纷纷退避。盐民船队顺风顺水，轻舟强渡，旋踵间，广州城已遥遥在望。

大奚山盐民兵临广州城下，朝廷大感震惊，马上调遣一支摧锋军，星夜驰援弹压。毫无军事训练的盐民，当然不是摧锋军的对手，一击即溃。摧锋军驾起大风帆船，一路追杀到大奚山。号角“呜呜”响处，岛上火光四起，哭声震天。官军指东打西，摧枯拉朽，杀得尸横遍野，沙土被血浆凝成板块，锋利的刀剑为之卷刃。按《宋会要辑稿》的说法，“一岛万人俱遭屠戮，冤无所诉”，极其血腥恐怖。即使没死的，也受到杖脊、配役、羁管等严厉处罚。在镇压了盐民暴动后，摧锋军留下三百名水军镇守大奚山，每季度轮换一次，以防盐民死灰复燃。

但这些屠夫在岛上百无聊赖，日子单调沉闷，乃至忍无可忍，频频引发骚乱。宋宁宗庆元六年（1200），朝廷不得不把他们调到官富盐场（今香港观塘区）驻守，把兵员减至150人，让他们和曾经被他们镇压过的盐民一起从事制盐，最后干脆全部裁撤。

唐宋盛世时代，深圳最大的产业是盐业，另一个规模虽不及盐业但影响却十分广泛的产业，就是采珠业。

采珠业最兴旺的时候，是南汉王朝时期。南汉自高祖刘龑于后梁贞明三年（917）称帝，建都广州，传至刘鋹，凡四朝，头尾共54年。当时为了逃避五代十国之乱，许多世宦家族纷纷逃往岭南，南汉朝廷一一妥善安置，从而创造了一个“名流毕集，分任得宜，岭表获安”的稳定局面。四海商船一岁数至，海内外的商贸与文化交流愈加频密。

自西周至秦汉发展到极盛的黄河文化，受到唐代“安史之乱”的摧残，呈衰落之象，随着士民向南方流离播迁，寻找生存的空间，长江文化顺势勃兴。在世界历史上，许多伟大的文明皆荟萃于大河两岸。此时此刻，在鲜花盛放的五岭之南，中国未来第三个大河文化——珠江文化，亦在悄然生发化育之中。

南汉皇帝并没有意识到，自己正处在一个重要的历史关头，他依然沉醉在穷奢极侈的帝王生活之中。南汉的每一个皇帝，对珍珠都有狂热的嗜好。他们的宫殿豪华得令人难以置信，不仅雕檐碧瓦，兽马金环，白玉为阶，玛瑙为栏，甚至所有的梁栋帘箔，都以珍珠装饰，极尽铺张扬厉，有“玉堂珠殿”之称，甚至连

关于采珠的文献

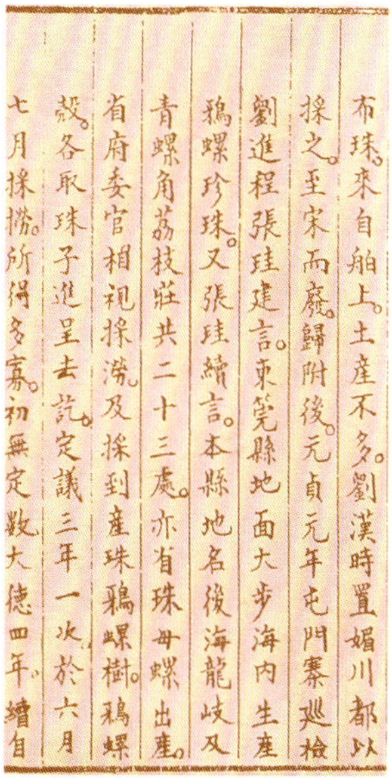
布珠。來自舶上。土產不多。劉漢時置媚川都以
採之。至宋而廢。歸附後。元貞元年屯門寨巡檢
劉進程張珪建言。東莞縣地面大步海內生產
鴉螺珍珠。又張珪續言。本縣地名後海龍岐及
青螺角荔枝莊共二十三處。亦有珠母螺出產。
省府委官相視採澇及採到產珠鴉螺樹。鴉螺
殼。各取珠子進呈去訖。定議三年一次於六月
七月採撈。所得多寡。初無定數大德四年。增自

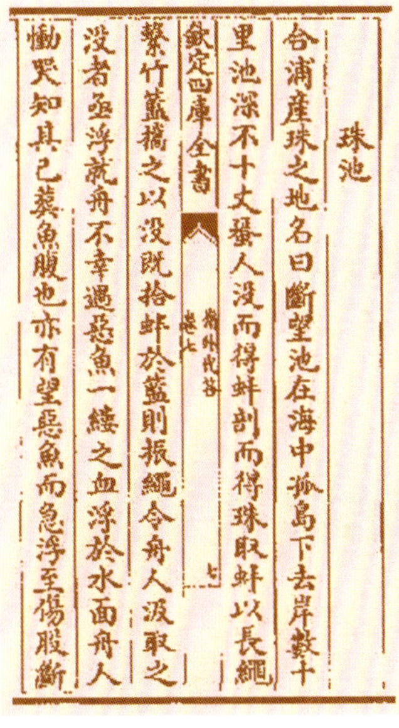
珠池
合浦產珠之地名曰斷望池在海中孤島下去岸數十
里池深不十丈蜑人沒而得蚌剖而得珠取蚌以長繩
欽定四庫全書　嶺外代答 卷七　七
繫竹籃攜之以沒既拾蚌於籃則振繩令舟人汲取之
沒者亟浮就舟不幸遇惡魚一縷之血浮於水面舟人
慟哭知其已葬魚腹也亦有望惡魚而急浮至傷股斷

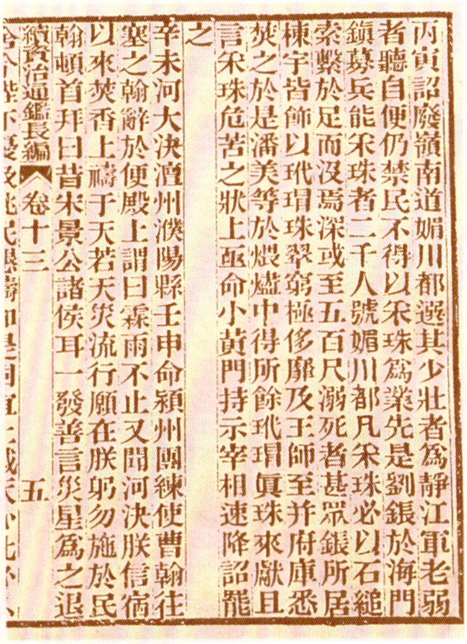
丙寅詔廢嶺南道媚川都選其少壯者爲靜江軍老弱
者聽自便仍禁民不得以采珠爲業先是劉鋹於海門
鎮募兵能采珠者二千人號媚川都凡采珠必以石縋
索繫於足而沒焉深或至五百尺溺死者甚衆鋹所居
棟宇皆飾以玳瑁珠翠窮極侈靡及王師至并府庫悉
焚之於是潘美等於煨燼中得所餘玳瑁真珠來獻且
言采珠危苦之狀上亟命小黃門持示宰相速降詔罷
之
辛未河大決澶州濮陽縣壬申命穎州團練使曹翰往
塞之翰辭於便殿上謂曰霖雨不止又聞河決朕信宿
以來焚香上禱于天若天災流行願在朕躬勿施於民
翰頓首拜曰昔宋景公諸侯耳一發善言災星爲之退
續資治通鑑長編 卷十三　五

排水沟都是用珍珠铺成的，名为“珍珠渠”。

南汉刘氏的珍珠主要来自合浦，珍珠的第二大产地就是深圳。到后来，深圳的珍珠甚至超过了合浦，从两地采珠的人数可以略窥端倪。刘𬬮手下有五千士兵专门为他打捞珍珠，其中两千人在合浦，三千人在大步海（即今天大鹏湾、香港大屿山和深圳湾一带），两地的采珠场都被称为“媚川都”（俗称“媚珠池”）。这个名称有点莫名其妙，虽称“都”却不是行政管理机构，也不是海防军事机构或生产机构，连常设官员都没有。“媚川”这个词，源自陆机《文赋》“水怀珠而川媚”之句，大概是某个喜欢掉书袋的大臣或宦官随意起的。

采珠的方法简单而粗暴，就是用绳子把石头绑在那些苦命的士兵身上，丢到水里，把他们沉到五六百尺的水底去采珠。扯上来时，多半已做了水鬼，没死的就再丢下去。就这样，用无数的生命换来皇宫内堆积如山的珍珠。后来，宋朝文人方信孺写诗喟叹：“莽莽愁云吊媚川，蚌胎光彩夜连天。幽魂水底犹相泣，恨不生逢开宝年。”

据说，宋太祖要灭掉南汉国的其中一个原因，就是他听说刘𬬮采珠的方式太残忍。宋军在攻克郴州后，俘虏中有一人是南汉内侍，交代了媚川是怎样采珠的，死了多少士兵和百姓。宋太祖听后，拍案而起：“吾当救此一方民！”于是大驱三军南下。灭掉南汉国后，宋太祖果然立即下诏废除“媚川都”，采珠的士兵，年轻力壮的编入静江军，年老体弱的遣散回乡，并禁止民众采珠。

至今仍然出产珍珠的大鹏龙岐东山珍珠场

深海采珠图

然而，具有讽刺意味的是，这项体恤民艰的“惠政”，只维持了短短六年。宋太宗登基第二年，便下旨要岭南州县向朝廷进贡珍珠，合浦和大步海的采珠场全面恢复，虽然不叫“媚川都”了，但进贡的珍珠却一颗也不能少。后来，也许是受到一些大臣的劝谏，太宗在雍熙元年（984）又下旨撤罢岭南采珠场。

其后多次出现反复。宋徽宗政和四年（1114），朝廷要求岭南进贡“真珠、犀角、象齿”等物。上有所好，下必甚焉，朝廷要一斗珍珠，下面必搜罗一石，舶来品不足，便向民间浮收勒索，于是采珠业再次复兴；绍兴二十五年（1155），宋高宗下旨禁止岭南进贡珍珠，翌年再下旨重申停止进贡珍珠，从事采珠的疍民，一律另谋他业。至此，两宋时期大步海的采珠业才走向式微。

就像一场台风过后，大海显得格外寂静。疍民的歌声，从远方隐约传来：“清河绾髻春意闹，三十不嫁随意乐……大头竹笋作三椏，咁好后生无置家……”歌声在茫茫海面上回荡，逐渐远去，直至完全消失。传说中的唐宋盛世，也一天天临近风水尾了。

四吨重的铜钱

宋室南渡以后，全国经济重心进一步南移，南方地区的经济、文化呈现一种蓬勃上升的趋势，反映于民间生活，繁荣活泼，生机盎然。深圳地区也开始感受到繁荣带来的变化了。

唐代的深圳富人并不太多，至少从考古的结果看是如此。但到了南宋，情况便大大改观了，富人明显多了起来。究其原因，一是有大量移民进入，当中不乏中原望族，本来就坐拥万贯家财；二是地方安宁，经济发展，普通百姓也有了一些发家致富的机会。

富人增多的证据之一，就是在深圳地区发现的宋代（尤其是南宋）钱窖甚多。那时没有银行，富裕人家都把钱藏在地窖里，以防盗贼和火灾。1995年10月，宝安区松岗沙浦围村花果山在进行工程时，挖出了多个古代的钱窖。就像念了"芝麻开门"的咒语，数不清的钱币从一个个破裂的陶罐中"哗哗"往外泄，把人们惊得目瞪口呆。消息在附近引起轰动，村民纷纷赶来，刮起了一场哄抢的"台风"。人们一捧一捧地把铜钱往麻袋里装，"叮叮当当"的金属声响成一片，如同瀑布落在岩石上的声音。

法律规定，在国内一切地下的文物都属于国家所有，哄抢是违法的。事后政府向参与哄抢的人追讨，村民很不情愿地交了出来，有一个村民不得不交出被他抢去的两吨铜钱。据在场人士说，钱窖里的古钱至少有四吨重，甚至更多。经过清点，绝大部分是两宋的货币，也有一些汉代五铢钱，新莽货泉，唐开元通宝、乾元通宝，五代十国的周元通宝，南唐的唐国通宝，前蜀的通政元宝，最晚的是南宋淳祐十二年（1252）的淳祐元宝。这意味着钱窖是南宋时期的。

1982年12月，大鹏新区葵涌土洋村海边发现钱窖，起出74.5千克南宋时期的铜钱。1984年在宝安区福永街道桥头村发现钱窖，起出120千克南宋时期的铜钱；同年在宝安区西乡街道铁仔山发现钱窖，遭到哄抢，事后收回了10千克铜钱，是南宋时期的。1985年在坪山新区坑梓松子岭发现钱窖，铜钱成串分几层堆放，是南宋时期的；同年在松子岭又发现新的钱窖，起出90多千克铜钱，也是南

松岗沙浦围村出土的宋代窖藏铜钱

宋时期的……

南宋！南宋！南宋！

深圳地区发现了九个规模较大的钱窖，其中八个是两宋时代的，一个是元代的。而埋在地底还没发现的，不知凡几。南宋的深圳人就这么有钱吗？他们的钱从何而来？

在历史学家眼里，两宋是一段让人心潮澎湃的年代。由于担心西北边患的威胁，大宋禁止陆路对外互市，刺激海路大兴。宋代的广州城外，每天风帆如织，百货汇聚，是天下有名的东方大港。宋熙宁十年（1077），广州、明州（今宁波）、杭州三州市舶贸易总收入超过两百万贯，其中98%以上来自广州。

宋元丰三年（1080），朝廷改革外贸制度，规定中国所有商船前往“南蕃诸国”，只能从广州出发，也只能回航广州。也就是说，除了对日本、高丽的贸易，由杭州、明州市舶司管理外，其他几十个国家和地区的贸易，一律由广州市舶司掌管。与广州有直接贸易关系的国家和地区，达140余个。后来朝廷更两度撤废闽、浙市舶司，唯留广州一口通商。因此，从北宋开始，岭南地区进入一个经济繁荣富庶、文化蓬勃兴盛的时代。

龙津石塔（位于宝安区沙井镇衙边村，是归德场盐大使周穆于1220年建造）

尽管如此，深圳并不是一个主要的贸易城市，它扼海外贸易的要津门户，但并不能从中直接获利。深圳人赚钱主要还是靠盐业。北宋时期，整个东莞县有13个盐场（其中东莞、归德、黄田盐场在深圳地区），年产两万四千余石食盐，供应给广州及封、康、英、韶、端、潮、连、贺、恩、新、惠、梅、循、南雄15个州。南宋时又增设了官富盐场和叠福盐场，这样一来，深圳地区就拥有东莞、归德、黄田、官富、叠福五大盐场。盐的利润是巨大的，据南宋绍兴三年（1133）披露的数字，广州盐仓每年课利三十万贯以上。长袖善舞的广东商人，把盐卖到五岭以北，“以斤半当一斤，纯白不杂，卖钱二十”（《宋史·食货志》）。因为质优价廉，许多地方的食盐市场都被广东盐占领了。

官府多次想整顿深圳的盐业市场，宋隆兴二年（1164），以管理不善、效益不佳为由，把官富盐场合并到叠福盐场；宋嘉定元年（1208）还一度裁撤了叠福、黄田两个盐场。但不久又都恢复了。这时战火已烧到南方，南宋王朝“百年天地留残运，半壁江山入战图”，统治区域愈缩愈小，军费却愈涨愈高，不得不又打盐业的主意。南宋末代二帝逃到深圳地区，驻跸官富盐场，也是看中这里仍有盐官驻管，地方较为富庶。

盐业为当地制造了不少富户大族。东莞北栅凤冈陈氏一世祖从事盐政，宋末从南雄迁至大宁北栅，再迁到沙头、归德场涌口里（今深圳沙井）、福永、燕川、海南栅等二十多处地方，累世业盐，开村立基。宝安彦氏曾居靖康乌沙桥东，其后世迁往深圳地区，四世祖曾任靖康场大使；沙井新桥村曾氏，南宋初年由广州迁居归德场新桥里，其后代开枝散叶，分布于深圳、香港等地，子孙繁衍，家道殷富不绝。这类例子，在深圳历史上不胜枚举。

那些纸质已变黄变脆的族谱，记录着先人流离转徙的足迹：福田区黄氏，宋末从东莞迁入；谷丰镇侯氏，宋末从番禺迁入；松岗镇燕川村、荷坳村陈氏，宋末从江西庐陵迁入；公明镇水贝陈氏，宋末从福建莆田迁入；公明镇李松镇梁氏，宋末从东莞迁入；公明镇玉律村莫氏，宋末从东莞迁入；沙井镇新桥村曾氏，宋末从福建晋江迁入；西乡镇温氏，宋末从河南洛阳迁入；西乡及南头刘氏，宋代从东莞迁入；罗湖洪氏，宋末从梅州迁入……

这些不过是两宋末年大移民潮中的九牛一毛。深圳在20世纪80年代以前的居民，以客家人居多，他们的先祖大多是两宋末年迁入的。许多客家人的门口，贴着“河南世泽，渭水家声”的对联，反映出他们对南迁前家族兴盛的缅怀与眷恋。广东许多地方都有捡骨再葬的风俗，即把死者先用棺入葬，等肉身腐化以后，再开棺捡出骸骨洗净，入埕安葬。有些地方，还会葬完再葬。改葬之俗，广府地区最盛，客家地区次之，潮汕地区再次。清光绪《嘉应州志》称：“屡经起迁，遗骸残蚀，仅余数片，仍转徙不已。”这种习俗，源于中原人背负先人遗骸，辗转万里，南迁入粤的经历。

大鹏湾进士

两宋时期经济增长，民繁财阜，文化也在同步成长。大约在宋徽宗时期，曾任阳春县令的邓符，在屯门镇桂角山下岑田村，规创了东莞县有史籍记载的第一所书院——力瀛书院。清嘉庆《新安县志》载："桂角山在县东南四十里，多产桂，两山竞秀如角，一名龙潭山，宋邓符筑力瀛书院讲学于其下，今基址尚存。"这所书院比广州城内第一所有文字记载的书院——禺山书院，还早了近百年。

古时庠学分官学与私学两种。宋代的官学只有州、县两级，北宋时东莞已设立官办的县学。南宋淳熙十三年（1186），揭阳王中行为莞令，在东城外兴建新的学宫，规模更加宏大，殿庑敞奥，门墙俨然。青青子衿就读于学宫之内，冬夏诗书，春秋礼乐，一派祥和儒雅之气。当时深圳地区属莞治，学子入读东莞县学，成绩优异者，可升入州学；州学生成绩优异者，可升入太学，即中央办的学校；太学毕业，即获得做官的资格。

书院大部分属于私人办学，很多是官员致仕后回乡开办的。他们从官场退下来，有一定的身份地位，又无须从事耕稼陶渔的劳作，是最能赢得嘉誉的。办个书院，一方面培养族中弟子，为朝廷选拔人才；另一方面用来做雅集的场所，闲时呼朋引类，烹茶煮酒，研究金石，考据题签，欣赏碑版，把玩鼎彝，挥毫写字，穷韵吟诗，风月清谈，也不失为人生一大雅事。

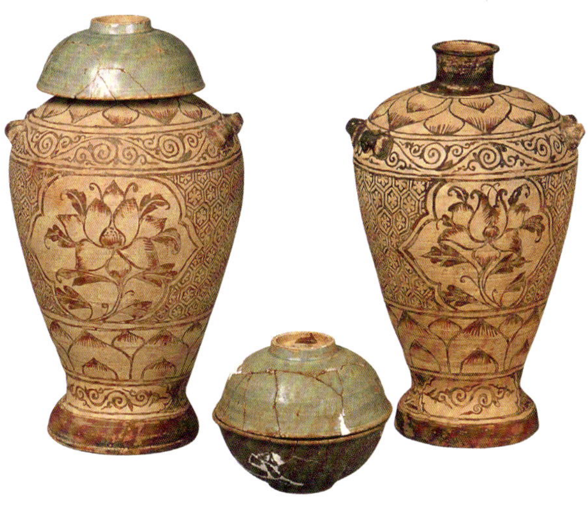

1981年南头后海元代墓葬出土的铁锈花彩绘梅瓶

力瀛书院的详细情况早已失传，它办了多久，山长是谁，有哪些儒师任过讲席，培养了多少学生，学制怎样，有什么课程，都难以一一考证。只有锦田《邓氏师俭堂家潜·四世祖符协公家传按语》留下的一段文字，为我们粗略地勾画出其轮廓："公（邓符）性笃学，好交贤士。解任后，筑室桂角山下，创力瀛书斋，建书楼，读书讲学。置客馆、书田于里中及郭北。修桥梁，发膏火，以资四方来学之士。乐育英才，多所造就。"由此揣测书院的规构：有书楼可供讲学课士，有客馆可供生徒住宿，有学田可供膏火，而学子来自"四方"，其规模亦属可观了。

朝廷以科举取士，许多奋志青云的才俊深信读圣贤书，科考蟾宫折桂，然后可一展"治国平天下"的抱负。但官学的教学方式，有课士而无教士，并不进行自由讲学与研习，学生要掌握学问，往往事倍功半。而书院的教学方式恰恰相反，重视讲学，重视启发，学生请业有师，教学相长，裨补官学"课而不教"之失。力瀛书院便肩负起了这样一种教养人才的重责。

初入学堂拜孔子复原场景

学子步入书院门槛，第一课就是要学会端视听，谨言语，正步立，庄容貌，恭居处，在师长督导下，从细微之处入手，向着正心、诚意、克己、复礼的方向进修。儒师皾座讲学，弟子执经问难，互相切磋学问，磨砻隽切，沉浸灌养。读《大学》而揭明德、新民、止至善要领；读《孟子》而辨仁义与利之界限；读《中庸》而明性、道、教之一原；读《论语》而将儒家学说融为一体，立坚实之本。对莘莘学子来说，这是一段光风霁月的日子。

邓符在修建书院时，在旁边挖了一口井，供书院师生饮用，名为"圭角泉"。后由于清初迁界之故，这一带变成了无人区，书院遂完全荒废，被鬼火狐鸣所包围，最后连尺椽片瓦都没有了。清嘉庆《新安县志》说，力瀛书院"基址尚存"，但其实无论是书院的建筑还是圭角泉，都已在那场迁界浩劫中埋没于荒草之中，黯晦消沉，以致后来人们在寻找其遗迹时，有人说东，有人说西，莫衷一是。直到在锦田发现了一方"圭角泉"的残碑，才算确定了力瀛书院的位置。

继力瀛书院以后，各种书院、精舍、家塾、书屋有如雨后春笋，在深圳地区遍地发芽。衣冠之气，彬彬乎兴矣。宋开庆元年（1259）进士黄石是沙头东涌（今香港大屿山东涌）人，宋咸淳十年（1274）进士曾宋珍是罗田（今深圳宝安区松岗街道罗田社区）人，都属于原宝安地区。其他18位进士，虽然出自东莞，但暂时无从确认其居处究竟属今日的东莞抑或深圳。

曾宋珍（字公聘），祖上是孔子七十二弟子之一、大名鼎鼎的曾子，唐（大周）武则天圣历年间（698—699），官拜金紫光禄大夫、检校太子宾客散骑、国子监祭酒的曾氏后人曾蜓，迁居江西赣州，他的其中一个儿子曾中美居南雄保昌，被后人奉为广东曾氏始祖。南宋建炎年间（1127—1130），南雄曾氏夹在逃难的人潮中，南下到深圳地区的东山、塘下（今沙井街道东塘社区）。曾宋珍就是这一支曾氏的后裔。

沙井是一个盐场，大部分人的职业都与盐有或多或少的关系。有的是盐户，有的是盐商，有的是看守盐仓的，有的是运盐的船工，有的是收税的盐官。这里的土地、街道、房子，人们穿的衣服、盖的被子，乃至空气，都带有一股咸味。曾宋珍就在这咸风吹拂下，寒窗苦读，于南宋淳祐九年（1249）会试中贡士，于咸淳十年（1274）登王龙泽榜第五甲进士，授迪功郎，循州龙川县尉。

今天，在新桥村仍有一座始建于清乾隆年间（1736—1795），清嘉庆三年（1798）扩建过的曾氏大宗祠。祠堂五开间三进，分前、中、后三堂，有四座廊

福永凤凰村顾三书室

沙井新桥村曾氏大宗祠

房和一座牌楼，面阔20米，进深50米，非常气派。大门两侧高悬一副楹联：“天下斯文宗一贯，古今乔木第三家”（排在孔、颜之后第三家）。牌楼上镌刻着“大学家风”四个楷书大字，左右檐额刻着“体忠”“行恕”，背面横匾刻着“片石流辉”四字。

皇帝的末路

粤北大庾山的梅关新道，是唐玄宗开元四年（716）由宰相张九龄主持开凿的，连接章水与浈江，从这条路线入粤，“坦坦而方五轨，阗阗而走四通”，较以前的灵渠，或潇水—封水线、耒水—湟水线，更为快捷方便，成为北方人入粤的主要路线。到北宋时，这条路线已占了入粤交通流量的七八成。

北宋末、南宋末，北方又进入周期性的大动乱。南宋迁都临安（今杭州）后，先有金人胡马窥江，后有蒙古铁骑侵虐，中原难民扶老携幼，纷纷南徙，从大庾岭驿道涌入广东，原居住在珠玑巷的移民后裔，也被难民潮裹挟着，栖栖惶惶，沿水路继续逃往珠江三角洲各县，骨肉流离于道路。有研究者估算，宋代直接由珠玑巷和附近五十八村迁出的人口，便有近十万人之多。

有一个流传很广的故事，说“靖康之祸”后，宋室南迁，一位年幼的公主竟在兵荒马乱中丢失，不知被什么人抱走了，夹在难民之中，逃往大庾岭。途经江西赣县时，公主伪称是一位赵姓官员的女儿，被县令邓元亮收留。邓元亮祖父邓符（字符协）曾任广东阳春县县令，致仕后定居新界岑田村（今锦田），子孙绵绵瓜瓞，分布在东莞福隆、深圳福永塘尾等地，浸成巨族。邓元亮把公主抚养成人，与其子邓自明结为夫妻。

宋光宗即位时，当年的小公主已成大妈。她知道自己的身份后，让儿女赴临安与皇上相认。论辈分，公主是光宗帝的“皇姑”，光宗帝封皇姑为郡主，赠地千亩作为公主的嫁妆，邓自明追赠为“税院郡马”。赵皇姑死后，葬在东莞石井村狮子岭，至今仍有一座“皇姑坟”。宝安和香港的乡间，有“邓半县”的说法，就是说半个县的田地都是邓家的。今天新界元朗四大家族中，以邓家最为显赫，即是源自邓郡马、赵皇姑这一脉。

这个曲折离奇的故事，见载于邓氏族谱和地方县志，虽然不少人持怀疑态度，但故事反映了一个事实，即北宋末年大量难民穿越粤赣边界，涌入岭南，他们的足迹，已远达宝安、香港一带。

南宋行朝在深圳、香港地区海上活动路线示意图

福建宁化县石壁村也一向被客家人视为圣地。宁化地处闽赣交界，西北有高山环绕，形同屏障，保护着这里不受北方战乱影响。唐宋年间，来自八省五十多个州县的中原移民，大多先在这里落脚，然后再分散流向各地。这里成为客家文化的摇篮。

朱熹的弟子陈孔硕（字朝举），

宋淳熙年间（1174—1189）进士，官拜正议大夫，金人南侵时，他带着族人，跋山涉水，挣扎泥涂，历尽千辛万苦逃入广东，最后在归德盐场涌口里（今宝安区沙井）安下家来。他修筑了一座“锦波楼”，逢年过节便率领全体子孙登楼，望北而拜，祈祷能早日返回北方故乡，但他至死未能如愿。他的子孙后代仍生活在深圳这片土地上。

南宋末年，随着“吞金灭宋”的忽必烈大军席卷江南，大规模的逃难潮再次出现于粤闽赣各省。宋恭帝德祐二年（1276）二月，元军攻陷南宋首府临安，俘获了恭帝。年仅七岁的益王赵昰和母亲杨淑妃、异母弟广王赵昺，仓皇辞庙，逃到永嘉，又不敢歇泊，星陈夙驾，再逃到福州。在陆秀夫、张世杰、文天祥等大臣的拥戴下，赵昰五月在福州即位，改元景炎。但御床还没坐热，蒙古大军的蔽日旌旗就已尘土遮天，在地平线上滚滚而来。帝昰只是个稚童，群臣要他去东就往东，要他去西就往西。君臣急急上船，沿海岸漂流而下，逃入广东地界，先到潮阳南澳岛，再到惠州甲子门。随驾官兵十七万，民军三十万，个个忠肝义胆，却已是师老兵疲，不堪再战。

景炎二年（1277）二月，大鹏湾叠福盐场外，千帆云集，密密麻麻，覆盖了整个海面。百姓都被官军驱赶到远处，不准靠近。帝昰的船队从惠州抵达。船上下来文武百官，各具朝服，迎拜岸头。帝昰登岸，在叠福盐场稍事休息，再乘船到大奚山。这个地方在宋代也叫碙州，元朝吴莱《南海古迹记》述：“大奚山在东莞南大海中，一曰碙州山。有三十六屿，山民聚渔盐不农。”当时宝安已并入东莞，故称岛在东莞。八十年前，大奚山曾被宋军血洗，岛上耆老每每言及，仍心有余悸，神色惨然。现在宋帝走投无路，又来投靠这个汇聚了上万冤魂的地方。岛上有梅蔚山（今梅窝），四时长林丰草，郁郁葱葱，南宋军民在山上草创行宫数间，供帝昰驻跸。

南宋最后的“海上行朝”，就从这个叫碙州的地方，开始了它的倒计时。

南宋少帝赵昺画像

四月，帝昰离开梅蔚山，在官富盐场（今香港旧启德机场一带）兴建了一座较为像样的行宫，似乎有建立陪都、长期抗元的打算。官富盐场临海处，原有一座三四十米高的小山，山上耸立巨石，帝昰曾爬到巨石上休息。后人把这座小山命名为“圣山”，在石上凿“宋王台”三个字。本来是要凿“宋皇台”的，因为怕激怒蒙古人，便易“皇”为“王”。几百年后，遗迹尚存。1899年，香港立法局曾通过《保存宋王台条例》。可惜，太平洋战争爆发，侵占香港的日本人为兴建启德机场，竟把巨石炸毁。战争结束后，港英当局把残存的石块移到新建的宋王台公园，重刻“宋王台”三字。

帝昰在官富盐场待了没几个月，元军水师逼近的警耗，一日三至。右丞相文天祥在江西抗元节节失利，九月间率领一支残兵，从潮州匆匆赶来官富盐场护驾，但帝昰已移驾至浅湾（今香港荃湾），文天祥白跑一趟，未能一瞻帝昰“天颜”。十一月帝昰转赴秀山（今东莞虎门）；十二月到井澳（今珠海市横琴岛深井湾）。

景炎三年（1278）三月，帝昰又返回大奚山。由于长期颠沛流离，饱经忧患，更兼水土不服，四月在大奚山得了一场大病，群医束手，竟致夭亡，年仅十一岁。帝昰的遗体葬于新会厓山（今作崖山），附近修建疑冢五座，以防元军毁陵。随后群臣又拥八岁的广王赵昺继位，改年号为祥兴，升硇州为翔龙县，广州为翔龙府。但这位小皇帝却再没有机会移驾翔龙府，临朝亲政了。

栖栖六月，岭南盛夏，南海已进入台风季节，海面变得不平静。帝昺在群臣簇拥下徙居厓山。这时，元军对“海上行朝”的铁围终于合龙，两军在厓口海上展开最后决战。南宋大败，军民将士十万余人同年同月同日死。左丞相陆秀夫面对满海浮尸，长叹一声说：“国事至此，

香港九龙“宋王台”

陛下当为国死。德祐皇帝（宋恭帝）辱已甚，陛下不可再辱！”负帝昺投海而殁。152年的南宋王朝，319年的赵宋江山，至此遂亡。

南海浩瀚渺茫，与天相接。多少兴亡故事，长埋海气之中。直到破家亡国后，人们才恍然记起，坊间曾流传过这么一首童谣：“江南破，白雁过，更无一寸土可坐；自闽入广随波流，流氛暗天天亦愁；黄芦埋岸风飕飕……渔舟不到御舟到，风吹御舟力排界，嗟嗟悲哉谁与告……”当时无人可解。但解与不解，都改变不了历史的进程。天意由来合人意，儿歌声里换王朝，自古皆然。

文天祥在海丰被元军所俘，宁死不降。当被押往厓山时，舟过零丁（今伶仃）洋，他遥望赤湾海中的零丁山，看到云遮雾障，一片天愁地惨、苦海渺茫的景象，不禁触景生情，留下了“惶恐滩头说惶恐，零丁洋里叹零丁。人生自古谁无死，留取丹心照汗青”的千古绝句。

一批在厓口尽节的南宋忠臣义士遗骸，长埋于大奚山的郁郁山林里。帝昺死后，遗体随波逐流，漂到赤湾。据说当时天空聚集了千百只雀鸟，围在遗体之上，如同伞盖一样。赤湾海边天后庙（今南山区赤湾天后博物馆）的一根栋梁突然倒塌，人们大为骇异。有老僧到海边巡视，见海中有一具遗体漂荡，上有群鸟遮蔽，便设法把遗体打捞上来，见面色如生，服饰不似常人，内心大惊，知是帝骸。众人不敢怠慢，用天后宫折断的栋梁做了一具棺材，把帝昺葬于天后庙西边的小南山脚下。

因为怕元军发现，陵墓的外观砌成普通坟墓的样子，墓主的真实身份秘而不宣。经历了多少露往霜来，陵墓渐成冷土荒堆，被人遗忘，乃至完全消失。1911年，有一些来自香港，自称是赵氏后裔的人，在小南山脚寻寻觅觅，最后确认了

深圳蛇口赤湾宋少帝陵

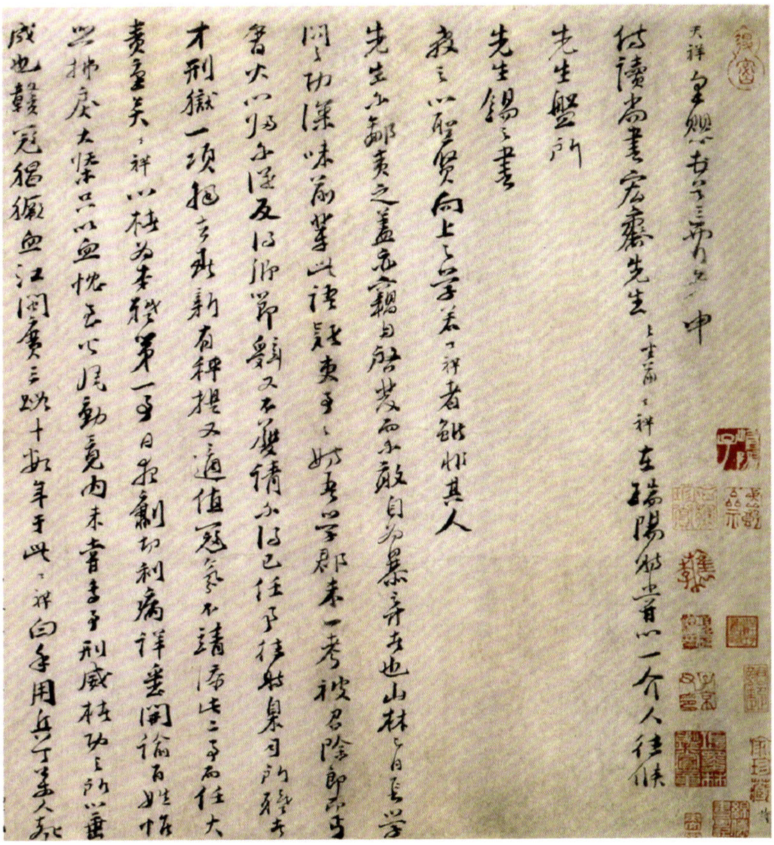

文天祥手迹

少帝陵的位置，并修缮了一番，但不久又被湮没了。直到1963年，该陵被赤湾驻军发现。1984年初，香港赵氏宗亲会和蛇口工业区旅游公司捐资四十多万港元，对陵墓进行了修葺扩建，并立了一块墓碑，镌“大宋祥庆少帝之陵”八个填金大字。这块碑的文字十分怪异，不用帝昺的庙号“怀宗”，也不用谥号“恭文宁武哀孝皇帝”，而用年号，还把年号“祥兴”错写成“祥庆”。修墓者的粗枝大叶，更为这段悲凉的历史留下一声嗟叹。

文天祥画像

南宋亡后，还有一点余绪，为后世史家所津津乐道，那就是文天祥家族的下落。文天祥有两个儿子，一早死，一殁于战乱，他的胞弟文璧把儿子隆子过继给他，以续香灯。文天祥死后，他的名字彪炳千古，不朽诗篇《过零丁洋》和《正气歌》为天下传诵。文璧却很少被人提及，因为当年他身为惠州知府，在元军杀到后便献城投降了。文氏族人认为其有辱家声，纷纷迁离惠州，与他划清界限，有的渡海去了琼州，有的搬到了东莞（深圳、香港）。文璧也一度躲到黄松岗鹤仔园（今宝安区松岗镇根竹园村），羞于见人。但后来经不住元朝屡次征召，他又复出，官至谏议大夫、广西宣慰使，死后葬在鹤仔园附近的尖岗山。

文隆子的哲嗣文宣（号应麟）与文璧一起守惠州，他力主抵抗元军，文璧不听，执意投降，令他既失望又愤怒，便带着两个儿子断然离开惠州。清康熙《东莞县志》把文应麟描写为一个“少使酒好剑，尚气节，用财如粪土”的豪杰，一身侠肝义胆。他跑到佳木葱茏的凤凰山下安家，置了八十多亩地，“树棘为园，栽花莳药，荷畚锸以事陇亩”，过着半隐居生活。种的粮食自家吃不完，他就用来周济穷人，在乡间以乐善好施闻名。

凤凰山上有凤凰岩，景色雄壮，清康熙《新安县志》载：“凤凰岩，在茅山之北，巨石嵯峨；广数丈，洞澈若堂室，相传有凤凰栖于内，故得名。”曾任宝安知县的郑文炳形容为：“浮岚缥缈留芳迹，远隔尘寰开绝壁。烟光一片接沧溟，万仞芙蓉削天碧。”文应麟在凤凰岩上筑了一座“望烟楼”，每逢地方闹饥荒，他便登楼四眺，看到哪户人家断了炊烟，就马上派人送去粮食。日后谁家偿还不起，他便把借据一烧了事。在当地父老乡亲眼里，文应麟就是一只“毫光洒

福永岭下村文氏宗祠

福永岭下村文塔

风雨，纹彩动云霓”的凤凰。

宝安文氏奉文璧为始祖，文隆子为二世祖。福永街道的凤凰古村，就是文氏后人开辟的，现在社区里仍有九成人口姓文，并有一座文天祥纪念馆。在5.2万平方米的地方，坐落着约360座古建筑，其中明代建筑4座，清代建筑60座，民国时期建筑96座，还有17口古井，属于典型的广府民居建筑。古村保存得并不太理想，南半部被严重改建，面目全非，北半部还算完整，前后十七排，左右六列。棋盘格局，纵横巷子都是一米多宽，也有两米以上的。

这些老房子大部分是三开间二进，花岗岩或红砂岩墙基，清水砖墙，条石砌墙角，有船形屋脊，也有博古屋脊，绣闼雕甍，美不胜收。村里至今还保留着两千多组灰塑，三千六百多组木刻，五百多组石雕，逾千组壁画，内容大多是人物、动植物。在人们的目光中，缓缓淡进，又缓缓淡出，恍若时光倒流，不知今夕何夕，而一缕感旧之情，油然而生。村中的三口古井是真正的南宋遗构，两方一圆，村民们说是元初凤凰村开基时文应麟领着村民开凿的，水味甘甜，四时汲之不竭，至今仍可饮用。

凤凰山上的凤岩古庙，据说是文应麟得到观音托梦后兴建的，迄今已有七百年历史。文隆子夫妇殁后葬于宝安区福永镇福永中学后山，文应麟葬于宝安区

凤凰山文氏族人修建的宗祠

公明街道楼村崖岭东坡。伶仃洋的夜夜涛声，伴着他们的魂魄在此长眠，那些“为严将军头，为嵇侍中血，为张睢阳齿，为颜常山舌”的悲壮往事，已埋在历史深处。

现存的文墓规模颇大，墓堂宽达七米，进深九米，但可能是清代重修的，呈典型的清代风格。2009年深圳市城市规划委员会通过的《深圳市紫线规划》，把凤凰古村列为重点保护的古村落之一。

凤凰古村，文天祥后人聚居地（图片来源：视觉中国）

第三章　海防第一线

大明的开国元勋

宋亡元兴。终元一朝，不及百年，统治者先后四次禁商下海，在泉州设立市舶司，企图由官府和少数权豪垄断海外贸易。由于南宋亡于岭南，抗元斗争在这片土地上此起彼伏，因此岭南被元朝统治者视为“高危地区”。在平定岭南后，统治者马上在宋代原有的屯门寨旧地，设立屯门巡检司；另在宋代固戍角寨旧地，设立固戍角寨巡检司，派兵驻守。

元朝统治者不让广东人进行海上贸易，但对深圳的盐业紧抓不放。他们设立广东盐课提举司衙门，控制广东地区的17处盐场，后来把官富盐场合并到黄田盐

明代广东海防形势图

场，官富盐场的旧地改为官富巡检司的官署。巡检司的职责，在于盘查行人，缉拿“奸伪”和逃犯，防止民众走私。在这个弹丸之地设立三个巡检司，足见当局对这个天高皇帝远的地方，也不敢掉以轻心。

在岭南历史上，元朝是一个沉闷的朝代。广州海贸中心地位被剥夺，经济徘徊低谷；朝廷恢复在大步海采珠，从大德元年（1297）开始，招募七百余户，打捞了三年，才采得小珠五六两，却不知淹死了多少人。屈大均《广东新语》卷十五记载了东莞人张惟寅描述的采珠人惨况：“珠蚌生在数十丈水中，取之必以绳引而缒人而下，气欲绝，则掣动其绳，舟中人疾引而出，稍迟则七窍流血而死，或为恶鱼所噬。蚌逾百十，得珠仅能一二。”

深圳的采珠户，先后合计，多达四万余户，但历年采到的珍珠，却少得可怜。这么多人都去采珠，大大拖累了其他行业的发展，盐业也一蹶不振。官府从至元十六年（1279）开始征收广东的课税食盐，第一年只收到区区621引（每引100千克），其后虽然逐年增长，但与高峰期相比，相距甚远。由于劳动环境太过恶劣，收入却极其微薄，盐户纷纷逃亡，或者揭竿而起。

元末，全国兴起三十六路反王、七十二路烟尘。放牛娃出身的朱元璋，以“驱除胡虏，恢复中华”为号召，集合天下豪杰，向元朝统治者宣战，义军攻城略地，势不可当。仅深圳地区，就竖起了六支反元队伍的旗号，他们是：东莞盐场的吴颜明、归德盐场的曾伯由、黄田盐场的郑润卿、盐田盐场的萧汉明、平湖的刘显卿和笋岗的欧广。他们在战争结束以后都被大明王朝逐一清除了，有的遣散归乡，有的发配充军，有的则被官军收编了。

笋岗老围（元勋旧址）

历史所呈现的表象，有时显得宏伟庄严，有时又十分可笑。百年前气势如虹的元军，横扫天下，一直打到东南亚，取江山如热熬翻饼，但气数一旦尽了，所谓带砺山河，也不过是枯枝上的鸟巢、沙丘上的城堡，顷刻土崩瓦解。当年在帝昺沉海殉难时出生的人，若有百岁之龄，亦可看着大元王朝盖高楼，宴宾客，以及楼塌

何真画像

了。这又有谁可以想象得到呢?

在深圳罗湖区洪湖公园的西侧，有一条彩虹桥；彩虹桥西侧，是一片铁路的物流仓库；在仓库区的深处，有一条非常古老的村子，人称“笋岗老围”，或叫“元勋旧址”。所谓元勋，是指协助朱元璋平定岭南的何真。何真是东莞人，《明史》上说他“少英伟，好书剑。元至正初，为河源县务副使，转淡水场管勾，弃官归”。弃官的原因，是元末天下大乱，东莞豪强纷起，盗贼横行，形势风雨飘摇，何真是一位恭敬桑梓之人，不禁对家族的安危忧心如焚，便匆匆辞官返乡。在他的带领下，族人有钱出钱，有力出力，在笋岗修筑了一个大寨，作为避乱的大本营。

寨子的面积约四千平方米，四面砌起五米高、一米多厚的砖墙，外面再环以护寨河，并在寨的四角修建碉楼。这并不是客家围龙屋，而是一种广府围合式的围村。深圳的福镇围、沙嘴围、皇岗老围等，都是此类广府式围村。其结构比客家围简单很多，通常在村子四周以夯土或青砖建方形围墙，四角建有炮楼（也有没建的）。围墙一般只有一道正门，入必由之，出必由之，其他三面都没有门。走进大门，是一条直通后墙的中轴线巷道，巷道尽头是神厅，巷道两侧横向布置三到五排单层住屋。

何真组织了一支护寨的队伍，枕戈寝甲，日夜巡逻，称得上“固若金汤”了，许多县城的城墙建筑，亦不外如是。围内修筑了三条纵巷、六条横巷，中轴线的道路宽近两米，道路四通八达，可以快捷地到达寨内任何地方。围内有一百四十余间房屋，三口水井。把寨门一关，守上一两个月，完全没有问题。

大明军队开到时，何真率众向明军输诚，并协助明军平定两广各路豪强，收服了向称强悍难驯的岭南地区，因此有“开国元勋”之誉。朝廷对他委以重任，一度派他出任四川布政使。后来因为两广地区一些土豪蠢蠢欲动，何真奉旨回乡收编地方民军，路过粤北张九龄祠时，留下一首诗，有“一天云气千山雨，万壑松声十里风。谒罢相祠复回首，蓬莱宫阙五云中”之句，意气风发的神态，跃然纸上。明洪武二十年（1387），朱元璋敕封年迈的何真为“东莞伯”，封禄一千五百石，赐第京师，并授予金书铁券：“兹与尔誓：若谋逆不宥，其余死

笋岗老围（图片来源：视觉中国）

罪，尔免二死，子免一死，以报推诚之心。”

铁券的“尔免二死”何真没用上，便已归道山，但却没想到，在他死后，“子免一死”竟然用上了。何真家人的下场十分凄惨，就在何真死后第五年，即明洪武二十六年（1393），开国功臣、凉国公蓝玉案发，株连一万五千多人被杀，袭封东莞伯的何真长子何荣也被卷入案中，处以死刑。噩耗传来，何真的弟弟何迪悲愤欲狂，一声“反了吧”，当下聚合乡中勇士，宰牲祭祖，痛饮一醉，杀出围村造反。

由于这场暴乱的领头人不是什么村夫野老，而是德高望重的东莞伯家族，声势浩大，震惊朝野。官兵从各地赶来围剿，相持了十个月，最终镇压下去。昨日功臣，今日罪徒，何真的八个儿子，唯一人逃脱，大约就是因为有“子免一死”的铁券，朝廷对他网开一面。其余七子皆受戮身之刑，一门老少，抄斩净尽，东莞伯的何公祠也被夷为平地。逃脱的这一房人，从此潜伏山野，隐姓埋名，直至朱元璋驾崩，建文元年（1399），明惠帝登基，大赦天下，他们才蓬头垢面地返回满目疮痍的家园。后来，何真的四世孙在修葺围村时，额“元勋旧址”四字于寨门，表明何氏族人在经历了这样一场浩劫之后，仍然不改初心，以先祖助朱元璋打天下为荣。

如今围村外的护寨河已填为平地，四座碉楼也荡然无存。围村内的房屋，大部分是清代和民国时期重建的。《深圳晚报》有文章说：“我们在这个元勋旧址里现在却找不到何公祠，也看不到何氏祖祠，见不到三进五进的大院子，只是一排又一排的小房子，看不出一点元勋气派。”星霜荏苒，逝水无痕，令人不禁怊怅。

百年后回头再看，昔日的荣耀早已消散，昔日的创口也已抹平。除了一道历六百年风雨而侥幸没有倒塌的围墙，依然深藏在铁路与货仓的包围之中，唤起寻访者的一缕闲愁外，一切都已归于平淡。1988年7月，笋岗老围被深圳市政府定为市级文物保护单位；2002年7月成为广东省级文物保护单位。

海禁与海乱

明朝初年实行严厉的海禁政策。洪武七年（1374），朝廷撤销福建泉州、浙江明州、广东广州三市舶司，中国对外贸易遂告断绝。洪武二十三年（1390），朱元璋下旨“禁外藩交通”。洪武二十七年（1394），禁止民间使用及买卖舶来的番香、番货等。洪武三十年（1397），再次发布命令，禁止中国人下海通番。擅造三桅以上违式大船，将违禁货物带下海，前往番国买卖，潜通海贼，同谋结聚，向导劫掠良民者，正犯处斩，枭首示众，全家发边卫充军。

海禁政策本来是为了防范东南沿海猖獗的海盗，但由于断绝了正常的贸易，沿海民众生活大受影响，反而催生了更多的海盗，他们为了生存铤而走险。终明一朝，东南沿海就没有一天太平过。

大鹏城俯瞰图

从笋岗老围向西走大约20千米，经过笔架山、莲花山、香蜜湖，跨过大沙河，南海大道再往西，就是昔日司盐都尉治所、东官郡郡治、新安县县治的南头古城了。明朝时它做了东莞守御千户所的官署和军营。

朱元璋坐天下后，自京师到郡县，都设立卫所（驻防军队单位），屯丁戍守。一郡者设所，连郡者设卫，以5600人为一卫，1128人为一千户所，112人为一百户所。各卫所都隶属于五军都督府，亦隶属于兵部，有事调发从征，无事则还归卫所。千户所后来也称“守御千户所”。驻守东莞的军事单位，最主要的有三个——东莞守御千户所、大鹏守御千户所和南头水寨，均隶属南海卫。

南海卫是洪武十四年（1381）设立的。这一年，东莞县爆发骚乱，一度占据缺口镇，其后被官兵镇压。第二年爆发更大规模的骚乱，据地方官员奏报，经过官军扫荡后，有一万七千多人被俘，八千八百多人被斩首。洪武十六年（1383），笋岗又发生骚乱，不少疍民加入了海盗的队伍。骚乱如此频密，接二连三，令官府大感头痛，因此加强东莞（深圳）地区的防卫，便成燃眉之急。

洪武二十七年（1394），朝廷在南海卫之下增设大鹏、东莞、碣石、广海、神电五个千户所。大鹏守御千户所最初选址，在今南澳镇西涌新屋村西面，城墙都已经砌了，敌楼的地基也铺好了，广州左卫千户张斌来巡视，认为地点不理想。经过实地勘察，决定挪到大鹏半岛的腰部，即今龙岗区大鹏镇鹏城村，东面

大鹏所城城门

清嘉庆《新安县志》所载南头城图

俯瞰大亚湾，西面扼据大鹏湾。张斌亲自主持筑城工程。

这一年，恰好“蓝玉案”发生不久，也即何氏家族造反的那一年，深圳地区局势动荡，人心惶惶。可以肯定，户所的军队参与了镇压，而且增设大鹏、东莞两所，也肯定和这件事情有关。毕竟，开国元勋家族的反叛，在当地太具震撼力了，堪比一场海上的超级飓风。

大鹏所的规模，据《新安县志》介绍：“内外砌以砖石，沿海所城，大鹏为最。周围三百二十五丈六尺，高一丈八尺，面广六尺，址广一丈四尺，门楼四。敌楼如之。警铺一十六，雉堞六百五十四。东西南三面环水，濠回三百九十八丈，阔一丈五尺，深一丈。”周围还建有野牛墩、大湾墩、旧大鹏墩、水头墩、叠福墩五座墩台。这些墩台都是用坚实的大块石头砌成的，形状像个方斗，高两三米，长五六米，宽六七米。每座墩台都有五名旗军长年驻守，一旦发现敌情，便燃放烟幕，传递警号。

东莞守御千户在南头，由广州左卫千户崔皓主持，利用原来宝安县城的城基，加以修葺巩固。四周建有岗墩、赤湾墩、伏涌墩、嘴头墩、赤岗墩、鳌湾墩六座墩台。而南头水寨拥有六十多条兵船，分为汛地三哨，一巡佛堂门，一巡大星，一巡广海。但由于海域广阔，兵员不足，防守其实很粗疏。万历年间（1573—1619），兵科给事中尹瑾曾指出：兵船在佛堂门，如果海盗从鸡公头潜入，佛堂门是难以察觉的；兵船在大星，海盗由大鹏潜入大步屯，大星也是无法察觉的；兵船在广海，海盗由十字门潜入香山（今中山、珠海），由松柏门潜入新会，广海也无从发现。他忧心忡忡地感叹："南头寨地方之旷远类如此。"

明朝的海盗之患非常严重。正统十四年（1449）至景泰元年（1450）间的黄萧养之乱，蔓延至广州、东莞、南海、顺德、新会、香山、佛山各处，所到之处，望风劫烧。屈大均说："海寇之患，莫过萧养。"嘉靖年间（1522—1566），黄秀山是一个让官府闻之色变的名字。他是海上走私集团的头目，东莞人，横行于粤、闽、浙一带沿海。他的队伍大部分都是走私商人，甚至还建立了政权。

最主要的海盗势力之一是"倭寇"。所谓倭寇，是指来自日本的海盗。早在洪武十三年（1380），就有大股倭寇袭击东莞、海丰等地，大肆劫掠。从这时起，倭寇的阴影就一直盘结在东南沿海地区，驱之不散。每年一到南风吹，梅子熟的三四月间，大大小小的倭寇团伙便乘着海潮，潜入屯门、鸡栖、佛堂门、老万山、虎头门、南头等地，将之据为巢穴。因此，朝廷又设立备倭总兵署，备倭总督驻节南头，管辖广州、惠州、潮州一带海域，专门对付倭寇。不久又在南头设立广东六寨水师总部，由海防参将坐镇，督理广州、惠州、潮州的海防事务。在海上巡逻的兵船，甚至比渔船还多。

隆庆五年（1571），倭寇包围攻打大鹏千户所，长达四十多天，其间竟多次架设云梯攻城。这种进攻规模已近于正规战争，非流寇滋扰可比。早有史家指出，倭寇其实大部分是中国人。《明史》说："大抵真倭十之三，从倭者十之七。"《嘉靖实录》也持相同的看法，认为"盖江南海警，倭居十三，而中国叛逆居十七也"。直到近世史家陈懋恒经过细致考证，在《明代倭寇考略》一书中指出，倭寇中坐头把交椅的，清一色都是中国人，坐第二把交椅的，也以中国人居多，日本人的比例偏低。

福建海盗曾一本拥众数万，据说和倭寇也有勾结，隆庆年间（1567—1572），多次进攻深圳地区，在赤湾的一次激战中，把听调知县刘师颜也杀了。这件事令朝廷震骇，下旨调抗倭名将俞大猷及总督闽广军务、兵部左侍郎兼右都御史刘焘等人，领兵大举围剿。隆庆三年（1569），曾一本在进攻东莞时，被官军擒获，后病死于狱中。不过，他死后仍被枭首，脑袋挂在城门楼上示众。

赤湾炮台

另一个东莞巨盗何亚八，曾率众围攻东莞守御千户所，打得官军狼狈不堪，千户也死在乱刀之下。相传何亚八与葡萄牙人有勾结。《明世宗实录》说他“纠集番徒，沿海劫掠”。朝廷费尽九牛二虎之力，直到嘉靖三十三年（1554），才算把何亚八剿灭了，俘斩一百四十六人，溺水烧死者甚众。

16世纪，以葡萄牙、西班牙为代表的海洋强国在欧洲迅速崛起，并向东方展开凶猛的殖民扩张；而英国、法国等后起之秀，亦已蓄势待发。葡萄牙人在取得了非洲摩洛哥西岸和塞索格尔河口以后，沿非洲西岸南进，到达非洲南端的海角，命名为“好望角”。从欧洲绕过非洲通往印度的海上航道终于打通了。

明正德四年（1509）以后，在日益兴盛的合法与非法贸易压力下，朝贡贸易终于被打破了。朝贡商船与非朝贡商船蜂拥而来。随着葡萄牙攻占香料主要的市场满剌加（马六甲）后，殖民主义者的航海罗盘开始指向中国。正德八年（1513），第一艘抵达中国的葡萄牙（当时叫作“佛郎机”）船只，在广东上川岛抛锚泊岸。葡人登岸后，竖起了一块刻有葡萄牙国徽的“发现碑”，作为纪念。这次初航中国只是探路，没有与官方正式接触，也没有进行大规模的贸易。

正德十二年（1517），葡萄牙商船再次来到广东海岸。他们的船队停泊在屯门，并上岸修筑营垒，派人把葡萄牙国王的书信送到广州官府，鸣炮升旗，要求见中国皇帝，开展海上贸易。本来，葡萄牙人在马六甲时，与当地的中国人有初次接触，对中国人留下了良好印象，觉得中国人是与西方人非常接近的种族，皮肤白皙，服饰整洁高贵，饮食文明，举止彬彬有礼。

但中国朝廷与官府却并不认为这些洋人是与自己非常接近的种族。堂堂天朝，乃礼仪之邦，从未见过如此无礼的客人，竟逼上门来要主人接待。因此，

南头城参将府遗址出土的明朝万历年间刻制的《重建参将府记》石碑拓片

官府向民众宣传，这些“长身高鼻，猫睛鹰嘴，卷发赤须”的番鬼佬，与禽兽无异，会“掠十岁以下小儿烹食之”。新安县有一块《重建汪公生祠记》碑写道：“西番佛郎机假以修贡，扰我边圉，狼狈蜂毒，实繁有徒，掠婴孺屠以为膳，闻者惴恻。”番鬼佬会吃小孩的谣言在沿海地区流传了几百年，直到清末，还有不少人深信不疑，并用来吓唬不听话的小孩。

很多所谓的海盗，其实是与洋人有生意来往的商人，只是朝廷的禁海令迫使他们不得不武装走私，沦为海盗。了解情况的人，无不一清二楚。曾任大明顺天府尹的谢杰在《虔台倭纂》中就直截了当地说：“寇与商同是人，市通则寇转为商，市禁则商转为盗。”民间商人也许并不介意与葡萄牙人或其他国家的商人做生意，但朝廷与官府却一百个不愿意。

官府拒绝外国人来做生意的手法，有时显得十分幼稚。有一本由两位美国历史学家写的巨著《欧洲形成中的亚洲》，书中写道：“每当一艘外国的船只停泊在中国的沿海时，它会迅速被中国的船只包围，这样一来，外国人就无法进行交易，购买供应品，或与任何人交谈。”有时官府还会派人潜入水中，凿穿“夷船”的船底。这些招数对葡萄牙人不灵，因为他们已经在屯门登陆了。于是，朝廷命令广东按察使汪鋐（字宣之）把他们全部驱逐。

汪鋐当年四十七岁，正是春秋鼎盛、意气飞扬的年龄，在一首诗中，他自称“万里奔驰筋力在，一生精洁鬼神通”。领得圣旨后，他在南头设立行辕，勒令葡萄牙人立即离开。在葡萄牙人拒绝之后，汪鋐便下令封锁屯门澳，召集军民，准备开战。中国第一场与外国的正式海战，就在三伏天骄阳熇蒸下的屯门海面打响头炮了。

这场战争从六月持续到八月。明军先败后胜，汪鋐总算不负皇命，把葡萄牙人的帆船统统赶到肉眼看不见的地方去了。当屯门恢复平静，老百姓又开始欣欣熙熙地出门趁圩时，汪鋐揽辔城东，鞭指大海，高声吟哦，尽情抒发其自豪之情："灶田拨卤当秋日，渔艇牵篷向晚风。回首长歌无尽兴，天高海阔月明中。"颇有一种"谈笑间樯橹灰飞烟灭"的兴味。他是有这自傲的本钱的。

明朝广东按察使汪鋐

汪鋐制胜的关键原因之一，是他善用"谍战"。首战失利后，他用米酒买通在敌船上打工的中国人，获得了葡萄牙人"蜈蚣船"（战船）和"佛郎机铳"（火炮）的秘密，果断地下令大量仿造。造不了大号的，就造小一号的，或袖珍版的，并马上投入战场。利用天时、地利、人和的优势，他取得了"雷击飙扫，靡有孑遗"的胜利。由此，汪鋐可以说是"师夷长技以制夷"的祖师爷。他本人也因为这次胜利受到朝廷嘉奖，官升一级，食一品俸。深圳地区的民众对他敬若神明，甚至要为他建生祠。

明朝的海患从来没有止息过，陆上的民变也是此起彼伏。成化元年（1465）、弘治元年（1488）、嘉靖六年（1527）、嘉靖三十六年（1557）、嘉靖三十七年（1558）、嘉靖四十五年（1566），深圳地区都爆发过规模颇大的民乱。东莞治地太广，县城距离大鹏所一百多千米，距离南头的东莞所五十多千米，山遥水远，鞭长莫及，对防务十分不利。一旦有事，官军顾此失彼，调度不灵，引起许多官员的忧虑。

实际上，一个县的地方太大，也会对老百姓的生活造成诸多不便。深圳地区人口增长甚快，屯门、大奚山、盐田、南头、大鹏等地，以前是"水曲山限四五家"，现在已成人烟稠密的圩市聚落。乡民要去一趟县城，

屯门海战复原场景

服徭役也罢，缴税也罢，到县衙向青天大老爷告状也罢，不知要走多少路，过多少个渡口，跋涉艰辛，费时失事。于是，到了嘉靖末年，开始有人提议，把原来合并到东莞县的宝安县重新划出来，恢复建制。

新安，新的宝安

早在正德年间（1506—1521）就有人提议恢复宝安县了，但一直议而不决。嘉靖四十年（1561），东莞发生饥荒，饥民在南头啸聚抢米。这件事后来虽然由乡绅出面，捐粮赈灾，平息了下去，但它触发起人们再次议论建县的事。当广东南韶兵备佥事刘稳（字朝重）到东莞巡察时，几位年高德劭的乡绅再次联名，向刘稳呈请建县。刘稳最初犹豫不决，只答应增设一名县丞，提高衙门的办事效率，但这于事无补，众人“万口同词，唯愿建县”。后来，这事还得到了礼部侍郎何维柏（字乔仲）的支持，刘稳这才把地方的请求转呈朝廷。何维柏，南海人，是朝中有名的直臣，颇得天下人敬重。刘稳的奏请很快获得批准。万历元年（1573），新安县正式成立。

新安与宝安，一字之差，今昔辖地亦大致相同：东至三管笔海面，与归善县（今惠阳）相邻；西至伶仃洋，与香山县相邻；北至羊凹山，与东莞县相邻；南临浩渺无涯的黑水大洋，圣山、伶仃山、大奚山、龙鼓山、大磨刀、小磨刀，尽收眼底。今深圳大部分地区与香港全境，都属新安县范围。全县划分为三个乡（恩德、延福、归城）、七个都、五十六个里（后增加一里，为五十七里）。在编民户有7608户，33 971人，田地山塘共2910余顷。原南头东莞守御千户所的城池改为县城。在第一任县官吴大训（号涧

吴大训和刘稳（雕塑）

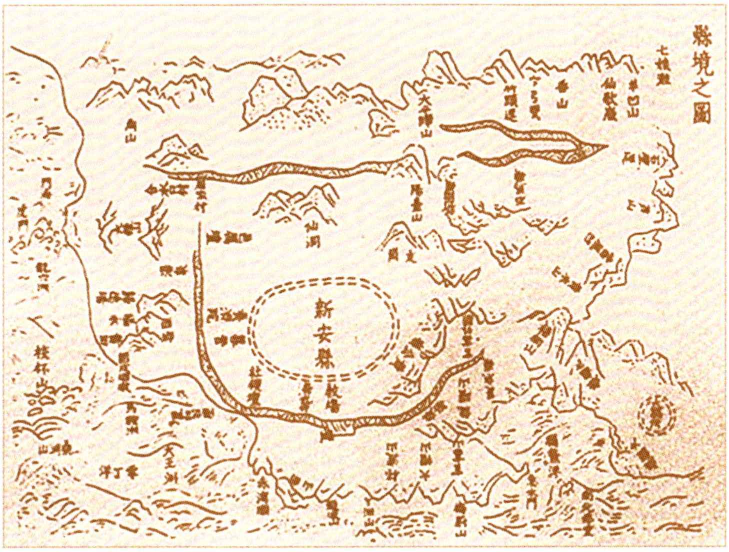

新安县境全图

泉，广西马平人）的主持下，进行了修葺。城有四门，东门名聚奎，西门名镇海，南门名迎恩，北门名拱辰。但吴大训认为，北门刚好在县衙后面，正对来脉，开门不利风水，下令关闭不开，只开东、西、南三门。万历五年（1577），知县曾孔志扩筑了东、西、南三门的子城，加建了三座城楼和四座敌楼。

全城连子城周围共五百七十八丈五尺，高二丈，面广一丈，址广二丈。雉堞八百九十五丈，护城壕长五百九十二丈，宽二丈五尺。其后又陆续兴建了新的县衙和永盈仓、学宫、城隍庙、社稷坛、风云雷雨山川坛、邑厉坛、演武场兵房、小教场等设施。在山川坛旁还建了一座“汪刘二公祠”，供奉保卫海防有功的汪鋐和建县有功的刘稳二人，享春秋二祭。几年间，一座功能齐备、四角俱全的新县城，便大功告成，出现在大鹏湾畔了。

经过四五百年的风雨剥蚀，现存的南头古城已非完璧，只有一段高低参差、断断续续的北城墙和大致完好的南城门。东城门虽然还在，但那是经过后人重修的。在南门上方，刻着一块“宁南”的石额。城里有六纵三横共九条街道，分别是县署前街、显宁街、永盈街、聚秀街、和阳街、迎恩街、五通街、牌楼街和新街。还有纪念文天祥的信国公文氏祠、祭祀天后娘娘的报德祠和东莞会馆、育婴堂及清嘉庆年间（1796—1820）兴建的凤冈书院等民用建筑。城外也有许多街道，县志上列出的就有寺前正街、圣堂街、广惠街、新兴街、中和街、巷头街、福庆街、大新街、卖锅街、猪仔街、打铁街、悦新街、石狮街、新铺街和上下南昌街等，不少街名都带着浓浓的商业意味。

何维柏形容建县后百姓的生活状态：“赖耕凿鱼贩得自食其力，以享室家之乐，岛外小丑徘徊，海壖莫敢窥伺。海不扬波，境内咸藉康毗。芟夷就坦，化梗为良，曩时骁悍干盾之区，率为诗书弦歌之习。”刘稳后来几次到访新安，亦喜而有感，赋诗称赞：“县治从新建，人民比旧多。风清无鼓角，夜永有弦歌。”在太平日子里，老百姓的生活过得欢乐祥和。

大明一统后，朝廷对民间办书院采取抑制态度，唯要求官府兴办社学，延师教子，歌诗习礼。所谓社学，是一种由官府开办的小学，规定入读者若品学兼优，可免试补为秀才，因此吸引乡中俊秀踊跃就泮。恩德乡中市铺的梯云社学、崇镇铺的青云社学、西乡村的登云社学、固戍村的固戍社学、归城的梧山社学等，都是嘉靖、万历年间创办的，呈现一派兴盛的势头。

学校的开学时间，多选择在农闲时节，耕渔之余，不废弦歌。而传统的节日，也大多与耕渔节令有关。立春，一年农事之始，知县大人率领一县的官吏，到东城外举行“迎春”礼，又称“开春鞭耕礼”。今南山区大南山北坡有一座“春牛堂”，相传便是当年举行鞭耕的地方。官员们以鼓乐开道，恭送句芒和春牛上神坛（二者都是用桑木、柳枝、稻草、黄泥等材料塑造的），春牛向南，句芒向西，摆上香烛供品。官员们跪拜如仪，然后围着祭坛走一圈，手持竹鞭，轻轻敲打春牛。四周围观的民众，密密麻麻，水泄不通。人人脸上都绽放着笑意，春天带给人们无限的新希望。知县大人以句芒和土牛占一年的丰歉。句芒是管稼穑之神，如果那个鸟身人面、脚踏两龙的芒童头戴帽子，那么预兆今年会春暖，否则就会春寒；土牛的颜色是红色，预兆今年会旱，黑色则预兆有涝。当迎春礼结束后，民众便一拥而上，把红豆和五色米撒在春牛上，以求消除本年的疾疹，家宅平安。当鞭耕礼结束后，牌楼街的街市变得热闹起来了，人们受春天的感染，无论明年是旱是涝，都改变不了这一刻的欢乐。

私塾（雕塑）

街道两旁鳞列着各种店铺，卖陶瓷光瓦的，卖文房四宝的，卖锄头镰刀的，卖渔网桨橹的，无所不有，令人目不暇接。附近的乡民挑着一筐筐的蔬菜、山草药、鸡、鸭、鹅、木柴、木炭和各种锅碗瓢勺，在街头街尾摆卖。鸡在笼子里“咯咯”尖叫，扑打着翅膀，其中有两只公鸡在笼里斗得鸡毛乱飞，“咯咯”之声不绝。买鸡的女人用嘴吹开母鸡屁股的羽毛，仔细观察，然后讨价还价。被人用竹鞭赶逐着的肥猪，“吭哧吭哧”地哼着，从麻石板的街上大模大样地走过。这些猪有的是送来阉割的，有的是送来配种的，有的是送来宰杀的。鱼贩子在地上铺开席子，摆上刚捕捞回来的鲶鱼、马鲛和石斑，一边用葵扇驱赶苍蝇，一边大声吆喝。有时候还可以看到一些举着“古法炮制”“祖传秘方”布幡，走街串巷卖药的和尚、道士、郎中；表演“刀枪不入”“心口碎大石”的卖艺人；胸前挂个小锣鼓，手提一只木雕小龙舟，唱着“木鱼歌”乞食的乞丐，歌中唱道：“东边日出西边雨，记得有情人在心……灯芯点着两头火，为娘操尽几多心……”竟也有不少妇女听得眼泛泪花，忙着把铜钱、饭菜施舍给他们。

明代新安县城南门

明代新安县城南门“宁南”门额拓片

形形色色的江湖行业，无孔不入地出现在所有城镇与乡村，赌博就是其中的一种。在豆腐磨坊的大草棚，在榕树头，在肮脏的小饭馆里，围着一堆一堆的人，个个伸长脖子，观看中间的两个人下象棋，这不是文人雅士在玩琴棋书画，而是一场真金白银的赌博。虽然朝廷明令禁赌，但在深圳这样的远州陬邑，没人把这禁令当回事。终明一代，五花八门的赌博大行其道，除了象棋、围棋，还有斗蟋蟀、斗鸡、宣和牌、马吊、天九等，不一而足。不少赌徒攒三聚五于街头巷

客家人的酒坊

尾，呼卢喝雉，嚣嚣盈耳。不过十赌九输，有些人把卖猪、卖菜赚的钱都输了个精光，最后把衣服押给当铺，上酒铺买醉。

肉（玉）冰烧和五加皮是明代广东的名酒，打开一坛新醅，足足香透半条街。男人得意时要喝，失意时更要喝。有钱的打二两回家，没钱的偷老婆首饰换钱也要喝。客家人的生活离不开酒，他们喝得最多的是自酿的甜酒——黄酒，即使是盛夏季节，也不可一日无此物，甚至以酒代茶款待客人。黄酒的酒精度很低，喝不醉人，是客家人的送礼佳品。男女谈婚论嫁时，女家如果收了男家聘礼，回礼时必定要有黄酒，而且还要女方亲自酿制，然后用扁担挑送到男家，俗称“送酒担”。男家人尝一口，就知道这女子操持井臼的本事如何。客家人生了小孩，婆家必备公鸡一只、黄酒一壶，送往女方娘家报喜，俗称“报姜酒”。广府人也有这种习俗，生了孩子后给外家送姜酒，小孩满月宴客，也称作“饮姜酒”。不过，客家人家家户户都会酿黄酒，实在没必要上酒铺买。

除了牌楼街的街市外，附近还有南头旧市、南头中市和南头新市，还有和平圩、周家村圩、疍家莳圩、云林圩、黄松岗圩、茅洲圩、沙头圩、下步圩、大步头圩、月岗屯圩、大桥墩圩、平湖圩、盐田圩、葵涌圩等圩场。其中有一个圩场，混在三十多个圩场的名单中，显得那么平凡，那么不引人注目，但后来在世界上却如雷贯耳，它就是——深圳圩。

“圳”是河沟的意思。深圳，顾名思义，就是一条“很深的河沟”。珠江三角洲地区水网如织，河涌纵横，无论走到哪里，总会有一条“很深的河沟”横亘在你的面前。以“圳”“埗”“涌”“滘”做地名的，比比皆是。深圳这个名字太普通了，让人几乎没有任何想象的余地。这也难怪，因为属于“深圳”这个名字的时代还没到来，它还在未来的某个时间点上静静地等待着。但总有一天，它会被赋予全新的内涵，到那时，人们会看到，这个名字将迸发出万丈光芒。

此时此刻的深圳，仍不过是一个名不见经传的小圩场。沙头角、盐田、梅沙等附近几十条村子，每逢二、五、八日，就到深圳圩趁圩。圩市平时冷冷清清，一到圩日就人山人海。新安县城以及星布四乡的街市、圩场，都是大同小异，虽然没有大城市软红十丈的繁华，但一月之内，也总有那么几天热热闹闹，各种各样的喧嚣，充斥街头巷尾。挑瓜担菜，牵羊卖酒，贩夫走卒，屠儿铁匠，各种各样的营生，维系着乡土社会的运行。傍晚店铺打烊，摆卖的人也纷纷散去，街道慢慢冷清下来。有人满载而归，有人失望而回。有些人的货物都卖光了，腰间多了几枚铜钱，轻松唱着山歌往家走；有些人的箩筐还堆着卖不掉的东西，唉声叹气，只能自认倒霉。

清代木版年画《庄稼忙》

每逢喜庆佳节、神诞醮会，三乡七都五十六里，都会举行庆祝活动。处处爆竹声声，社火扮会，笑歌戏舞，一派升平景象。这一切洋溢着俗世红尘的风情，温馨、有趣，充满了活力。有时候，沉浸在欢乐的村箫社鼓之中，让人在恍惚之间，产生一种“不知有汉，无论魏晋”的错觉，忘记了这里是扼省城门户的津关险塞。南宋以后，随着政治、经济重心的南移，深圳地区逐步繁荣起来了，但付出的代价也很大，那就是太平的日子愈来愈少了。

崇祯十三年（1640），从北方传来消息，清军已打到锦州及宁远，洪承畴派兵出援，败于塔山、杏山。新安县第二十四任知县周希曜匆匆下令，把县城城墙增高五尺。墙的总高达到二丈五尺。而明万历《广东通志》称，广州的城墙也不过二丈八尺高。新安县城城墙的个头，比岭南第一大邑的广州矮不了多少。但这时大明江山已是危如累卵，别说把城墙加高五尺，就是加高五十尺，恐怕也是无济于事了。

迁海与复界

明崇祯十七年，即清顺治元年（1644），明亡清兴，天下易姓换代。随后几年，整个南中国都深陷在水深火热的战乱之中。清顺治六年（1649），清平南王尚可喜、靖南王耿继茂受命南征，八旗大军横扫江南，直扑广州，史称“两王入粤”。

自从明朝实行海禁之后，不断有英国、葡萄牙、荷兰等外国商船叩响中国的大门。这表明在中国人的视野范围之外，世界正发生着一系列具有意义深远的变化。中国是有机会在这个海洋大舞台上扮演重要角色的，但当时无论朝廷还是民间，似乎都没有意识到这一点。勒马海滨的游牧民族，面对浩瀚大海，还没有明白历史给他们提供了什么样的可能性。

对长年在原野上“乘骐骥以驰骋兮”的八旗子弟来说，万里沸海，罡风猝起，巨浪横飞，马不能前，直如一不可思议之世界，令人感觉神秘与恐惧。何况郑成功仍据守台湾，随时有反攻可能，而清廷又暂时无渡海攻台的能力，为防止沿海民众以物资接济台湾，乃沿袭明朝的禁海政策，顺治十二年（1655）、顺治十三年（1656）、康熙元年（1662）、康熙四年（1665）、康熙十七年（1678），朝廷先后五次颁布禁海令，寸板片帆不准下海。并于顺治十七年、康熙元年和康熙十七年三次迫令沿海人民内迁，在距海三十里（有些是五十里）的地方挖沟砌墙，把墙外变成“无人区”。许多家在沿海的老百姓，没得到搬迁的消息，可官军一到，便大开杀戒，很多村民连简单的行李都来不及拿，扶老携幼，净身出逃。在他们的身后，祖祖辈辈生活的村落已是火光冲天，毒烟亘地，村井乡舍，尽成焦土。

新安成了迁海政策最大的受害者之一。在朝廷严厉的管控下，民众别说出洋往来、通商互市，哪怕驾条小舢板出海捕鱼，也是死罪。时人蔡皇勦在《华衮手记》中感叹："定界之后，五里一墩，十里一台，开界沟，别内外。又起民夫一二百人，将界外民屋垣墙夷为平地……虽深山高远之人，亦无计得避征徭，此亘古未有之事，挞民作台苦况，可媲美长城矣。"

不仅老百姓要迁入界内，界外的房屋也要全部夷为平地。锦田著名的力瀛书院就是这样被拆毁的，理由是不能让界外成为盗贼的巢穴。有个叫袁四都的草寇，就是以官富沥源为老巢，四出流劫。官军不断对界外进行扫荡，凡敢越界咫尺者，即捕即杀。老百姓叫天天不应，叫地地不灵。

康熙四年（1665），死后被赠兵部尚书衔的大臣李率泰，在遗疏中痛心地写道："臣先在粤，民尚有资生，近因迁移渐死，十不存八九。"这并不是夸张之词。新安人口因战乱和迁海而锐减，明崇祯末年全县有一万七千余人，但到清朝初年仅剩下六千八百余人，大片田地丢荒，许多村庄空无一人，形同"鬼村"。康熙五年（1666），朝廷以人口减少为由，把新安县再次并入东莞县。界外由于无人居住，渐成野兽出没横行之地，有些人偷偷越界捕鱼，不是被官兵发现后杀死，就是成了虎狼的晚餐。即使有人侥幸捕了几篓鱼虾活着回来，也不敢公开出售，只能藏在腰间，偷偷入屋卖给熟客。一时之间，人人生活在恐惧之中。

对新安的另一种沉重打击是天灾。

顺治五年（1648），整个广东出现大饥荒，人相食，许多乡村整条村的人都饿死了。顺治八年（1651），珠江三角洲受到罕见的台风和洪水的猛烈袭击，损失惨重，遍地哀鸿。顺治九年（1652），珠江三角洲又大旱，鱼塘水干，禾苗枯萎，民间残破已极。持续不断的天灾人祸，层层加码，把人们折磨得死去活来。从康熙九年（1670）开始，天公作美，大部分地区风调雨顺，粮食年年丰收，人们以为可以松口气了，不必再易子而食，讵料沿海无船通商，粮食流不出产区，导致价格一泻千里。以前谷贵伤民已属惨事，现在变成谷贱伤农，种田连本都赚不回来，农民只好纷纷卖牛卖犁，任由田里长草。有人形容这种情形是"农空、工空、市空、仕空"，四大皆空。

这是很可悲的对比：正当欧洲各国商人拼命争夺海洋，不断向外扩张的时候，大清王朝却和明朝一样，把出海贸易悬为厉禁；私自与外国通商，亦等同私卖军火、泄露军情，要处斩、充军，货物入官。朝廷还规定查获者可获没收货物的一半作为奖励。

朝廷对海外贸易的态度让人费解，何以如此抗拒通商呢？它究竟怕什么？是儒家重农轻商的思想作怪吗，是对洋人的恐惧心理吗，还是朝廷的夜郎自大？似乎都有那么一点，却又不完全是。若论开放程度，大宋王朝比后来各个朝代都大得多。大宋没有儒家思想吗？大宋没有王朝心态吗？宋朝可以大大方方地与众多国家通商，后来的朝代对世界应有更多认识，为何反而裹足不前呢？

禁海与迁界，对沿海地区来说，是一场世纪浩劫。新安县先后经历了两次迁海，第一次称为“初迁”，把该县三分之二的地方变成了无人区；第二次称为“再迁”，东西两路二十四乡，统统入界，又增添了大片新的无人区。全县人口从六千余人，再急降至寥寥两千余人。大量肥沃的田地变成雨老烟荒的草莱地，农业凋零不堪，而且因为盐田都在无人区内，盐业更完全停摆。赋税收入只有原来的四分之一。

广东巡抚王来任（字宏宇）对迁界禁海令十分不满，但又一直不敢妄议，直到临死前，才上了一道《展界复乡疏》给朝廷，放言痛陈利弊：“粤负山面海，疆土原不甚广，今概于滨海之地，一迁再迁，流离数十万之民，每年抛弃地丁钱粮三十余万两。地迁矣，又在设重兵以守其界内，立界之所筑墩台、树桩栅，每年每月又用人工土木修整，动用之资不赀。”每年的维护费达到二百五十万两，羊毛出在羊身上，必定加重民间负担。王来任巡抚奏言，迁界与禁海，原是为了防范海盗，但据他在广东两年的观察，并没有什么职业海盗，有海盗也大多是因迁界逃入海中为盗的“迁民”。防海盗之举，恰恰是制造海盗的温床。如果情形再恶化下去，新安县就要灭绝了。康熙皇帝在读到王来任的奏章后，也动了“恻隐”之心，同意部分复界，派钦差大臣来巡视。在两广总督周有德（字彝初）的推动下，确定了展界规模，部署展界后的海防事宜。

康熙八年（1669），新安县被撤销三年后，又重新恢复了建制。但并不是完全复原，而是只恢复到“再迁”前的状态。渔业与盐业仍然无法进行，只能从事耕种。知县李可成招集流民，教以耒耨。花了三年时间，从外地招来三千多人，没耕牛的给耕牛，

纪念王来任的深圳西乡王大中丞祠

没种子的给种子，只要他们把荒废的田地和军田重新种上作物。

第二年开春，有小部分原来的草莱之地，经过重新整田、施肥、育苗、插秧、灌水、除草，已变成了一片绿油油的水田。新安人的水稻，种子来源有官府给的，有从商贩那里买的，有自家存的，五花八门，多达十几个不同的品种。头造早禾有人种“黄壳仔”“红头早”，也有人种“海丰早”“早禾仔”；头造迟禾则有人种“甲子周”“饭罗黏”，有人种“不知春”。

几场夏雨之后，田里的稻子都进入长穗期了，随风起伏，如海涛一般。当五月荔枝红、纱蝉叫时，早禾就可以开镰了；六月白雨足，西潦至，晚禾也要播种了。水村山郭、青畴田垄之间，炊烟袅袅，流水潺潺，久违的山歌，又复响起：“掌牛（放牛）好，掌牛好，阿哥手拿牛索（牛绳）一交箩；一心同人赚饭食，谁知食粥帮（送）芋荷……”

人们以为，苦难总算熬到头了。等田里的稻子收回来，仓箱丰盈，日子自然会蒸蒸日上。可惜天不如人愿，因为种田收入微薄，赋税又没有什么优惠，尽管这几年风不鸣条，雨不破块，稻米流脂粟米白，但回迁人数却大幅回落。康熙十八年（1679）招到59人，康熙十九年（1680）招回20人，康熙二十一年（1682）只招回3人，康熙二十二年（1683）连一个人也没招回。可见就算官府给耕牛、给种子，给扫田刮地的营生，还是没有什么吸引力。李可成在《新安县志》中发出沉痛哀告：“老幼委沟壑，壮者散四方。每登高一望，荒草颓垣，即欲闻泽雁之鸣，杳不可得，岂无孑遗。虽加意招徕，颠沛难存也。”与他所看到的大片“荒草颓垣”相比，那丁点复绿的稻田，简直不值一提。

康熙二十二年（1683）注定是不平静的一年。春天，一艘英国东印度公司的轮船，装载着六百余贯银额的货物，朝着中国的方向破浪航行。这批货物虽然微不足道，但投石问路的用意，彰彰明甚，显示着英国人誓要叩开这个古老大国的门户。秋天，清军水师攻陷台湾，据守台湾的“延平郡王”郑克塽投降，康熙皇帝的心头大患终于解决了。南明有组织的抵抗基本结束了，遗老遗少们都潜入草泽，搞“反清复明”的天地会去了；三藩势力亦已烟消云散。继续“禁海迁界”，失去了现实的理由。

于是，“解除海禁”提到议事日程上来了。

第一步，先停止迁界。其实在广东、福建等地，官府早就明禁暗弛了，对越界民众往往睁一只眼闭一只眼，抓到也只象征性地打几板子就放人。台湾之役，朝廷接收了大批投降的郑氏军队，审问之下，不乏迁界政策的受害者，因家园被毁、生计断绝才被迫渡海投军，现在养着他们没饷银，遣散又没处安置，不如让他们去开垦军田，恢复生产。

两广总督吴兴祚（字伯成）建议，广州七府沿海地亩，不如开界招民耕种，上可以增国赋，下可以利民生。据《清圣祖实录》卷一一二载，康熙很快对他的建议做了批示："前因海寇未靖，故令迁界。今若展界，令民耕种采捕，甚有益于沿海之民。"并派工部尚书杜臻、内阁学士石柱为钦差大臣，前往广东、福建两省沿海地区实地勘察，何处起止，何地设兵防守，制订详细方案，"勿误来春耕种之期"。

广东的海岸线，西起广西北仑河口，东迄闽、粤交界的大埕湾，弯曲绵延，长达六千千米，还有海南岛等岛屿，以当时的交通工具，走上一趟，是极其艰辛的差事。杜、石二人分头行动，巡视了肇庆、高州、廉州、雷州、琼州、广州、惠州、潮州等府，还视察了澳门，再从潮州入福建考察。

杜臻考察了新安县的地理环境，写成一本题为《粤闽巡视纪略》的册子，十分详尽地列出了新安县迁海的范围，特别指出，迁海使新安县损失农田"一千三百五十九顷有奇"。他向朝廷进言，"一开界则上可以增国赋，下可以遂民生，并可收渔盐之利"，何乐而不为？两位钦差此行最大的功劳，就是推动朝廷迅速全面开界，让两省内迁的老百姓回家，共察还民田二万八千一百九十二顷，复业丁口三万一千三百人。

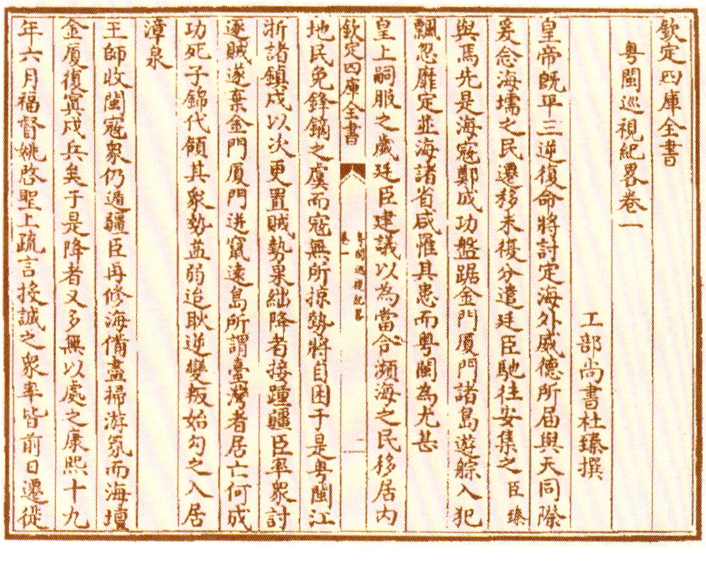
欽定四庫全書
粤閩巡視紀畧卷一
工部尚書杜臻撰
皇帝既平三逆復命將討定海外威德所届與天同隆
爰念海壖之民遷移未復分遣廷臣馳往安集之臣臻
與焉先是海寇鄭成功盤踞金門厦門諸島遊艅入犯
飄忽靡定並海諸省咸罹其患而粤閩為尤甚
皇上嗣服之歲廷臣建議以為當令瀕海之民移居内
欽定四庫全書　粤閩巡視紀畧　卷一　二
地民免鋒鏑之虞而寇無所掠勢將自困于是粤閩江
浙諸鎮戍以次更置賊勢果絀降者接踵疆臣率衆討
逆賊遂棄金門厦門遁竄遠島所謂臺灣者居亡何成
功死子錦代領其衆勢益弱迨耿逆變叛始勾之入居
漳泉
王師收閩寇衆仍遁疆臣再修海備盡掃游氛而海壖
金厦復實戍兵矣于是降者又多無以處之康熙十九
年六月福督姚啓聖上疏言接誠之衆率皆前日遷徙

《粤闽巡视纪略》书影

康熙二十三年（1684），朝廷正式宣布："今海内一统，寰宇宁谧，满汉人民相同一体，令出洋贸易，以彰富庶之治，得旨开海贸易。"施行了二十多年的迁海、禁海恶政，才暂时告一段落。尽管盐业依然一蹶不振，复兴无期，但渔业率先恢复了，海上贸易也迅速回黄转绿。新安的回迁人数立竿见影，马上回升，这一年有134人迁入，是前两年回迁人数的几十倍。

他们都是客家人

迁海与复界带给新安一个很大的变化，就是人口大洗牌。很多世居新安的原住民迁走了，有的在内迁途中家破人亡，妻离子散，回迁对他们已无意义；有的虽然想回迁，但敝车羸马，家道消乏，亦无回迁的能力；还有的在外地已建起了新家，落地生根，不想回迁了。官府只好招一些新人来，来得最多的就是梅州、兴宁地区的客家人。

深圳客家人的先祖，大部分是南宋以后南徙的难民。当他们逃入岭南时，沿海肥沃之地已住满了比他们先到的广府人和福佬，为了逃避元军的搜捕追杀和安身立命，这些后来者不得不在深山老林里定居。男人不敢外出，只能躲在家中哺儿育女，耕作、买卖之事反由女子代劳，形成了客家人“男主内，女主外”的习俗。

朝廷宣布复界后，地方官府到处招人，一部分有勇气走出深山的客家人，便成了招垦复耕的最大受益者，他们从粤东的穷崖绝谷中，搬到了珠江三角洲沿海地区。深圳龙岗区坪山三家村的彭氏、刘氏，赫凹村的巫氏，山垄背、三洋湖的曾氏，石楼围的罗氏，大塘围、界脚、草博的何氏，墩子的李氏，葵涌土洋村的利氏，还有香港新界的凌氏、曾氏等，都是复界时从梅州、兴宁地区迁来的客家人。

这股客家人的大移民潮，一直持续到嘉庆年间（1796—1820）。据统计，从康熙二十三年（1684）解除海禁，到嘉庆二十五年（1820）这一百三十多年间，新安县人口从2172人增至225 979人，净增22万余人。村庄从原来的499条增至865条。其中广府人的村庄有520条，客家人的村庄有345条（这个数字还没有包括当时属于惠阳的坪山、坪地、龙岗、横岗等地）。

深圳圩和盐田圩是新安县最大的两个市集，但盐田圩主要是鱼埠，其他商业不多。当时沙头角附近的39条村庄，要前往这两个圩集，须跋山涉水，十分不便。嘉庆末年至道光九年（1820—1829），沙头角的客家人联合起来，开了一个新的东和圩，以每月逢一、四、七日为圩期，与深圳圩错开。东和圩在沙栏吓村东北面，面积约一万平方米（今沙头角街道办事处中英街处）。圩里有四条街道，组成一个长方形，东面是谷仓街，以卖稻谷为主；西面是横头街；北面叫上街；南面叫下街，店铺较多，俗称“主街”，位于今天的海傍街。整个圩有店铺72家，其中药铺6家，面馆1家，还有猪肉店、米店、油店、木匠店等。圩的周围建有围墙和两座碉楼。

坑梓黄氏围屋丰田世居

两宋末年虽然有不少客家人迁入深圳地区，但大部分是零星迁入，就像雨点洒落到大江大河，很快就被广府人同化了。清初复界后，很多客家人是整条村子、整个姓氏宗族集体迁入的，如水银泻地，遍布各乡各都，形成相对独立的客家人生活区域，保留了较为完整的客家文化。直到1979年深圳市成立时，龙华区、盐田区、龙岗区、坪山区、大鹏新区的绝大部分区域，罗湖区的部分区域，宝安区的石岩，南山区的西丽、蛇口、沙河、白芒，福田区的梅林等地，几乎都是客家人，占了深圳人口的六七成。

复界后，新安县的方方面面，都出现了新的变化，无论是语言，还是饮食、衣冠、习俗等，都与迁海前大不一样了。在城乡道路上，来来往往的，多了许多身系黑布绣花掩腹（围裙）、凉帽边沿垂着一圈黑色布帷的妇女。她们的凉帽别具一格，用薄薄的篾片和麦秆编成，四周垂挂着布帷（早年以黑色居多，后发展到有蓝色、白色和花色）。

新安县有三四成人口是讲广府白话（粤语）的，少部分人讲大鹏军语、围头话、南头话、疍家话、占米话等，而讲客家话的占了半壁江山。广府人说“我”，客家人说“倨”；广府人说“落雨”，客家人说“落水”；广府人叫男孩为“细佬哥”，客家人叫作“赖仔”。客家人把白天叫作“日晨头”，晚上叫作“夜晡头”，花生叫作“番豆”，茄子叫作“吊菜”，他们骂人调皮捣蛋是“撩撩丢丢”，骂人办事没规矩是“矛下矛四”。

客家人有一句“宁卖祖宗田，不丢祖宗言”的名言，意为房屋可以不要，田地可以不要，人也可以四海为家，但祖宗的语言是决不能丢的。因此，客家话有古汉语“活化石”之称。客家先民从西晋末年开始向南迁移避乱，最初到了湖北、湖南等地，就不想再走了。唐末五代十国，战火烧往长江以南，客家先民被迫继续南迁至江西、福建等地。南宋末年，宋元交兵，江南尽被蒙古铁蹄所蹂躏，客家先民只得进一步逃入广东。他们在湖北、湖南逗留了近四百年，语言学家认为客家话与两湖方言较为接近，也是广东广府、潮汕、客家三大语系中，与北方官话差异最少的一种。

广府白话形成于南越国时期，在演化过程中，吸收了一些越语成分，但古汉语的特点颇为明显。语音方面，保留了最多古汉语的发音；声调方面，在保留古汉语阴平、阴入、阴上、阴去、阳上、阳去、阳入、阳平之外，还衍生出一个中入，一共九调，是古汉语入声保留最完整的语言。而客家话分阳平、阴平、阴

坑梓黄氏围屋

入、阳入、上声、去声，共有六调，听起来抑扬顿挫，充满韵律感。

词汇方面，白话保留了大量古雅的古词古义，把“粘”说成“黐”，把“吃”说成“食”，喜欢使用感叹词“嗟”“噫”和语气助词“嘅”；而客家人把“绳”叫作“索”，把“饿”说成“饥”，称“早”为“朝”，这些都是古汉语的痕迹。白话与秦汉时代的中原汉语很接近，而客家话则与两晋时代的中原汉语最接近。

不过，日子长了，变化还是有的。按北宋初年《广韵》一书的发音，“购买”和“结构”，白话应作“‘够’买”和“结‘够’”，而不是现在人们习惯了的“‘扣’买”和“结‘扣’”。很多语言学家认为，古汉语没有翘舌音，白话也没有翘舌音，但很多地方的客家话其实还是有翘舌音的。客家人说“食饭哩么”（吃饭了吗），“哩”的发音，就是要卷一下舌头，听起来才有韵味。

罗氏鹤湖新居

安居才能乐业。客家人到了新安，第一件事，往往是大兴土木，开基立村，兴建客家人特有的“围龙屋”。客家人聚居的地方，号称“有村必有围，无围不成村”。围龙屋始于唐宋，盛行于明清，与北京的“四合院”、陕西的“窑洞”、广西的“干栏建筑”、云南的“一颗印”，并称中国五大特色民居建筑。

深圳现存的客家围，大部分在龙岗区。它们的结构与其他地方的客家围大致相似，前置禾坪，后设堂楼，以南北子午线为中轴，左右夹峙横屋，东西对称，前低后高，主次分明。上辈住上堂间，中辈住中堂、下堂间，晚辈住横屋，奴婢、长工住副杠间，尊卑有序，井然有序，以屋前的池塘和正堂后的“围龙”组合成一个整体。但深圳客家围也有其异于别处的特点，那就是宗祠必定建在中轴线上；周围用房屋围起来，从平面看呈正方形或长方形；碉楼建在方形的四个角上，称为“角楼”。这可以说是深圳客家围的“三要素”，无论这个围是两三千平方米，还是像鹤湖新居、大万世居那种超一万五千平方米的大围，都万变不离其宗。这种有序和对称结构的执着与痴迷，不仅是为了生活的方便，也不完全出于对美学的追求，而是反映了客家人天圆地方、阴阳平衡的哲学和信仰。

细细观察，深圳围龙屋有两个令人迷惑不解的现象。一是很多以“龙”命名，如龙岗的龙和世居、龙塘世居、龙跃世居、龙湖新居，坑梓的盘龙世居、回龙世居、龙湾世居、龙岭世居、龙围世居、龙田世居和龙敦世居等。这是什么原因？它们与龙有什么渊源？另一个现象是深圳的围龙屋都是方形的，而不像别处的围龙屋，常有圆形和椭圆形？

如果探究下去，也许会有一些饶有趣味的发现。

坐落在坪山区大万路坪环社区西南的大万世居（有人简称之为“大万围”），就是一座典型的清代客家围龙屋。它的主人姓曾，祖籍山东武城，明永乐初年迁至江西，后迁福建汀州宁化县，继迁广东潮州海阳，再迁兴宁，再迁坪山。十五世曾传周（字端义）的故事很有传奇色彩。他出身牧童，给人放牧鸭鹅，又干过搬运石灰的活，但因为有赌瘾，一度败光家业。后来痛定思痛，终于金篦刮目，幡然觉醒，砍断自己的右手拇指戒赌。

很多赌徒都是今天发誓砍手指戒赌，明天又钻进赌场，但曾传周是一言既

坪山曾氏大万世居

坪地萧氏吉坑世居

出，驷马难追，真把赌瘾戒断了。“赌仔回头金不换”，他在坪山、龙岗、淡水开办油糖厂和多间店铺，由于经营有道，竿头日进，积存了丰厚的家财。为了让曾氏后人有一个长久的安居之所，乾隆五十六年（1791），他出资在坪山兴建大万世居。最初围屋并没有今天看到的这么大，后来经过历代子孙不断扩建，才有了这个规模。

曾传周晚年热心慈善公益，惠州水灾时，积极参与赈灾，以捐纳获朝廷诰授正六品儒林郎。他儿孙绕膝，五代同堂，八十有六时才驾鹤西去，被族人奉为“大万曾氏的始祖”。虽然捐纳不如科举正途，但毕竟有了个正式的官位。这些光宗耀祖的美谈，大万世居的后人至今仍津津乐道。

大万世居的“大”，是赫赫有名的，它占地逾一万五千平方米，前置禾坪和月形池塘，禾坪旁边还有当年的旗杆石。砌围屋外墙的石头，都是从几里外的大山陂铜锣潭运来的，每块重达数十斤乃至上百斤，工程之艰巨，可想而知。围屋南面有三座大门，各距三十五米，中门为三开间四柱式牌楼，门额刻有“大万世居”四个大字。远望反宇业业，飞檐献献，如鸟斯革，如翚斯飞，极具气势；近观各式花鸟人物的浮雕，栩栩如生，精巧妙绝。

围屋分内外两层。内围中央是前、中、后三堂；前堂门额刻“端义公祠”四字，左右楹联为“一部孝经贻世业，八家文蕴绍宗风”。中心建筑为五进深的“宝斗心”，排列着五座碉楼。在宝斗心的第一进，耸立着一座气派雄壮的牌楼，外向刻“勿替引之”，内向刻“琪璇元吉”（牌楼在1926年拆除，碑刻则保存至今）。中堂高悬着乾隆五十六年（1791）的“赞政宏才”匾、嘉庆八年（1803）的“州司马”匾和嘉庆二十四年（1819）的“急公好义”匾。在屏门正梁上，分别有“东鲁旧家”“光宗耀祖”“燕翼诒谋”等横匾，处处彰显着薪传邹鲁的家学渊源。后堂建有神台，供奉祖宗牌位。

内外围之间是南、北两排横屋，外围四周为一圈围屋，四个角都建有碉楼，合共九座碉楼，号称“九天十八井”。围内有舂房、磨坊、鸡舍、猪圈、牛栏、柴房、谷仓、水井等生活设施，一应俱全。2002年，大万世居被列为广东省级文物保护单位，并成立了大万世居客家民俗文化博物馆。

直到今天，深圳还有为数众多的客家围，其中能够确认时间的就有二十多座，最早的是乾隆十八年（1753）兴建的坑梓新乔世居。还有一些广客混合式的村落，如塘下涌社区老围、山门社区上围、下村社区贻燕阁、将石社区上石家、坑径社区白鸽湖村、松元厦社区老围、桂花社区平湖世居、民治社区白石龙村等，都属这一类。它们是城市生态的一部分，也可以说是城市肌理的一部分，记录着深圳这座城市成长的过程。三百年的悲欢百味、冷暖时光，尽在一村一围、一砖一石、一街一巷之间，生生不息，流转不绝。

以前大万世居有个传统，每年都会举办盛大的盆菜宴，招待从各地回来祭祖的族人。鲍鱼仔、江珧柱、烧鸭、花枝丸、猪手、叉烧、鹅肝、大明虾、鱼肚、冬菇、炸芋头都是盆菜里最常见的材料，大家放开肚皮吃。在这个举族同欢的日子里，精彩纷呈的舞麒麟、舞狮、唱山歌、演大戏活动轮番上场，鼓乐齐鸣，喜气洋洋。每逢有什么喜庆活动，客家人喜欢扮演各种各样的动物，跳各种各样的舞蹈，表达欢乐之情。

至今，深圳的鱼灯舞、貔貅舞、草龙舞等，在乡间仍然盛行。其中跳麒麟舞的人最多，流传最广，龙城、观澜、坪山、大船坑村、黎围村、坂田村的麒麟舞，都是遐迩闻名的。这种舞由两个人配合表演，一举麒麟头，一执麒麟尾，从拜前堂开始，伴随着震耳欲聋的铜锣、

麒麟舞

大鼓、唢呐（新安人把它叫作“笛”）乐声，以各种诙谐滑稽的舞步表演走大围、双麟会、采青、游花园，甚至还有打瞌睡的场面，引得围观群众阵阵哄笑。技高一筹的舞者，可以把麒麟这种没人见过的神兽演活，“喜、怒、哀、乐、惊、疑、醉、睡”的种种憨态，惟妙惟肖。

已有四百余年历史的大船坑村麒麟舞，总是把最大的惊喜留到最后，献给观众：当一段舞蹈结束后，人们以为要散场了，这时一群威风凛凛的大汉上来，这才是表演的最高潮。他们腾挪飞跃，施展洪拳、关刀、长棍、短棍、飞铊等武术套路，把兵器舞得“呼呼”生风，出如潜龙升天，收如猛虎入洞，看得人眼花缭乱，喝彩声不绝于耳。

流行于南澳一带的草龙舞，是渔民的舞蹈。每年第一次出海前（正月初二），渔民便会上山割草，扎成一条五十六节长的大草龙，用竹箩筐做龙头，双目如球（近代的草龙用手电筒做眼睛，以增强凶猛的效果），龙须飘飘。给龙身披上装饰的布条，插满香烛，入夜以后点燃。在震耳欲聋的锣鼓和炮仗声中，浑身烟火缭绕的火龙蓦然惊醒，翻腾起舞，在茫茫夜色中，充满了神秘而威猛的气势。

村民簇拥着这条霹雳射火般的草龙，从村里一直舞到海边。所到之处，无论民居还是商铺，都在门口设供桌，摆上水果、水酒相迎。最后在海边举行“化龙”仪式，祈求一年海不扬波，鱼汛满舱。烧起来的草龙，宛如一座火山，熊熊的火光直冲夜空，照亮沉沉的黑水大洋。传统的草龙舞有一个特点，就是从早上割草扎龙到晚上焚化草龙，必须在一天内完成，所以人们也叫它“一天龙”。

深圳人在举行修禊、祭祀、神诞、竞渡、观灯等活动时，都会载歌载舞，既娱神，也娱人。他们信奉的神祇众多，既有佛教、道教的神祇，也有本土神，如田公元帅、司命帝君、水仙爷、龙母、关公、床头婆、观音娘娘、土地公公、赵公元帅、灶君老爷、文昌帝君、康公主帅等，不一而足。南方水多，管水的神也多，最有名的是北帝，不仅有化解水厄的神通，而且是北极星化身，为海上的船只指明方向。珠三角各地都有北帝庙，以佛山的祖庙规模最大。深圳沙井壆岗村现存有一座清代的北帝古庙。

另一位受崇拜的是洪圣王，全称为“南海广利洪圣大王”。经过历朝历代不断加封，变成了“南海广利洪圣昭顺威显王”。深圳博物馆收藏了一口葵涌洪圣宫的铁钟，上面铸有“嘉庆二十壹年”字样。不过，现今保存完整而香火不断的洪圣庙，深圳地区所余无几，稍有规模的如沙井的洪圣古庙、福田沙嘴村和石岩镇官田社区的洪圣宫等。

沙井的洪圣古庙，人称“大王庙”。相传当年有一渔夫从番禺万顷沙来，在附近海上打鱼，曾在沙井的岸边为他的船“确水”（即把船翻过来晒太阳，清理船底，修补漏洞）。渔夫重新出海时，却把随船供奉的洪圣爷像忘在岸上了，等他想起后急忙返回来，发现那尊像还在原地。渔夫喜出望外，连忙跪拜谢罪，然后想把神像搬回船上，可洪圣爷就像长了根似的，怎么也搬不动了。渔夫只好快快离去。回到番禺后，他告诉其他渔民，到沙井一带打鱼时，记得要去参拜那尊洪圣像。后来参拜的人多了，当地村民就建起了一座洪圣庙。

还有一位与海洋有关的神，就是妈祖了。相传她是福建莆田望族九牧林氏的后裔，精通医术，能治病救人，又会观测气象，预知阴晴风雨，甚至“乘席渡海”，打救遇险的商船和渔船。她的种种善行在民间广为传颂，人们为她建庙祭祀，称她为天妃、天后、天上圣母、娘妈。渐渐地她成为船工、海员、海上商旅和渔民共同信奉的海上神祇。出海前他们都要拜祭，祈求妈祖护航；平安回航之后，则要进香答谢妈祖福佑。在南山湾厦有一座建于清光绪四年（1878）的天后古庙，曾经香火鼎盛；福田上沙的天后宫，历史也颇悠久；南山大涌的大王庙更古老，据说明代的时候就有了，庙内同时供奉洪圣王、天后与土地神。

南方沿海地区的民间崇拜，早期以洪圣王居多，到清代中期以后，拜妈祖的渐渐多起来。珠三角、东江一带的妈祖庙和天后宫星罗棋布，几乎村村皆有。以讨海为生的人，终日与鲸波怒浪为伴，他们认为自身的平安全靠妈祖的慈悲灵佑及精神护持，因此对妈祖有着深厚的

沙井天后庙

1982年在深圳葵涌征集的铸于清嘉庆二十一年（1816）的洪圣庙大铁钟

感情。每逢北帝诞（三月初三）、洪圣诞（二月初九）和天后诞（三月廿三日），民众都会举行隆重的拜祭仪式，舞狮、舞鳌鱼、舞麒麟、舞鲤鱼，祈求风调雨顺，民和年丰。

漫漫的乡村岁月，寒来暑往，秋收冬藏，仿佛是千年不易的轮回。人们在一年之中，总要找些理由热闹那么几回，让日子多一点生气，多一点欢笑，哪怕短暂地忘掉忧愁也好。这样，当明天太阳重新升起时，劳苦穷年的人们，才有力量扛起铁犁、抬起渔网，继续走向一望无际的田野和大海。因此每逢村里碰上什么重要日子或大喜事，如祭祀、驱邪、庆丰收之类，人们都会趁机热闹一番。太公分胙肉，人人有份。全村老少大碗喝酒、大块吃肉，把这些“动物”请出来，痛痛快快地舞上一舞。还有一种情况，人们也会大肆庆祝，就是族里出了举人、进士，那可是光宗耀祖的事情，把大锣大鼓敲起来，尽情地笑啊，跳啊，歌啊，舞啊！

唯有读书高

深秋季节，晚禾已经收割完了，天气渐渐转凉。每年十月初一，是新安县举办乡饮酒礼的日子。这是一种源自西周的古老礼仪，最初是为了向国家举荐贤才，后来演化为一种推广德治教化的仪式。一年举行两次，分别在正月十五和十月初一。由正印县官担任主席，邀请一些有休声美誉的致仕官员、年高德劭的乡绅、行为端正的士人，到明伦堂相聚。宾主个个敬慎肃恭，遵照儒家典籍《仪礼》的条文，花费两个时辰以上的时间，一丝不苟地完成一套极其烦琐但十分雍雅的饮酒礼仪程序。

当乡饮大宾入座，司正扬觯唱赞：“恭惟朝廷，率由旧章，敦崇礼教，举行乡饮。非为饮食，凡我长幼，各相劝勉。为臣尽忠，为子尽孝，长幼有序，兄友弟恭。内睦宗族，外和乡里，无或废坠，以忝所生。”这时，明伦堂上响起风吟鸾吹般的《鹿鸣》歌乐：“呦呦鹿鸣，食野之苹。我有嘉宾，鼓瑟吹笙。吹笙鼓簧，承筐是将。”刹那间，仿佛时光倒流，又回到了周公吐哺、天下归心的年代，所有宾主内心都洋溢着堂哉皇哉的庄严之感。这种古老典雅的中原礼仪，竟出现于去帝王都会最远的“炎荒之地”，见证了王道荡荡，无远弗届，天下咸遂濡泽。

新安县建立时，知县吴大训曾开办县学，学宫在县城东门外文冈，四乡子弟负笈担簦，前来求学。后来因为年淹日久，建筑倾圮，迁建于城南；明崇祯十五年（1642），知县周希曜认为地方教育不振，是因为学宫风水不好，遂捐钱在东门外重建学宫。不料，清康熙十年（1671），一场罕见的台风吹袭新安，城垣、学宫的建筑，蜚瓦拔木，尽被吹塌，许多农家的耕牛都被吹上半天，直飞坠入海里，可见当时风势之猛。风灾之后，学宫一直未能修复。康熙十五年（1676），海盗侵袭，学宫建筑更被夷为平地，片瓦不存。直到康熙十八年（1679），由知县张明达倡议，官绅响应，出钱出力，鸠工庀材，在废墟上重建起一座学宫，三年竣工。新学宫规模宏大，殿庑敞奥，有泮池、棂星门、先师殿、启圣宫、名宦祠、乡贤祠、东西庑等建筑。

后来经过历任知县的修葺扩建，踵事增华，学宫愈显壮观，红墙绿瓦，栋宇巍峨。沿中轴线从南往北，排列着棂星门、泮池、官厅、露台、大成殿、崇圣殿、尊经阁；东侧有名宦祠、孝悌祠、文帝庙、明伦堂、文昌楼，明伦堂后面为进德、修业两斋；西侧有乡贤祠、忠义祠、武帝庙、三代殿。每年两次的乡饮酒礼，就是在学宫的

香港锦田周王二公书院

明伦堂举行的。

学宫是一个地方文教兴衰的重要标志。学宫盛，则文脉士风盛；学宫衰，则文脉士风衰。对官府来说，彰圣学，明人伦，昭化治，提振士风，兴学养贤，端赖于此。对生徒来说，今日白衣卿相，明朝高中皇榜，理想抱负再远大，也是阶前万里，始于寒窗之下。因此，无论是阳春白日风花香，还是秋风萧瑟天气凉，书院门墙之内，弦诵之声，四时不绝。

康熙二十三年（1684），为了纪念总督周有德和巡抚王来任，新安人在新界锦田大沙洲前、北围村（今水头村）创建周王二公书院，使斯文有传，学者有师。书院创立之后，于乾隆九年（1744）、道光四年（1824）、1930年、1965年进行过四次重建，大致保持了原有的结构。如今院舍完好，前后两进，进各三间，仅祀周、王二公，不再招生讲学了。

学宫自设立起，就成为全县子弟向往的地方，但不是人人都能入泮就读，因为束脩膏火，所费不菲。为了让更多人，特别是贫寒子弟能够上学，康熙三十三年（1694），知县丁棠发（字卓峰）在县学旁边兴办了一所义学——宝安书院，由官府拨款，专供穷人孩子免费就读。虽然义学往往是"牧童八九纵横坐，天地玄黄喊一年"，但这种照顾穷人的善举，无论成效如何，总能赢得人们的称赞。清代学者吴尚友便赞美说："萃师徒于一堂，昼有讲，夜有读，讲业请益，订期角艺，无风雨晦明之间，有赏奇析疑之乐。此义学之设，其有裨于生童，与儒学并重而不可缺也。"（《回澜书院记》）

丁棠发邀请名儒温泽孚担任首任书院山长。温泽孚是康熙二十九年（1690）庚午科举人，以易经中式，授崖州学正。为人博学，在士林中声望颇著，从游者众，不少人都想投到他的门墙之下，拜他为师。温泽孚在宝安书院执教数年，随着他年事渐高，退出杏坛，宝安书院没有名儒接手，吸引力大大降低。加上当时不断有海盗山贼滋扰，拦路抢劫，城里人视出城为畏途，宝安书院便逐渐式微，最后沦为一座水仙庙。

然而，这时的新安已不是复界之初只有两千多人的穷乡僻壤了，经过无数彦士贤达的努力，倡行文教，高风所洎，淳化来归，新安已浸浸乎有文川武乡的气象。

宝安区福永凤凰社区有一座文塔，它是文璧后人在清嘉庆年间（1796—1820）兴建的，初为四层，后来加建至六层。它寄托着一代又一代人对文教昌盛、香火永续的期望。塔的第一层额"凤阁朝阳"；第二层额"开文运"，嵌以

建于1885年的西乡绮云书室是近代深圳面积最大的私塾

对联“地近丹山从凤翥，天开黄道任龙翔”；第三层额“经纬楼”，嵌以对联“风云蟠五岭，金壁联三台”；第四层额“独占”；第五层额“直上”；第六层额“绮汉”。文塔高约20米，是深圳现存古塔中最高的，其他的风水塔、佛塔都没有这么高，这似乎也蕴含着某种象征意义。

有多少衣衫褴褛的小男儿，骑在牛背上唱着“月光光，秀才郎；骑白马，过莲塘；蓄个鲤嫽八尺长，鲤嫽背上承灯盏，鲤嫽肚里做学堂。做个学堂四四方，掌牛赖子读文章”的歌谣，从文塔前经过时，内心有了对明天朦胧的青葱梦想。

对新安人来说，教育比其他县落后是一种耻辱。因此，宝安书院衰落后，马上有新的书院踵起，先是城西五通街的文冈书院，继而有城南和阳街的凤冈书院。这三所书院是深圳历史上规模最大的书院，在时间上，它们是首尾相应的，反映了新安人锲而不舍、始终如一的追求。

文冈书院是知县段巘生（字相山）在雍正二年（1724）自己掏钱，买下五通街的一座围屋创办的社学。段巘生进士出身，在新安知县任内，为民请缓征逋赋，豁免渔场赔累，肃清境内海盗，民得安居乐业。他只做了一年知县，离任时，士民堵在县衙门口苦苦相留，他不得不从偏僻小路悄悄离去。

清代沿明旧制，规定各直省的府、州、县都要置社学，每乡置社学一所，社师择文义通晓、行宜谨厚者充任。凡近乡子弟，年十二以上，二十以下，有志学文者，皆可入学肄业，得免差役。文冈书院的山长和社师，先后由乡贤冼攀龙（洪田人）、黄梦桂（西乡人）、邓晃（锦田人）、蔡珍（沙浦人）、陈振（水贝人）、陈宗光（南山人）等人担任。学田大部分由新界粉岭、上水、扫杆

创办于1801年的南头凤冈书院

笏一带乡绅捐助。因此，在香港的教育史上，也有人把文冈书院归属为香港的书院。实际上，它的院址在新安县城。

到了嘉庆年间，因为年深岁久，风雨无情，文冈书院的院舍日渐倾圮，不能再使用了。知县孙树新另觅吉地，兴建新的书院。他看中了原来的海防厅官署。这所官署的建筑宽敞规整，做过东莞场署，东莞场裁撤后，衙署废置。孙树新捐出自己的俸银作为倡导，诸绅士合力捐输。在他之后的几任知县王廷锦、朱麟征、许濬，都出了不少力，把废署加以修葺改造，裨增轮奂，创办了赫赫有名的凤冈书院。

这是一座四进式的大院，前座为大门，二座为讲台，三座为先贤堂，后座是魁星楼，左右列书舍八间，两厢有东西书斋。大门门额石匾“凤冈书院”四个大字，是布政司康基田的手迹，至今保存在深圳的南头中学。南海冯斯伟、番禺何彭年曾先后在凤冈书院掌教。门外两棵古榕，根节交错，郁郁苍苍，遮天蔽日，现已成为深圳市重点保护的古树。当年，它们曾为多少风华正茂的求学青年遮风挡雨，每当夏天的风从繁密的枝叶间穿过，留下一片沙沙声响时，书院里的学子正捧着书卷朗朗诵读：“子曰：学而时习之，不亦说乎？有朋自远方来，不亦乐乎？人不知而不愠，不亦君子乎？”书院外，狗也不吠，鸡也不啼，连路过的小贩也停止了吆喝，深深的街道，只有风声、书声回荡。

从清初至嘉庆年间，新安县出了八位进士。在松岗街道沙浦社区有一座“进士第”，这是深圳唯一保存下来的进士府第，它的主人就是嘉庆十三年（1808）戊辰科第三甲进士蔡学元。这是一座二进四开间的大宅，进深20米，面宽16.5米，占地330平方米。南面有一口大鱼塘，塘边几株根深叶茂的百年老榕，临水叠翠，浓荫匝地。现在这里是村里老人茶余饭后闲话当年的场所，它们密密的年轮里，刻满了故事，但它们却从不开口。倒是东圃公祠外旗杆石上，那些漫漶难辨的旧刻，让人可以感受到当年的春风得意：“嘉庆戊辰科进士　钦取　咸安宫汉学教习蔡学元立。”蔡氏先世是南宋绍兴年间（1131—1162）从福建汀州迁居南雄珠玑巷，后又迁徙至东莞塘下，至明洪武元年（1368），蔡氏的其中一支在沙浦村开基立业。蔡学元的父亲蔡珍就是一位积学宿儒，乾隆二十一年（1756）中举，掌教文冈书院十余年。

由南洋华侨集资修建于1906年的坑梓光祖学堂

在人文风气的熏染陶冶之下，新安的读书人日益增多。以下的数字，对当年的情况或可窥见一二：从清初至嘉庆年间，新安县进入国子监就读的贡生，包括岁贡、恩贡、拔贡、副贡、优贡，共有117人；属于例贡的廪贡、增贡、附贡，亦有170人。顺治八年至嘉庆二十四年（1651—1819），新安县共举办过56次乡试与恩科，有47人中举，10人获得乡试副榜。而武科的成绩亦不逊色于文科，康熙二年（1663），粤东举行入清以后第一次武科考试，新安县就有两人中举，到嘉庆二十三年（1818）前，一共出了33位武举人，还出过两位武进士。

数字看上去似乎并不大，不过新安县有一个特殊情况，就是复界以后才迁入的大批客家人，因为户籍问题无法参加本地的科考，他们被要求回原籍考试，但他们在原籍的户籍很多已被取消，令他们两头不到岸，失去了仕进的机会。这也是让客家人痛心疾首、长期抗争不已的“老大难”问题。有资格参加科考的人，实际上只是少数原住民和拿得出在本地缴纳地税二十年以上地契的客家人。如果把这个因素计算进去，科考折桂的人也不算少了。

清代末年，废除科举，兴办新学，书院一律改为学堂。凤冈书院也顺应潮流，改名为凤冈学校。1928年改名为宝安县立第一初级中学。1958年改名为南头中学。无数读书种子从这里走出了书院大门，走出了学校大门，走出了县城大门，走进了那个风云激荡的时代。

当年孙树新捐俸创办的凤冈书院，历经两百年文物衣冠的传承，成就了今天的深圳南头中学——国家级示范性普通高中、广东省一级学校、广东省教学水平优秀学校。

近代史的起点

中国历史以第一次鸦片战争为近代史的开端，而宝安就是打响第一次鸦片战争头炮的地方。清道光十九年（1839）七月二十三日，这天天气非常炎热，用“铄石流金”形容亦不为过。很多渔船都没有出海，有些一早出港，中午就匆匆折返了。人们并不是赶着回家乘凉，而是聚集在码头上，惴惴不安地眺望海面。

海面上气压很低，除了偶有海鸟啼叫外，一片沉凝死寂，仿佛酝酿着风雨云雾电雷，像是台风的前兆。但真正令人忧虑的，不是台风，而是一艘英国军舰出现在了九龙海面。不久前，发生了一连串震惊中外的事件，先是新安县和大鹏营查获多起鸦片走私案子，抓获了大批鸦片贩子。后来，几个英国水手在尖沙咀醉酒闹事，打死了一个当地村民林维喜。英方驻广州商务总监督义律（Charles Elliot）拒绝交出凶手，并指死者是失足摔死的。钦差大臣林则徐赫然震怒，下令严禁本地居民与外国“非法往来交易”，并勒令义律交出凶手。义律不交，中方就断绝英国人的食物和淡水供应。林则徐以为，这会迫使“英夷”屈服，没想到英国人竟派遣装有28门火炮的“窝拉疑”号军舰，从印度开到新安。

下午，海面的寂静突然被隆隆的炮声打破，天空升起了一朵朵烟云。聚集在码头的人群顿时骚动起来，奔走相告：林大人和番鬼佬开战了！

这场冲突来得并不突然。由于朝廷实行“薄来厚往”的政策，外贸顺差向来巨大，其他国家要打开中国这个市场，难乎其难。英国人为求扭转逆差，便做起罪恶的鸦片生意，甚至以战争

“林维喜案”木刻版画

虎门销烟油画

相威逼。19世纪二三十年代，英国向中国倾销鸦片，对中国的政治、经济、社会，均造成极严重的危害。白银外流，财政枯竭，国库空虚，国民体质及精神亦受鸦片荼毒，日益沉沦，开始以“东亚病夫”的形象出现于世界舞台。从道光元年至道光十四年（1821—1834），朝廷多次颁令禁止鸦片贸易。道光十八年（1838）十一月，林则徐受命为钦差大臣，赴广州查处禁烟。

赖恩爵像

道光十九年（1839）四月，林则徐在虎门海滩当众销毁鸦片，历时23天，销毁鸦片19 187箱、2119袋，总重量2 376 254斤。道光帝对这一壮举加以赞赏，认为“所办可嘉之至”。林则徐交部从优议叙，赏加二级。林则徐55岁生日时，皇帝还亲笔题写“福”“寿”二字大楷横匾，差人送往广州，以示嘉奖。但当时坊间已流言四布，人心惶惶，连市集里的杀猪佬、剃头佬、打铁佬也逢人就说，英国佬要攻打新安县报复。

大鹏营的官军奉令严阵以待。镇守大鹏的参将赖恩爵（字筒廷），是新安县大鹏所城乌涌村（今鹏城村）的客家人，出身于戎吏世家，祖父是武举人，父亲、叔父和弟弟都是带兵的，号称“三代五将”。这场海战，按林则徐的奏报，当天下午两点，义律向中方提出最后通牒，称如果英国人在半小时内得不到食品供应，将击沉大鹏营水师的兵船。但还没等中方回复，英舰便突然开火，并有援军拦截鲤鱼门，一时间“炮弹蜂集”。

第一次鸦片战争爆发了。

新安县伶仃洋水域鸦片走私船云集（［英］W. J. 哈金斯1824年绘）

赖恩爵指挥大鹏守军奋起反击，“用网纱等物，设法闪避”英军炮火，击退了英舰的进攻。此战清军阵亡二人，重伤二人，轻伤四人。英方的损失，据新安知县梁星源的报告，见到英人捞起了17具英兵尸体，就近掩埋；又有渔船“迭见”英兵尸体在水上漂浮，“此外夷人受伤者，尤不胜计”。义律承认，清军的坚决反击，“是我完全没有料想到的”，他在一封信中写道，“因为我已有经验，在那方面对中国人的评价要低得多”。新安军民这回改写了英国人的经验。

然而，这只是一场“小试牛刀”的接触，“窝拉疑”号军舰没有参战，义律向国内的报告也未提及有英人死亡，只有个别轻伤，但毕竟中国人首战告捷，道光帝“龙颜大悦”，即赏赖恩爵戴花翎，赐呼尔察图巴图鲁（即勇士）名号，以副将用，并指示林则徐：“既有此举动，若再示柔弱，则大不可。朕不虑卿等孟浪，但诫卿等不可畏葸。”乌涌村一片欢腾，敲锣打鼓，燃放炮仗，男女老少涌到禾坪上大肆庆祝。

这一场小胜，使得皇帝和林则徐等封疆大吏无不坚信，在大清兵威之下，英夷必定“畏慑投诚，吁求免死”，打败英军，是十拿九稳的事。林则徐在给英国国王的照会中警告说：“夷商来至内地，饮食居处，无非天朝之恩膏；积聚丰盈，无非天朝之乐利。”

殊不料，庆祝胜利的活动还没结束，穿鼻洋（今广州市南沙区与东莞、深圳之间海面）又爆发了一场新的海战。

九月十七日，林则徐下令，给英国商船三天时间，具结保证不从事鸦片贸易后，可报关入口，否则请打道回府，不得滞泊伶仃洋面。九月二十八日，英国商船"撒克逊"号遵令前来具结。"窝拉疑"号和"华伦"号两兵船赶往穿鼻洋，阻止"撒克逊"号。

广东水师提督关天培（字仲因）率领四艘水师船前往查问，英舰竟悍然开炮攻击。关天培大怒，传令水师还击。这位年近花甲的江苏铁汉，手提大刀，屹立桅前，威风凛凛，大呼："敢后退者斩！"指挥四船同时开炮。他把银两堆放在桌上，传令有击中敌船一炮者，立刻赏银两锭。这场海战，清军再奏凯歌，"收军之后，经附近渔艇捞获夷帽二十一顶，内两顶据通事认系夷官所戴，并获夷履等件，其随潮漂淌者尚不可以数计"。

九月二十九日至十月八日，英舰多次进攻官涌村的官涌炮台。这个炮台是九龙海战后才匆匆建起的，清军分五路把守，赖恩爵是其中一路。连日激战，由于战术运用得当，令英军屡进屡退，始终无法在尖沙咀立足。林则徐在给朝廷的奏章中，称"恩爵于外洋情形最熟，其营迫近香港，经理弹压轻重得宜"。朝廷擢升赖恩爵为南澳镇总兵。乌涌村的村民再次举行热闹的庆祝活动。

道光二十年（1840年）初，林则徐出任两广总督。上任当天，便宣布正式封港，永远断绝和英国贸易。英方随即宣布封锁广州海口。

九龙海战复原场景

对中英之间的这场战争，民间的反应远没有官方那么强烈。也许因为广东沿海地区与外洋接触已久，对洋人早已习以为常，祖祖辈辈与洋人做生意，也没有觉得他们怎么样，所以不少人只把英国人视同普通的洋商，甚至把鸦片也只当作一种可以赚大钱的普通商品，并没有与“祸国殃民”和“卖国”挂上钩。

当林则徐宣布封锁海岸时，当地人都没当一回事，反而觉得这是发笔小财的机会，私下继续和英人做买卖，卖食品与淡水给他们。义律在一封信中写到，他们曾派人乘坐一艘小艇在九龙湾登岸，到一个很偏远的地方，带着银钱去购买供应品。“他们很顺利地买到了”。但一些官府捕快赶到，勒令当地人取回已卖出的食物。这令英国人非常恼火。此事遂成了九龙海战的直接导火索。

不少人摇着驳船和艚仔船，直接到英国的大船边上卖食品和淡水。林则徐给朝廷的奏报也反映了这一情况，他说：“盖粤洋渔船蛋艇之多，几不可以数计，其人贪利亡命者，无不远赴外洋。而奸夷加意招徕，啗以倍蓰之利，即一蔬一薪，亦皆厚给其值，并以鸦片与之兑换，使之两获其利。利愈重则命愈轻，故夷船寄碇虽遥，而冒险犯法以趋之者，闻已渐相环集。”道光二十年（1840）初，林则徐决定对这些私济英人的“奸民”和“匪船”，来一次严厉扫荡，要打得他们痛彻心扉，打得他们神惊胆破，不敢再犯。在林则徐的命令中，有“随烧随拿”之句，许诺烧一船则给一船之赏，如能延烧夷船，则加倍重赏。

水师布下了天罗地网，准备了许多引火之物，当那些向英船兜售食品的船只驶近，便一齐发火，把喷筒火罐抛到“匪船”上。刹那间帆篷尽燃，火光冲天，船上人措手不及，被烧得鬼哭狼嚎，纷纷跳海逃生。事后统计，烧毁“屠牛换土”的大海船一艘，买运烟土的艚船一艘，大买办艇一艘，大扒艇一艘，虾笋办艇三艘，杂货料仔艇一艘，还有十五艘卖果子糕饼的小艇和六间搭建在沙滩上的寮屋也在雷霆天火之下化为灰烬。“所有通夷各奸民，除在船烧毙及凫水脱逃淹毙不计其数外”，生擒十人。奏报特别指出，这些“奸民”都是“身穿夷裤，脚穿夷鞋”，通敌证据确凿。

为了显示决不向鸦片买卖让路，甚至不惜一战的决心，林则徐下令把新安县抓获的八名烟贩押到广州，主犯斩首示众，三名犯人病死狱中，其中两人经审定为主犯，虽然已死，尸体也被拖到市曹戮尸，另三名从犯处以绞监候。林则徐如此高调地采取严厉的刑罚，就是为了杀一儆百，震慑中外。

英军在广东沿海碰了钉子，掉头沿海北上，转攻闽、浙。所到之处，战火纷飞，清军屡战屡败。道光帝惊慌失措，由主战转为主和，将林则徐革职，派琦善为钦差大臣赴广东查办。战争形势急转直下。琦善从闽、浙等地的战况，深知清军实力难与英军抗衡，希望通过外交周旋，稳住局势。他和义律私下约定了《穿鼻草约》。这不是一份正式条约，义律提出割占尖沙咀、香港两地。琦善感到兹事体大，含糊地回应只能选择一处“寄寓泊船”，由他上奏请旨，想以此拖延时间。

谁都明白，“寄寓”不过是自欺欺人的说法，口子一开，后面的大局必如蚁穴坏堤，一溃千里。因此，道光帝在得知《穿鼻草约》的内容后，“龙颜震

九龙炮台

怒”，令锁拿琦善解京问罪，查抄家产，发军台效力。但这时海防藩篱尽撤，已难以再战。道光二十一年（1841）春，英军攻陷虎门、横档各炮台，大清军民英勇抵抗，死伤无数。

道光二十二年（1842），大清战败，在江宁（南京）下关的英国军舰上，与英国人签署了《中英南京条约》。清廷被迫开放广州、福州、厦门、宁波、上海五口通商，把香港割让给英国管治。这件琦善不敢公然去做的事情，终于由道光帝加盖御宝，变成了事实。

清政府于1846年11月开始修筑九龙寨城，抵御英军的进一步军事侵略

最初割让香港时，并不包括九龙。清咸丰十年（1860）签订《北京条约》，英国再割占九龙半岛南端。但英国仍不满足，声称香港是一个孤岛，四面受敌，不易保护，如果对岸用大炮射击，也能打到岛上，因此在光绪二十四年（1898）提出，必须把九龙全部割让给他们。清廷已无招架之力，含恨抱痛，接受了英国的《展拓香港界址专条》，九龙半岛及新界（包括新九龙）一并给了英国管治，为期99年。

盐田区沙头角街道有一条全国闻名的中英街，由梧桐山流向大鹏湾的小河河床淤积而成，原名“鹭鹚径”，全长268米。光绪二十五年（1899），中英两国的勘界人员来到沙头角，沿着一条已经干涸的河床，进行测量和勘界，竖立木质界桩，上书“大清国新安县界”。从此，沙头角一分为二，西侧为“新界沙头角”，东侧为“华界沙头角”。原设在香港的九龙关下属各个关厂被迫内迁，在大铲、伶仃、三门、沙鱼涌、东澳设立新的税收关卡（称为“九龙新关”），后来又在深圳河、罗坊、南澳增设关卡，在盐田设立缉私总部。

香港、九龙这颗南海明珠，就这样从新安县割让出去了。原先拥有三千多平方千米土地的新安县，一下子丢掉了三分之一。大奚山、杯渡山、屯门、磡州、宋王台、官富盐场……这些历史悠久的名字，写满了无数世事沧桑的地方，从此咫尺天涯，在听不尽的边愁中，成了望不断的乡关。

道光二十三年（1843），局势之坏，已不堪言说。钦差大臣耆英与英国全权代表在虎门签订《五口通商附粘善后条款》（俗称《虎门条约》，附《五口通商章程：海关税则》）。作为《南京条约》的补充条款，该条约主要内容包括：承认英国享有领事裁判权；定海关税律为值百抽五。仅此两项，一侵中国司法主权，一夺中国关税主权，许多人惊呼："寇深矣！"对一向陶醉于自我建构的天朝童话中的朝野来说，深受巨痛，难以细表。

在打响战争第一炮的新安，开了个气壮山河的好头，却结了个举国同悲的烂尾。沮丧、悲哀、愤怒的情绪，盘结在人们的心头，久久排遣不去。历史剧情的推进，就像一出波澜壮阔的大戏，主旋律气势磅礴，高潮迭起，压得人透不过气来，但在灯暗转场之间，有时也会有一些轻快明亮的小插曲，突然奏响，让人精神为之一爽。

就在《虎门条约》签订之际，赖恩爵以战功显赫再被朝廷升为广东水师军务提督，正一品，封"振威将军"，御赐七龙二爪蟒袍朝服一袭，准其在大鹏所城内修筑将军府。赖恩爵没有像林则徐那么倒霉，因为抵御外敌而被革职查办，反而加官进位，杖钺一方。乌涌村的狂欢庆祝活动再次盛大开锣，祭祖先，吃盆菜，舞麒麟，热闹了几天几夜。

大鹏所城位于龙岗区大鹏镇鹏城村，始建于明代，是与南头城互为犄角的两座海防城堡之一。深圳别称"鹏城"亦源于此。大鹏所城如今仍保留着左营署、参将府、守备署、军装局、火药局等老建筑以及近十万平方米的明清古民居群。赖恩爵的府邸坐北向南，通宽50米，进深45米，占地面积2500平方米。大门高悬道光帝御书的匾额"振威将军第"，在门额上方还有一片"御旨戴花翎"匾。大门左右悬挂一副道光帝御赐的楹联："秀一鹏山开泰运，重班凤阙迓鸿庥"。门前有一对抱鼓石和一对石狮，气派十足。封檐板和梁枋上施以花卉鸟兽浮雕和戏曲人物，造型活泼，栩栩如生，体现了艺人丰富的想象力和高超的技艺，堪称岭南民间艺术的精品。大宅内分为东、西、中三路，东路为七开间三进，西路为三开间四进。各进门上分别悬挂"一品朝光""三代五将""忠义传家"等牌匾。每一处的画栋雕梁、丹楹刻桷，都彰显着这个家族的尊荣与宠耀。

朝廷三次召赖恩爵入京做官，赖恩爵三次称病婉辞。据说道光帝曾经派钦

赖恩爵“振威将军第”

差大臣上门慰问，赖恩爵在脸上涂了一种植物汁液，显得面黄如蜡，躺在床上哼哼唧唧装病。在时隔一百六十多年以后，《深圳晚报》的一篇文章说他“装病弄假成真，不久便真的一病不起”。但也有可能是真的重病在身，并非假装。道光二十八年（1848），赖恩爵遽归道山，年仅五十有三，这说明他的身体确实有恙。临终时他把五个孙子召到床前，留下了“有朝一日，收回香港岛”的遗愿。1997年6月21日，赖氏后人从世界各地回到鹏城村，相聚于振威将军第，庆祝香港即将回归。他们在将军第内立了一块纪念碑，告慰先人。碑书“还我祖愿”四个大字，上方有一横额，书“收回香港”四小字，左右是一副对联：“南京条约今洗雪，鸦片毒害永难忘”。

赖恩爵死后，葬于大鹏镇大坑山鸡爬地。清光绪三年（1877）迁葬于王母圩村黄岐塘赖恩爵祖母刘老夫人墓葬之侧，当地民众称这里为“石地”。1984年，刘老夫人墓和振威将军第、赖恩爵墓，同被深圳市政府列为市级文物保护单位。在水贝村北卧龙山葬着“三代五将”的其中一位成员——浙江定海镇总兵官赖英扬；下沙村观音山背葬着“三代五将”的另一位成员——厦门水师提督、建威将军赖信扬。

第四章　大时代洪流

辛亥革命出发地

在盐田区大梅沙、小梅沙及龙岗区坪山镇之间，有一个地方叫三洲田，以山清水秀、风光明媚著称，被誉为深圳的“世外桃源”，散文家把它形容为“一块幸而未经过度雕琢的玉石”。

三洲田村首义史迹介绍图

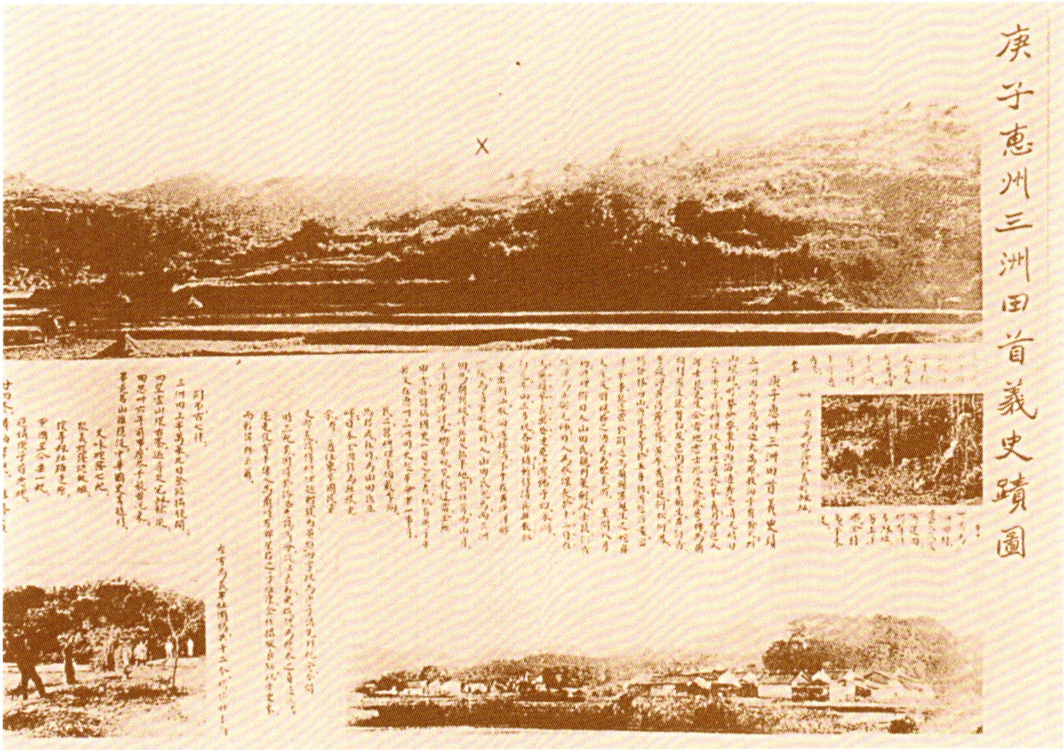

三洲田地处盆地，以前称作“三洲田大寨”，翻过西北面的打鼓岭，便是一马平川的碧岭。三洲田与碧岭的大部分人都姓廖，有八十多户人家，三四百人。如今这里属华侨城开发的旅游区。连绵起伏的山峦，一望无涯的森林，海拔536米的打鼓岭和海拔492米的小西顶，环绕着碧波荡漾的三洲田水库。这个水库是华侨城景区、坪山新区坪山街道片区的食用水水源，水位在下半年水涨期可达310米以上。

从三洲田水库眺望东方，是面积达28平方千米、海拔高度在300米至590米之间的马峦山。山上林木繁茂，森森芊芊。最壮观的是大大小小的瀑布群，溪流从云遮雾罩的山顶一泻而下，时分时合，穿过密不透风的藤蔓草丛，在巨石间左冲右突，喧嚣不已；时而从悬崖上轰然飞坠，声如天际奔雷。透过迷蒙的阳光，处处飞珠溅玉，四周如烟似雾，有彩虹隐约凌驾其间。这是深圳最大的瀑布群。不少保存百年以上的客家围屋，星星点点，散落在一圈圈像涟漪般扩散的茶山周围。梅沙尖、高山兰养殖基地和大小三洲塘、红花坜、骡马峰水库等地，烟苍古木，云水碧漪，暖翠晴岚，鸟啼花放，呈现着梦幻般的极致美感。

2005年，深圳市文物考古鉴定所有两支调查队，在华侨城盐田综合旅游区红线范围内进行考古勘察，先后发现了37处历史文化遗存，从东周至民国的都有。他们找到了不少东周时期的夔纹陶片、方格纹

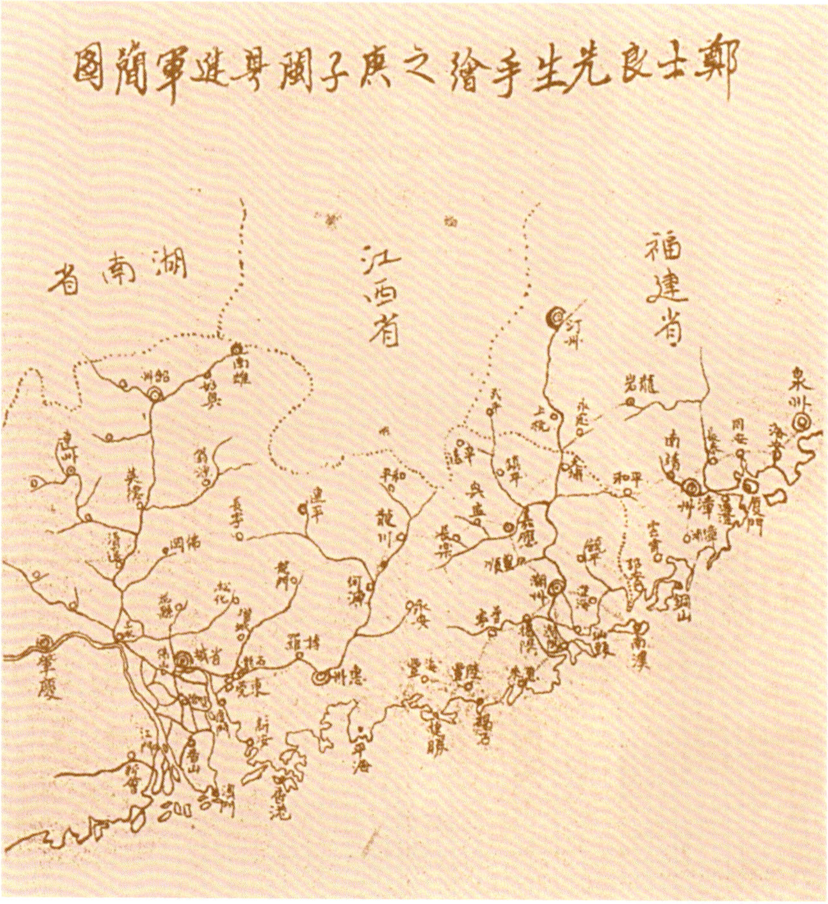

三洲田起义总指挥郑士良手绘的庚子闽粤进军简图

陶片和绳纹陶片，还有宋代的烧瓦窑和清代、民国的墓葬。不过，三洲田村一处非常重要的近代史遗址，却已杳然无迹可寻了，那就是孙中山与兴中会打响向大清王朝宣战第一枪的地方。

历史上每一场大的战争，都会引起社会变革。不是推动社会往前走，就是拉着它往后退。自鸦片战争以来，“往前走”与“往后退”的两股力量，在中国胶着争持。各式各样的“改良”“变法”“革命”，此起彼伏，内忧与外患并至，可谓一波未平，一波又起。其间国家、民族、文化的命脉，存亡绝续，悬于呼吸，其危如一发引千钧。

孙中山，字载之，号日新，又号逸仙，幼名帝象，化名中山樵，广东香山（今中山市）翠亨村人。清光绪五年（1879），孙中山随母赴檀香山（美国夏威夷首府）。光绪十八年（1892），孙中山毕业于香港丽雅氏西医学院，随后在澳门、广州等地行医。光绪二十年（1894），孙中山在檀香山成立中国最早的反清革命团体——兴中会，正式亮出了“驱除鞑虏，恢复中华，创立合众政府”的旗号。

光绪二十六年（1900），干支为庚子年。北方爆发义和拳（团）运动，继而八国联军攻入北京，太后和皇帝逃到遥远的陕西省去了。孙中山认为这是在广东发动反清起义的最好时机，他选中的发难地点，就是时属归善县的三洲田。孙中山的好友、兴中会成员之一郑士良（字弼臣），利用自己在三合会中的首领地位，召集了六百多名“草鞋”（会党分子），其中大部分为新安县的绿林好汉，还有一些来自嘉应的三合会会员和52位兴中会会员。孙中山负责在台湾筹措军火，郑士良在香港接应，只要军火一到，立即举事。

郑士良等人在三洲田开了一家小店铺和一家拳馆作为据点，联络四方草鞋，指挥机关设在村里的廖氏祖屋。为首的是一位叫黄福（一说他名叫黄远香，外号“黄大福”）的南洋华侨，他出生于龙华镇禾坑村，也是三合会首领，棱角分明的黑脸上布满麻斑。他是郑士良专门从南洋召回来，统领新安一带会党的。兴中会发起人之一陈少白在《兴中会革命史要》中写道：“说也奇怪，他一回来，各处堂号的草鞋都会围集拢来，只要黄福发一个令，真是如响斯应，无不唯唯照办的。”可见黄福在三合会中地位与声望之隆。

三山五岳的好汉聚集在三洲田村，引起了当地人的恐惧。廖氏家族的长老找到黄福，恳求他们不要在祖屋搞事。于是黄福把指挥机关转移到马峦村的罗氏大屋，但各路草鞋仍然集结在三洲田。官府不断收到消息，都说肘腋之祸随时发

三洲田祭旗仪式微缩景观

生，官兵开始向这个地方调集。郑士良认为事已至此，死活都要赌一把了。

闰八月十四，月圆之夜，蟾光如昼。八十多名草鞋组成的敢死队，身穿白布镶红号褂，头扎红巾，在三洲田马兰头几间破屋里举行祭旗仪式。大家在黄福的带领下，饮过鸡血酒，齐声宣誓："剑起灭匈奴，同伸九世仇。汉人连立处，即日复神州！"黄福厉声高呼："众位兄弟，百打百胜，到来就位！"大家轰然响应：杀那些过毛鬼、短命鬼、凶死鬼、铳打鬼去！到了下半夜，月挂中天，大地清明。敢死队队员扛起长矛、大刀和几杆破毛瑟枪、吉林炮，黄福身上系着几只火红的绣球，腰间插着一面小红旗，左边的裤脚卷起，右边的裤脚放下，像戏班的武生那样。只听一声吆喝，众人便如出柙猛虎，从岭冈顶冲下来。

义军很快围住了兰花庙，有人用长矛把门口的灯笼打落下来当作火种，四处纵火。营里的兵勇从梦中惊醒，纷纷夺门而逃，但被起义者的吉林炮、毛瑟枪一轮轰射，大刀长矛乱砍乱刺，兵勇大部分非死即伤，有三十余人被活捉，起义者把他们的辫子当场剪去。

天亮以后，另一路义军在坪山、龙岗啸聚千余人。领头的先锋官黄耀庭，是沙头乡下沙村人，三合会首领，已加入兴中会。江恭喜，沙井步涌村人，外号"盲公喜"，他率领一队人马，主攻新安县和虎门。黄阁官，也是新安本地人，三合会首领之一，冲锋陷阵，最为勇猛。这些起义者打着青天白日旗，一路高呼："大家莫慌，我们是来抓四由哥的！"直扑镇隆。没人知道"四由哥"是何方妖孽，连会党分子自己也不知道，反正大家一起乱喊乱叫，制造恐怖气氛。乡

攻打兰花庙复原场景

民吓得惊慌失措，纷纷传言："三洲田反贼乱了，一伙'红头'造官府的反了！"也有胆大的人，跑到村口路边看热闹。

义军一举占领了归善县城，准备与黄福一路会合后，便杀向广州。他们在香港的西文报纸上发表公告，表明他们和义和团是毫不相干的，"一俟革命成功后，即当开通中国，与各国通商"。义军呼吁英、美、日各国助成革命义举，否则置身局外，两不偏袒。但这时郑士良从香港赶来，带来了不好的消息：台湾的军火无法运到。黄福不得不一路变更计划，改途向厦门前进。

孙中山写信给一些有影响力的汉人官绅，试图争取支持。他激情洋溢地写道："今日事机已发，祸福之间不容发，万无可犹豫，且清廷和战之术俱穷，四百州之地，四百兆之人，有坐待瓜分之势，是可忍，孰不可忍。是以毅然命众发之。"但没有得到回应，没人相信这些草鞋能成什么大事。孙中山也没有筹到军火，负责购买军械的日本人竟卷款潜逃，而清军的援兵却源源不绝地开赴惠州。义军曾经想开往福建，但当时台湾的日本总督也改变初衷，拒绝提供帮助，甚至不让孙中山入境。孙中山懊恨地说："如果我有洋铳万杆，野炮十门，则取广州省城如反掌之易。广州既得，则长江以南就是我们的囊中物了！"但他既没有"洋铳万杆"，也没有"野炮十门"，只有一股坚不可摧的革命精神。义军虽然死伤了七八百名兄弟，但几乎没有打过一场败仗，一路出坪山圩，过佛祖坳，飞越淡水，直逼汕尾，队伍扩大到两万多人。可预订的军火落空，竟致离弦之箭也不得不戛然止步。黄福将队伍就地解散，自己黯然返回南洋。其他各路义军的结局也都一样。

义军下山捉"四由哥"时，民众并不了解他们的宗旨，以为不过又是一场历朝历代见怪不怪的"反贼乱"，但仅仅十年之后，全国革命风潮风起云涌，势不可当，最后推翻了两千多年的皇权专制。这一场革命大风潮的源头，乃起于三洲田的青蘋之末。1924年发表的《中国国民党第一次全国代表大会宣言》称："中国之革命，发轫于甲午以后，盛于庚子，而成于辛亥，卒颠覆君政。”所谓“盛于庚子”，确认了三洲田起义在“颠覆君制”革命中承前启后的位置。

辛亥革命之后，孙中山派人到三洲田慰问参加首义的革命先驱和烈士家属。黄福那时已经回南洋去了，最后死在南洋；黄耀庭在中华民国成立后第二年在乡下被人毒死。这些为建立民国而出生入死的新安人，后来大都默默无闻，归于沉寂。不过他们的名字，是不会被历史轻易淡忘的。

孙中山在三洲田建立了一所学校，以资纪念。孙中山哲嗣孙科为学校题写了校名“庚子革命首义中山纪念学校”。1958年，因为挖三洲田水库，全体村民迁到水库两边的新村，纪念学校也随迁到新址，改名为三洲田学校。1982年，深圳市政府在三洲田村重建“庚子革命首义中山纪念学校”。

1999年，水库干枯，淹没多年的三洲田村故址竟得以重睹天日。民宅残基、禾坪、道路和学校遗址历历可辨，但首义祭旗的地方却早已不复存在了。马峦村的罗氏大屋至今犹存，是一座面阔80米、进深25.5米的客家围，以三合土夯筑围墙，里面建有三横三纵的排屋，中间是罗氏宗祠，在围屋的西北角和东南角均建有碉楼。当年，部分义军就是从这里出发的。

2001年，深圳市政府投资1342万元，在小南山兴建“孙中山庚子首义雕塑公园”。公园内安放了“打响第一枪”“激浪滔天”“海外联络”“台北议事”“筹备枪支”“枪械训练”“祭旗起义”“沙湾大捷”“海外急电”“突出重围”“怀念战友”“梅沙捐躯”和“烈火重生”等十几组大型情景雕塑和一座纪念碑。这项工程，从2001年破土动工，直到2013年建成开放，整整花了12年时间。

起义失败后，孙中山在日本组织同盟会，继续策动和组织了丁未黄冈之役、丁未惠州七女湖之役、丁未防城之役、丁未镇南关之役、戊申马笃山之役、戊申河口之役、庚戌广州新军之役和辛亥广州小东营之役等多次反清起义。虽然屡遭挫折，但愈战愈勇，革命的风气日渐高涨，流被全国。

1911年（清宣统三年）10月，武昌起义爆发，全国各地纷纷响应，形成多米诺骨牌效应。大清王朝摇摇欲坠。广东由于几个月前“三二九起义”失败，革命党元气大伤，一时无力组织全省规模的起义，但各州县的革命党人、江湖志士、绿林豪杰，无不跃跃欲试。广东第一支揭竿而起，响应武昌起义的民军，就是新安民军。

辛亥年的新安，已再也没有人认为革命是“反贼乱”了，民军旗帜一竖，四乡望风而归。10月30日，挥舞着刀矛杂枪的革命党，把旗帜插到了南头县城的宁南门上，南头县城的大小官吏早已逃遁一空。这是全省第一座被民军占领的县城。随后，香山、归善、惠州、博罗相继踵起。11月9日，广州宣布反正，成立军政府，脱离大清统治。

历史掀开了新的一页。

新安县一片纷纷扰扰。绅、商、学、平民百姓，竞相燃放炮仗，悬旗庆祝光复。民军占领县城后，第一件事就是要大家剪辫子，去掉这两百多年的耻辱。广州军政府通告说："辫发非我国之礼。迄自今始，宜一律剪辫发以芟夷国耻。"有些以耆宿乡贤自居的人，什么事都要办得铺张扬厉，好像演戏一样，剪个辫子也要看通胜，择吉日，备三牲，拜祖先，然后才举行隆重的剪辫仪式；有的人买好炮仗，挂在竹竿上，专等剪刀"咔嚓"一声，这边长辫落地，那边炮仗齐鸣，庆祝"斩断天然锁链"；青年人把剪下来的辫子一脚踢开，老人却小心翼翼用布包好，揣到怀里当宝贝带走；有盘龙之癖的人，则邀集三五赌友，以庆祝剪辫为名，终日狂赌；好酒贪杯之人，更有了光明正大的理由，可以日饮千盅了。但抗拒剪辫的人也不少，觉得这是有辱家门的丑事，在祖宗牌位前呼天抢地，或躲到床底下赖死不出，或在大街上你追我逐，老头子在前面抱头鼠窜，年轻人举着大剪刀在后面追赶，引来男女老少围观，哄笑声此起彼伏。

新安县光复油画

街上南来北往的，尽是八面威风的民军，身上穿着各种奇装异服，有穿戏服的，有穿长袍的，有装束像渔民的，有打扮像乞丐的，有人把衙役丢掉的号衣反过来穿，有人在身上披一张破渔网。从后面看去，一片高高矮矮的后脑勺，都是刚剪去辫子的断发，活像一蓬蓬芜杂的枯草，被海风吹得飘飘欲飞。首领的西装总是不合身的，不是太大，就是太小，背上插着从戏班拿来的三角狗牙边令旗，腰间别着一支土制的六响拗兰手枪，身后跟着几个马弁，扛着几支毛瑟枪、村田枪、黎意枪、云啫坚地利枪，有的还在腰间挂几个用布包着的空牛奶罐，晃来晃去，冒充是炸弹。一遇见熟人，就拍胸脯吹嘘："偓（我）明朝日要到省城去了！"神气得如同天兵天将下凡。

革命了！民国了！有人欢喜有人愁。有人跑到大街上欢蹦乱跳，有人关门闭户不敢外出。原来在衙门当差的，赶紧脱去号衣，换上普通人的短褂、粗布大衫。新政府规定，官员不分级别一律以西式大氅和燕尾服作大礼服，穿西式长裤，常服可用西式或袍褂；女子的礼服是上穿对襟衫，下穿裙子。但乡下地方没几个官员有西式大氅和燕尾服，乡绅士人还是继续长衫马褂，普通客家人还是继续大裆裤、大襟衫，穿布鞋的继续穿布鞋，穿草鞋的继续穿草鞋，打赤脚的继续打赤脚。

人们在街上相遇，作揖、请安、打千，都是旧时代的礼节，不时兴了，改成握手、鞠躬；也不叫"大人""老爷"了，改叫"先生""女士"；见到官员要称呼职务，比如"秘书长先生"，或者"局长先生"；官员训完话，要鼓掌；当官的不准坐轿子了，但人力车还是可以坐的；有些去过省城、出过洋、留过学的人，喜欢夹着几句洋文说话，别人问时间，他们不像乡下人那样简单明白地回答"一个时辰""一炷香"，非得很拗口地说什么"一小时五十八分""两点零六分二十秒"，让人听得云里雾里；他们说的月份与乡下人也不一样，他们的"二月"是乡下人的"正月"，他们的"正月"是乡下人的"腊月"，他们管这叫"西历"。这一切把村野匹夫蒙得五体投地，生出无限的敬畏与仰慕。

在市集和圩场上，人们照常趁圩、做买卖。大清在时卖柴火的，大清倒了还是卖柴火；县衙上挂龙旗时卖猪肉的，龙旗摘掉了还是卖猪肉；以前在城门口摆摊算卦的，现在还在那儿摆摊算卦，看上去好像没什么变化。但只要稍加留意，就会发现市集里多了一些闪闪缩缩、贩卖稀奇古怪物品的人，最常见的是卖剪下来的辫子；以前豆腐寮后面有人兜售老鼠货，多是些故衣、洋货之类，今天连朝珠、花翎、笏板、朝靴都有了，混在玻璃碎裂的眼镜、描画着精致山水的鼻烟壶、空的白兰地酒瓶、脏兮兮的珐琅花瓶、油腻腻的水烟壶、铸有康熙年号的铜香炉、断了弦的洋舵表、用剩一半的外国雪花膏，以及来路可疑的动物骨头和号称用“皇宫太医院秘方”制作的膏丹草药，一起贱卖。这些物品昨天还是身份的象征，神圣不可冒犯，今天已“堕落”成地摊“古董”，这是大清时从未见过的。

1912年1月1日，中华民国成立。孙中山出任临时大总统。2月12日，大清宣统皇帝宣布退位。一个朝代正式谢幕退场了。这一天，正好是腊月小年的翌日，离除夕还有五天。虽然很多老百姓还不知道什么是民国，有人以为那是一个新朝代，“总统”就是类似康熙、乾隆那样的新年号，但他们都明白，一个全新的时代，已经来临了。

在这个新时代里，移风易俗，每天都有新事物涌现，纷纭杂沓，让人应接不暇。但在社会的底层，要改变人们千百年来的生活习俗，却不是一朝一夕的事情。新政府规定以新历（公元）为纪年，新历1月1日是元旦，这天是一年之始。废除春节等民间节日，破除迷信，禁止修禊、拜神之类活动的声音，时有所闻。但到了乡村地方，没人理会这一套，民间依然认为旧历（农历）正月初一才是一年之始。

深圳圩（东门老街）

为了迎接新的一年，从腊月廿三小年祭灶开始，四乡八镇就有过年的气氛了，家家户户晒被子、洗衣衫、炸碌堆和碌堆窝、蒸年糕，还有炒米饼、糖环、禾肠、油角，让人一想起就流涎。除夕夜是一家团聚的时候，“新年到，多吵闹，大人要做衣，小孩要买帽”。戴了新帽子的小孩，拿着煮熟的鸭蛋，在街上边走边唱“卖懒，卖懒，卖到年卅晚”。

在珠江三角洲，除夕夜有为小孩“喊惊”的旧俗。以前凡小孩说梦话、啼哭、生病等，都认为是魂魄受惊，游离于体外，所以要请一些有道行的老太婆“喊惊”，召魂魄归来。除夕夜的“喊惊”，对所有小孩是一视同仁的，不管有病没病都要喊，谓之“喊平安惊”，甚至还要为家中全体男女老少“喊惊”。在新政府的倡议和规定下，很多小孩的辫子都剪掉了，脑袋光光的，在某些老人看来，简直不成体统，就像丢了魂一样，所以要“喊惊”招魂。

正月初一大家都闭门谢客，在家食斋。正月初二是“开年”，烧香拜神，宰

观澜老圩卖布街

鸡杀鸭，大摆宴席。年初三是“赤口”，民间传说，这天见面易招口舌是非。年初四接灶神。年初五接财神。客家人这天“出年界”，也就是年已经过完了，把厅堂的祖宗画像撤下，纸门帘要取下烧掉。但到了正月十五元宵节，乡间的庆祝活动又出现高潮。新时代新气象，县城里的街道也搭起了大彩棚，悬挂着五色彩旗，显得与往年大不一样。

元宵以灯为主角。沙头角的鱼灯舞，在新安流行了两三百年，最早是从沙头角栏吓村传出来的，盐田、新界担水坑、岗下新村一带的渔民都会跳。村里的能工巧匠用竹篾编织出一条大肥鱼的形状，外面糊上绵纸，再用元粉、牛皮胶调制颜料，描画红红绿绿的鱼身，最后涂上桐油，在鱼肚里装上蜡烛。正月十五，成群结队的舞者各举着一只鱼灯，在小鼓、唢呐、螺号和大钹的伴奏下，到天后宫前翩翩起舞。

不管政府如何提倡移风易俗，民众的传统习俗固不可彻。皇帝可以没有，辫子可以剪掉，唐装可以改西装，但神不可以不拜，鱼灯舞也不可以不跳。沙头角的鱼灯舞，表现鱼儿在海洋中过着自由自在的生活，但一条凶恶的黄鲤鱼企图占海为王，奴役其他鱼类。群鱼奋起抗争，最终打败恶鱼，重新过上自由祥和的生活。在漆黑的晚上，涛声隐隐，鱼灯闪闪，忽上忽下，忽徐忽疾，穿梭往返，变化无穷，场面极为壮观，醉倒了所有的围观者。

此时此刻，每个人都很激动，大家心里都念叨着一件事：民国了，这是民国后第一个春节，第一个元宵，第一次贴挥春，第一次跳鱼灯舞，第一次蒸甜粄，第一次炸油角，第一次吃汤圆，酿出了第一坛黄酒，在祖公厅上了第一盏添丁的灯，在田间地头唱出了第一支山歌。什么都是第一次，连太阳都是新的。虽然鱼灯舞跳起来和以前没什么不同，但感受却不一样。以后的日子，会愈过愈好吗？但愿是吧……

十年天地干戈老

历史潮汐的起落，往往间不容发。庆祝中华民国成立的炮仗声，转眼就被枪炮声所取代。各路草莽英雄乘势蜂起，山头林立。广东被不同派系的军队分割，他们互争地盘，兵燹不绝，打胜仗时作威作福，打败仗时沦为土匪。匪患蔓延炽烈，招来更多的官军围剿。但官军的围剿往往不能平息匪患，反而驱赶更多良民落草为寇，形成恶性循环。“匪过如梳，兵过如篦，官过如剃”的悲惨故事，每天都在重演。

今天，我们在深圳的乡村依然可以见到，一座座古老的碉楼卓然耸立在村头村尾。根据文献的记载：

黄屋排碉楼，建于民国；

马池田碉楼，建于民国；

圆岭村碉楼，建于民国；

坑尾村碉楼，建于民国；

观澜村碉楼，建于民国；

松元厦村碉楼，建于民国

…………

还有水田村碉楼、君子布碉楼、珠江村碉楼、长源村碉楼、对面坑村碉楼、光前村碉楼、石厦村碉楼、沙尾东村碉楼、新田村碉楼、塘头村碉楼、罗芳村碉楼……几乎所有碉楼都是民国时期兴建的，建筑风格相近，沉稳、厚实、严酷、冷峻。三合土夯筑的墙壁上，刻满了风雨销蚀的斑驳痕迹，一个个黑洞洞的射击

赖氏梅岗世居

中共宝安县党支部首任书记黄学增

孔，有竖形、横形、葫芦形，在它们后面，仿佛永远隐藏着一对警惕的眼睛和一支上了膛的步枪，紧盯着四面八方。大部分碉楼都建有挑出的悬堡（俗称“燕子窝”），底部也开有射击孔，专门用来阻击逼近楼底的敌人。

深圳的碉楼与开平碉楼风格截然不同。开平碉楼多少带有华侨衣锦荣归的炫富心态，设计上极尽繁复华丽；而深圳碉楼大多朴实无华，功能单纯，就是应付盗贼和战乱。唯一能表达其审美意识的，无非是施一些彩绘，或在女儿墙上做些灰塑装饰，这些建筑让人强烈地感受到，那是一个多么动荡不安的年代，似乎任何美化装饰都显得奢侈。

1914年，新安县再次改名，恢复了原来的名称：宝安县。从新安到宝安，“安”字一以贯之，却几无一日之安，受病之甚，痛不忍言。不愿任人鱼肉的乡民，唯有组织起来，兴建碉楼，购买枪支，自我保护。

碉楼成了所有围龙屋或围村必不可少的组成部分，且有愈建愈多之势。最初是在围村的四个角建碉楼，后来发展到建五座、六座，杨梅岗村的赖氏梅岗世居兴建了七座碉楼，有两座因资金不足，只盖了一半便停工。不难想象，资金未筹足就动工，当时的情势是多么的仓促、急迫。建于清同治十三年（1874）的横岗莘塘世居更甚，初建时有四个角楼，后来再加建四座，一共八座角楼；大门还装置了双重门闩，内用9根，外用13根，两个偏门各用9根门闩，县城的大门都没这么坚固。碧岭村黄氏丰田世居在四座角楼外加建了一座望楼，望楼后又加建一道厚实围墙，其防护之严密，在深圳客家围中，罕有伦比。上峯村的三兴堂围村，建了四座碉楼还不够，村前再建两座用于防御的闸楼。碧岭的廖氏围（恒德堂），不仅有四座碉楼，而且在围屋正面的墙上也开了许多射击孔。一座座孤耸危立的碉楼建筑，仿佛都为那风雨如晦的岁月留下无言的证词。

20世纪20年代，孙中山在广东建立政权，与北洋政府分庭抗礼。宝安属南方政府治下的区域。1924年，国民党在广州召开第一次全国代表大会，中国共产党人以个人身份加入国民党，共同进行国民革命。历史的巨足行至此三岔道口，沉寂茫然的云海深处，终于响起了一声惊雷。1924年秋，中共广东区委派出广州农民运动讲习所第一、二期学员黄学增、龙乃武（均为中共党员），以国民党中央农民部特派员身份来到宝安，在沙井、松岗一带开展农民运动，建立中共基层组织，建立农民协会（农会）。这是中国共产党人第一次到宝安从事活动。昔日的盐渔之乡，不可避免地也要经历时代疾风骤雨的洗礼了。

这个时代最响亮的口号是：一切权力归农会！到1926年，宝安县七个区中，有六个区建立了农会，94个乡建起了乡农会，入会人数达13 759人。广东省农会专门从广州派黄埔军校学生到南头，训练农民自卫军，给他们上政治课，教他们怎么开枪射击。省港大罢工时，隶属罢工委员会的铁甲车队进驻蔡屋围，工人赤卫队和农民自卫队联合巡逻，封锁香港。昔日昼出耘田夜绩麻的乡村，今日梭镖如林，歌声激扬："打倒列强！打倒列强！除军阀！除军阀！"风暴所至，摧枯拉朽，安静的田园从此不再安静。

广东东莞县农民协会会员证章

革命巨流铺天盖地而来，浩浩荡荡，顺昌逆亡。但潮流愈往前去，裹挟的泥沙杂质便愈多，河床的淤塞便愈严重，总有一天，滔滔洪水会决堤而去，进入前所未见、难以预测的广阔天地之间。1927年夏天，历史便到了这样一个关口。继蒋介石4月12日在上海"清共"之后，4月15日，广州的国民党也宣布"清共"。宝安县亦步亦趋，取缔农会，没收农会财物，捕杀农会领袖。

共产党人被迫转入地下，继续与国民党斗争。

当年被农会打得鸡飞狗上房、不得不低头服罪的人现在纷纷"咸鱼翻身"。他们要把被农会夺去的一切夺回来，要农民付出代价。一位农运领袖被捕后立即在县城被枪毙。共产党人在这艰苦卓绝的形势下，继续领导人民与反动地主阶级进行殊死的斗争。

1927年8月，中共中央通过《关于湘鄂赣粤四省农民暴动大纲》。为配合中央的暴动计划，8月20日，中共广东省委在香港成立。12月，共产党在广州组织暴动，成立苏维埃政府。宝安的中共党组织也接到了命令，迅速组织两个大队的工农革命军于12月13日在罗湖车站集合，乘火车直抵广州参加起义。

但当这支两百多人的队伍从楼村出发，经观澜、龙华，向深圳进发，行至梅林径时，广州起义失败的消息已由铁路工人传来。这时大家斗志正高，劲可鼓不可泄，干脆转而去打深圳圩警察所。这是一次没有预先安排的突袭，不足一小时，当场击毙警察一人，抓捕警察三名，抢夺了十几支枪。在撤退途中，又抓了两名很不走运的国民党青年。

农军把五名俘虏押到乌石岩。这个地方，据说在两百多年前有几块黑色的奇石突然从天而降，乡人以为天降奇宝，就用奇石建了一座庙，把这里称为乌石岩。平时庙里香火很盛，但今天它却成了革命者审判反革命的地方。愤激的农军在这里枪毙了其中两名警察，另外三人"罚款释放"。

共产党要暴动的风声传遍四乡八镇，形成了草木皆兵的紧张气氛。在1928年5月中共宝安县委给中共省委的信中，不乏这样的记载：在暴动的传言下，"现在（县城）四个城门除南门外，完全关闭，县长不敢在衙门，每晚都潜往南山逃宿，城内住户亦有四成搬迁出外"，"许多反动乡村，如西区之长圳、唐家村，五区周家村之塘尾围，均搬迁逃走"，"乌石岩、新桥、沙井各处当铺完全闭门"。

1927年12月13日，宝安工农武装举行起义，占领国民党宝安县深圳警察所

1928年4月，田寮和玉律发生宗族械斗。中共宝安县委趁机动员各乡农军去攻打迳背乡，但参加者并不踊跃，效果也不显著。在宝安坚持活动的280名共产党人，不断在残酷的现实中学习怎么发动群众、怎么组织群众、怎么进行武装斗争。农会不能公开活动了，他们便组织各种能公开活动的小团体，如协耕会、银会、谷会、牛会等，目的是"团结互助，保存力量"。

20世纪30年代，北方发生中原大战，群雄并起。广东由陈济棠当政，采取隔岸观火的策略，偏安一隅。广东积极推行"乡村建设"，把肃清土匪、编练地方团队列为要务，推行改良农业、渔业、蚕业，兴修水利。1931年，深圳圩升格为深圳镇。这也是"乡村建设"的一部分，为深圳腾出了更大的发展空间。

可惜，这段平静期太过短暂了。1937年7月7日，日本发动对华全面战争。

中共宝安县第一次代表会议复原场景

中国政府誓言抗战到底，决不妥协，绝对没有局部解决的可能，绝对没有速战速决的可能。战火从华北平原向南方蔓延。

战火暂时还没烧及宝安，但各种支援抗日的活动，已如火如荼地铺开了。献金运动、从军运动、宣传活动，深入城镇与乡村。“救亡呼声社”“国防前线工作队”“抗敌后援会”“抗战教育实践社”“流动工作团”“青年抗日同志会”等，各种各样的抗日宣传组织，一队队的青年学子，戴竹笠，穿芒鞋，顶着盛夏骄阳，奔走于龙华、观澜、章阁和东莞的塘厦、清溪、樟木头等地。村姑田妇们唱山歌，也不再是“牵起衫尾等郎揽，等郎一揽再回家”了，她们唱的是“日贼打来很猖狂，妇女受害更惨伤；儿童会遭刀剑刺，妻离子散苦难当”。在坪山的石灰陂围屋，直到21世纪初，在宗祠的大门上，还悬挂着一块1938年的“军属光荣”牌匾，那一年，正是国家危难、志士捐躯之时。

1938年10月，战火终于烧到了宝安。10月12日，星期三的拂晓，日本侵略军对广东展开了闪电攻势。4时30分，二十多架96式轰炸机出现在大亚湾上空，发出震耳欲聋的轰鸣声，打破了黎明时分的寂静，炸弹准确投落在中国军队的防线上，集结在大亚湾上的日本军舰也一起开炮。宝安人从梦中惊醒，空气里充满了硝烟的浓烈气味，呛得人难以呼吸。远远近近的爆炸火光，一闪一闪，把半边天空都映红了。龙岗圩的鹤湖新居，是一座始建于清乾隆四十五年（1780）的客家大围，占地两万多平方米，内围建有四座碉楼，外围也有四座碉楼，后围屋还建有望楼，可谓铜墙铁壁，坚如磐石，但它的望楼在这次轰炸中也被炸坍了。人们陷入了巨大的恐慌之中，纷纷收拾细软向山上转移。漆黑的山路上，挤满了逃避空袭的人群，呼儿唤女、寻爷觅娘的声音，响成一片，无比凄惶。

几轮轰炸之后，四万余名日本陆军乘坐的汽艇、橡皮艇、舢板蜂拥而来，密密麻麻，布满了海面，在一个叫霞涌的地方抢滩成功，淡水和平山两大重镇相继沦陷。日军在宝安切断了广九线，国民党军经营两年的防御工事、交通枢纽和公路、桥梁，顷刻瓦解。宝安县政府匆匆迁往东莞县石马，随后宝安县城南头也落入日军之手。

虎门至宝安一带，驻扎着国民党军一五三师，沿宝太公路（宝安至太平）设防。其中四五九旅（旅长钟芳峻）驻守在宝安的北栅、沙井、楼村。当日军向博罗推进时，钟芳峻奉命率领两个团，星夜兼程，驰援博罗。10月18日拂晓，他们在福田镇与大队日军相遇，战斗立即爆发。这是日军登陆后遭遇的第一场恶战。“机枪、步枪、迫击炮同时发射，响声震天，山谷雷鸣，打得敌人乱作一团。”四五九旅九一六团的一名军官描述当时的战况，公路上堆满了打死的战马，令日军的坦克无法前进。

罗浮山制高点被日军捷足先登，他们抢占了居高临下的地形，骑兵向两翼包抄，飞机不断向国民党军俯冲射击和投弹，几乎每一寸土地都被炸翻过来，所有的树梢都在燃烧，浓烟就像黑色的泥浆一样在大地上翻腾。四五九旅从拂晓一直苦战到下午二时，弹尽援绝，伤亡惨重，很多连营已不成建制，士兵们又饿又渴，筋疲力尽。九一六团团长带着仅存的特务连，向日军发起最后冲锋时，被机枪子弹击中，血满征袍，他把一枚私章交给副团长，让他继续指挥战斗。直到所有兵员都快拼尽了，钟芳峻旅长不得不命令残部撤往石滩。当晚钟芳峻

1938年10月12日，日军在大亚湾登陆

1938年11月26日，日军攻占南头城

日军在宝安、东莞交界处驻守

日军在罗湖山上放哨

1940年春节，深圳民居“重现家室□见自由”的抗战对联

1940年深圳镇的抗战漫画

旅长在石滩吞枪自戕，以全军人气节。子弹穿过腮部，没有死去，被卫兵背回营中，但等卫兵一转身，他又冲出门去投河自尽，成为广东抗战以来殉职的最高级军官。那一刻，天地为之变色，鬼神为之哭泣。

广州沦陷后，国民党主力撤往粤北，而日本侵略军也只能占据一些城镇，不足以控制广大的乡村。随着日军向北和向西推进，东江成了敌后地区。一个广阔的空间出现了。中共广东省委召开紧急会议，会议认为，应迅速加强中共在东江的力量。10月24日在香港成立中共广东东南特别委员会，领导香港区委、九龙区委、海委和澳门、中山、番禺、南海、顺德、惠阳、东莞、宝安等地中共组织活动。当天，一支由曾生（原名曾振生）带领的工作队，从香港分批出发，奔赴坪山，与香港惠阳青年会回乡救亡工作团会合。曾生是坪山人，刚从中山大学毕业一年，担任中共海员工委书记兼组织部部长。他肩负的一个重要任务是：尽快在惠阳、宝安组建一支抗日游击队。

早在10月11日，东莞已成立了由中共领导的东莞抗日模范壮丁队（当地人管它叫“老模”），队长王作尧。曾生返回家乡后，也紧锣密鼓地进行筹备工作。12月2日，惠宝人民抗日游击总队在周田村成立，有一百多名队员，曾生任总队长，周伯明任政治委员，由国民党军一五一师颁给番号。虽然不算第四战区的正式番号，但共产党总算有了一支可以公开的武装力量。他们主要在深圳南头、宝太公路沿线和东乡活动。

日本侵略军为了打通粤汉铁路，攻占广东省临时省会韶关，1939年12月和1940年5月，先后发动两次大规模北侵，但在中国军队英勇无比的抗击下，两次北犯都以失败告终，史称第一、二次“粤北会战”。

在炮火连天、铁骑纵横之间，宝安的历史、广东的历史、中国的历史，从此改写。

驰骋在东江战场上

1941年12月8日，星期一，是世界现代史上一个重要的日子。日本海军舰队在这天凌晨（夏威夷时间：12月7日，星期日，清晨7时29分）袭击了美国珍珠港海军基地。太平洋战争爆发了。同一天，日本对香港发动了入侵。12月25日下午，第二十一任香港总督杨慕琦宣布向日军投降。在淞沪抗战之后，内地大批文化精英和社会名流被有计划地转移到香港避乱。当时人们普遍认为日本不敢向英国宣战，结果，当香港的炮声一响，这批文化精英和社会名流猝不及防，全部被困在香港这块弹丸之地中。

形势危殆，急如燃眉。周恩来多次电示，要尽力营救被困香港的文化人，中共中央南方局也迅速筹集了二十万元作为营救经费。有一份长长的亟须火速营救的人士名单，包括何香凝、柳亚子、茅盾、邹韬奋、胡绳、梁漱溟、夏衍、戈宝权、张友渔、黎澍、金仲华、范长江、袁水拍、胡仲持、胡风、乔冠华、刘清

游击队护送文化人士急行军

扬、沈志远、千家驹、廖沫沙、宋之的、张铁生、姜君辰、周钢鸣、杨朔、叶以群、于伶、章泯、任白戈、韩幽桐、叶籁士、凤子、高汾、梁若尘、丁聪、沙蒙、葛一虹、金山、郁风、司徒慧敏、黄洛峰、许幸之等数百人。他们有的是知名社会活动家、学者，有的是作家、记者、出版家，有的是电影导演、演员、画家。八路军驻香港办事处主任廖承志向香港的中共负责人传达中央指示：这批民主人士当中，有的是我国文化的精华，要用一切办法把他们转移到国民党统治区的安全地带。这任务千难万险，但刻不容缓，只许成功，不许失败。

1940年前后，东莞、惠州、宝安的中共抗日游击队，日子过得很艰难，甚至一度撤离了东江地区，转移到了海丰。当他们重返宝安时，七百多人的队伍只剩下一百多人。但现在，就要由他们来承担具体的营救工作。

曾生在回忆录中写道，“营救工作是艰巨而复杂的。首先把营救的对象找到就很不容易”。香港沦陷后，名单中的大部分人都各自隐藏起来，不敢露面。妇女生活杂志社社长胡耐秋也是被营救的人士之一，她回忆说，当时他们“有的藏到已停业的舞厅里，有人住到米铺里，有的女同志当了女仆”。后来游击队通过各种关系，还是把他们一一找到了，并迅速安排分批撤离香港。当时只有两条通道，一是从香港坐船到长洲岛，再换船去海丰汕尾港和马鬃港；一是从香港偷渡到九龙，翻越大帽山到元朗，然后渡过深圳河，穿过皇岗、赤尾，进入宝安游击区的白石龙。但无论走哪条路，都要经过日军封锁线，赤尾、福田、皇岗一带，日军岗楼林立，沿途又有众多山贼海盗出没，没有熟悉当地情形的东江游击队配合，简直比登天还难。

大规模的营救工作，从1942年1月拉开帷幕。具体的组织者与指挥者是中共粤南省委书记梁广，广东人民抗日游击队总队政委林平、总队长曾生，广东人民抗日游击队总队副总队长兼参谋长王作尧，中共香港市委书记杨康华，八路军驻香港办事处中共党支部书记兼华侨工委委员连贯等人。

负责把文化人士带出香港的交通员，大都是宝安县土生土长的年轻人，他们与被营救者并不相识，甚至连语言也不通。一位交通员接到任务，到弥敦道一间鞋铺，把躲在那里的一批文化人带入内地。“我来到鞋铺时，”交通员回忆，“看见有五六个中青年男女坐在屋里，有的穿唐装，有的穿长衫。细看他们的脸色和手脚，就觉得不像平常做工的人，倒有点像化了装的文化人或商行老板。他们都没有带笨重的行李，只背一个小包袱，有的还带一把雨伞，好像都在焦急地等待着什么，神态很不安。”鞋铺老板把两包香烟和一支牙膏塞到交通员手里，转身对大家说：“诸位就跟着这个后生仔走吧。大路小路他都熟悉，路上有事，他会处理，但愿大家一路保重。”就这样，一群大名鼎鼎的文化人，便毫不迟疑地把自己的生命交付给这位从未谋面的年轻人，跟着他上路了。

这是一种极大的信任。因为谁都清楚，无论是走陆路还是海路，都是处处凶险，步步惊心。从陆路撤离香港的茅盾后来回忆说，在他们将要经过的路上，“布满着一些‘绿林好汉’统治的区域，如果不先打好招呼，此路一定不通。而当时‘华洋各界’其威望足以说服这些‘绿林好汉’的，只有东江游击队”。

年老体弱者多乘船走水路。何香凝就是坐船离开香港的。护送她的游击队员，她一个都不认识，但个个神情坚毅冷静、沉稳可靠，让人一看就觉得可以委以性命。何香凝问：“听说日本鬼子在海边放步哨，海上还有巡逻艇巡逻？”游击队员说：“日本鬼子立足未稳，还顾不了那么多，我们走这条路不会碰上日军。”何香凝又问：“听说这里有很多自称‘绿林好汉’的，遇到他们怎么办？”游击队员拍拍胸脯说：“他们一般都知道我们是曾大哥的人，不敢阻拦；一些过路的小股土匪我们是容易对付的。”曾大哥名叫曾鸿文，是一位中共党员，常以“灰色面目”出现，与当地黑社会打交道。他还有一个身份，是美洲洪门司徒美堂的弟子，所以深圳、香港一带的帮会，都会给他几分面子。遇上绿林人士拦路，只要亮出“曾大哥”的名字，都能顺利通过。

著名漫画家丁聪获救后，用笔绘出了撤离香港的难忘经历

部分文化人士在东江游击区合影，前排右三为茅盾

营救工作最紧张的关头，正值大寒与立春前后，岁暮风寒，田野山林一片萧瑟。从陆路前往宝安的文化人，很多人从未吃过这种苦，没试过在寒冬腊月的深夜走在漆黑荒凉的山路上，有时要靠辨认前面那个人一晃一晃的白袜子来跟上队伍。他们相互约定，有谁掉队了，就吹口哨学鸟叫。一路上，队伍的前前后后不断传来“嘘嘘”的“鸟”叫声；有人甚至跌进路边的深沟里，扭伤了筋骨。

他们混在大批难民当中，经历了种种艰难蹇厄，终于来到了深圳河边。在上步与皇岗之间，蹚过了冰冷砭骨的河流，进入了宝安地界。岸边的日军哨兵虎视眈眈，检查每一个人的难民证，清点人数，然后押着他们穿过宝深公路，朝一个山谷走去。大家这时已疲惫不堪。当他们来到一个山坳口，日军哨兵停下，让他们继续往前走。大家不知是什么意思，心里忐忑不安。

终于，日军哨兵从视野中消失了。领队的交通员说：“大家就地休息。”有人问：“还要走多久才到？”交通员笑着回答：“这里已经是游击区了，山下就是白石龙！”大家顿时欢呼雀跃起来，终于脱离虎口了！终于可以放声唱出憋在喉咙很久的歌曲了：“提起了行囊，穿上了戎装，踏上了征途，顾不了风霜。只有全民的团结，才能阻遏法西斯的疯狂！只有青年的血花，才能推动反侵略的巨浪！”

白石龙村在今天的深圳市龙华区，是一个建于清代的广府、客家混合式围村，当年只有二三十户人家，村前有一个禾坪。文化人的队伍进入禾坪时，听到村里传来的鸡鸣狗吠声，感到十分亲切。村里房子整整齐齐地分成左右两边，每边四列。东北面有一座镶着十字架的小教堂，十分显眼。村后有一片茂密树林，小溪淙淙，环境美丽祥和，但走近一看，却是一个“战斗的堡垒”。作家茅盾在

《脱险杂记》里描述他所看到的白石龙村："这所房子简直像一座堡垒，相当高的墙，围成四方形，却不见有窗。外面又是围墙上密布枪眼……这正门可以说是一座门楼，虽然已经坍塌，但仍旧可以架这么两挺机关枪，用火力封锁那前面的大路……这房子的墙壁足有三丈高，墙上的确没有正式的窗洞，然而有长方形的小洞，可以架枪。在这方面，便是正式的枪眼了，碗口大的圆孔。墙很厚，在一尺以上。"

村里的老建筑，如今大部分已毁或重建，只有那座天主教堂还在，它是由一座砖木结构的住宅改建的。三合土墙体，清水砖与麻石块砌墙脚，青石门框，门额石匾刻"天主堂"三字。里面分两进，每进之间，各建一大二小的拱门，代替了传统的木构梁架。抗战全面爆发后，这里是抗日游击队的总部，也是大营救的一个指挥中心。

从香港脱险的文化人，都被安排在白石龙村和附近的樟坑村，等候向内地转移。曾生说："从1月底至2月底是工作最紧张的时刻，每隔一两天就有一批人从香港偷渡到九龙，每批少的十来人，多的二三十人。"在游击队与内地的紧密配合下，三百多名文化人分五批离开白石龙，顺利前往韶关、桂林、上海和苏北等地。

在游击队的协助下成功撤离香港的，还有第四战区副司令长官兼第十二集团军总司令余汉谋的夫人上官贤德和英军京（G. King）上校、谭臣（Thomson Supt）警司等一批外籍人士。也有营救失败的，国际友人爱浦斯廷便没被营救出来，被日军关进了集中营。整个营救工作持续到6月底才结束，历时近两百天，行程万里，遍及十余省市，水陆两路共救出了八百余人，还迎送了两千多名回内地参加抗战的青年。曾生自豪地说："在敌人的严密控制下，从香港这个孤岛，安全地营救出如此众多的、在国内外有影响的人物，这是历史上的奇迹。"茅盾甚至把它称为"抗战以来（简直是有史以来）最伟大的营救行动"。

游击队员与脱险的三个盟国友人合影

2003年，白石龙村的天主堂被宝安区政府公布为第二批区级保护单位。2005年，政府拨款维修天主堂，兴建“中国文化名人大营救纪念馆”，以纪念这次的伟大壮举。

从胜利走向胜利

营救工作大获成功，但在内忧外患的1942年，游击队的处境依然举步维艰，一方面受到日军与伪军的压迫，另一方面与国民党的摩擦也与日俱增。直到1943年春，转机才真正出现。2月，中共广东省临时省委和军政委员会在九龙新界沙头角区乌蛟腾村召开联席会议。周恩来发来电报，批准组成东江军政委员会的名单，批准抗日游击总队的领导名单，曾生任总队长，王作尧任副总队长，梁鸿钧任参谋长，杨康华任副政委兼政治部主任。

大家都认为，游击队公开亮出中共旗号的时机已经成熟，不必再顶着国民党的番号编制，受其掣肘了。亮旗可分两步走：第一步，9月份在各大队开军人大会公布，接受共产党领导；第二步，10月份正式向外公布。曾生说，乌蛟腾会议是“克服困难，扭转被动，走向主动的重要会议”。中共游击队进入全面活跃阶段，宝安大队连续进袭固戍、沙湾；惠阳大队进入梧桐山，开辟新的根据地；独立中队深入稔平半岛，并扩建为“护航大队”；路西的珠江队频频出击西乡、福

广东人民抗日游击队东江纵队成立宣言

廣東人民抗日游擊隊東江縱隊成立宣言

廣東人民抗日游擊隊東江縱隊

中華民國三十二年十二月二日

永；第三大队进出于宝太公路；罗浮山区也亮出了“第二独立大队”的旗号，活跃于增城和博罗之间。

这一年，老百姓的日子过得很艰难。一场历史罕见的大饥荒在粤东大地蔓延，死亡人数多达二十万人。饥荒对宝安地区造成深重的灾难，许多人家都断了粮，他们把最后一把米放进锅里时，舍不得把它煮成熟饭，而是用一大锅水去煮，一家人就喝那些稀米汤。米渣留在锅里，添水再煮，煮完又煮，一把米煮上十几二十次，直到米完全融化，剩下一瓢清水，连一点米味也没有了。很多人背井离乡去逃荒，在通往粤北、江西的路上，人潮络绎不绝。大人小孩为了争夺一块番薯，经常互相厮打，以命相搏。这种场面，见怪不怪。许多人走累了，想在路边草丛休息一下，可一躺下就再也起不来了。疫症流行，土匪抢劫，饥饿，疲劳，家人失散……无穷的灾难，如影随形。

坚持在莞惠宝一带的游击队，也面临着饥饿的威胁，曾生在回忆录中说：“特别是上半年，天大旱，日军加紧封锁和掠夺，敌占区饿殍遍地，我们部队每人每天只有三两粮食。”但就在这样的环境下，1943年全年，抗日游击总队一共打了大大小小八十多场仗，恢复了以坪山、龙岗、横岗为中心的根据地，并且把地盘扩大到莞太、宝太公路，广九铁路沿线，梧桐山、大鹏湾、大亚湾建立了港九根据地，部队发展到三千多人。

12月2日，根据中共中央的指示，广东人民抗日游击队东江纵队（东纵）在土洋村正式公开宣布成立，司令员曾生，政治委员林平，副司令员兼参谋长王作尧，政治部主任杨康华。东纵发布的“纵字第一号”布告号召：“国家兴亡大事，匹夫亦有天职；同人用是奋起，志在救亡杀敌。”

1944年元旦，坪山军民庆祝东江纵队成立

土洋村都是客家人，清代康熙复界时从外地迁来。“土洋”之名，曾引起很多地方文化研究者的兴趣，欲一探其含义。多数人认为，村离海边不远，“洋”字应与海洋有关，《广东省志》说土洋村名是“村民以土填洋立村”。不

东江纵队司令部旧址纪念馆

过，靠一村一族之力，以清代的技术水平，恐怕难以完成填海建村的浩大工程。况且康熙复界后，宝安地广人稀，官府到处招人，并无填海建村的必要。

据村中耆老说，土洋村原名屯洋村，就是“海边小村”之意。东江纵队在这里设司令部后，因口音之误，把“屯洋”叫成“土洋”，最后便将错就错。但是，嘉庆《新安县志》中，已有“土洋”之名，并非1943年才把“屯洋”叫成“土洋”。宝安县还有上洋、平洋、黄竹洋等地名，直到今天在土洋附近也还有屯洋、屯洋角等地名，甚至在福建的福安市、永泰县，都有“土洋村”。有语言学者根据所有带“洋”地名的地理特征推测，“洋”字在客家人那里应是盆地、平地之意。当年的客家人找到海边的一片平地建村，便叫“土洋”。是耶非耶，迄无定论。

中共广东省临委和东纵司令部都设在土洋村一座兴建于1921年的天主教堂内。教堂主楼是神父的寝室，会议室设于正厅，楼上为司令部成员曾生、林平、王作尧住处。主楼西侧有两间加建的小平房，砖木结构，做马厩和电报房之用。楼房后面的一块平地是练兵场，1949年以后政府修建了一座琉璃正檐八角亭，名“东江纵队纪念亭”。旧址现保存完好，1984年被深圳市公布为市级文物保护单位，2002年成为省级文物保护单位。

1944年冬季，日军为打通粤汉线南段，调集两万余兵力，向国民党的广东省临时省会韶关发起猛烈进攻，第三次“粤北会战”爆发。中共广东省临委、东江军政委员会和各区负责人在土洋村召开联席会议，决定“放手发动群众，开展全省抗日游击战争”。以东江纵队第三大队主力组成的北上抗日先遣队兼程北上，相机进入北江，成立东江纵队北江支队。秋天，广东琼崖人民抗日游击队独立纵队成立，广东人民抗日游击队中区纵队成立；1945年1月，南路人民抗日解放军成立，广东人民抗日游击队珠江纵队宣告成立，与中区纵队一部合并组成广东人民抗日解放军。这是中共在广东的一个大发展时期。

1945年8月15日，日本终于宣布无条件投降。电台里传出播音员一字一句朗读的新闻稿：“今天中午11时30分，东京电台播出了日本天皇的停战诏书，日本政府已向同盟国无条件投降。美国杜鲁门总统正式宣布，特派麦克阿瑟元帅接受日本投降。麦克阿瑟元帅于本日通知日皇裕仁，渠已被派为盟军统帅，有权直接与日本当局接洽尽早停战……”抗日战争胜利了！炮仗声在全国各地城乡响成一片。在东江纵队营地里，人们互相拥抱着，跳跃着，欢呼着，有人唱起《东江纵队之歌》，最后变成了大合唱：“我们是广东人民的游击队，我们是八路军、新四军的兄弟，我们的队伍驰骋于东江战场上。艰苦奋斗，英勇杀敌，取得了辉煌的胜利。”

东江纵队战士集中在沙鱼涌准备北撤

抗战胜利后，宝安县政府从东莞迁回南头。国家经历长年战乱，满目疮痍，亟须休养生息，恢复元气。因此，国共合作，避免内战，建设独立自由和平新中国的呼声，响彻大江南北。不久，从大西南传来令朝野振奋的消息，国共两党举行重庆谈判，签订了《双十协定》。在和平团结的方针下，共产党同意做出某些让步，把广东、广西、浙江、苏南、皖南、皖中、湖北、湖南、河南地区的武装部队，分批撤往陇海路以北及苏北、皖北地区。东江纵队属于北撤之列。

1946年6月30日，东江纵队2583人（包括珠江纵队89人，韩江纵队47人，南路解放军23人等），奉命集中在深圳沙鱼涌。启程前夜，东江纵队官兵与当地民众在海滩上举行了联欢晚会。上弦月下，海风阵阵，篝火熊熊，有人击缶而唱，有人拍手应和：“哥去东来妹去西，南北战场共红旗；消灭虎狼打胜仗，早日回来食荔枝。”抱着“消灭虎狼打胜仗”决心的北撤部队，由美军登陆舰运载，从沙鱼涌出发，开赴山东烟台港。

7月5日，北撤部队顺利抵达烟台。曾生说过，东纵北撤是中共根据《双十协定》撤出的八个解放区中“所经路程最远，而取得较为全面胜利的一个”。今天，在沙鱼涌的沙滩上，还安放着一座纪念碑，上面镌刻由曾生手书的碑文“一九四六年六月三十日，人民抗日游击队东江纵队及各江武装部队，为了坚持国内和平，从此登船北撤山东”，并建有两座六角琉璃重檐亭，命名为“东纵北撤纪念亭”。

这是一段希望之光频频闪现的日子，也是一段希望迅速破灭的日子。东纵北撤之日，便是国共内战重开之时。战火首先在中原地区燃起，然后四下蔓延，席

东江纵队北撤旧址葵涌沙鱼涌

卷南北。和平建国的幻想，瞬间灰飞烟灭。“人世难逢开口笑，上疆场彼此弯弓月。流遍了，郊原血。”在这场大决战中，中国人民解放军先取守势，到1947年的夏天，全面转入攻势，从关外打入关内，从华北打向华中、华东，国民党的江山土崩瓦解。解放大军在前面拔旗易帜，秧歌队在后面载歌载舞，高唱着：“解放区的天……”就这样，滚滚铁流从东北一直过了长江天堑，过了赣江，过了五岭。1949年

1949年10月16日，南头城解放。图为宝安县人民政府旧址

的中国，每一寸土地，每一寸山河，再一次经历了血与火的洗礼。10月1日，毛泽东在北京宣布中华人民共和国正式成立。历史又翻开了新的一页。

半个月后，10月16日，一个永载深圳历史的日子。解放军第一支先头部队从东莞进入宝安，踏着落日的余晖，抵达布吉。布吉今属龙岗区，四面环绕着记子坑、石芽岭、九尾顶、围岭、鸡公头、鸡魁石诸山，大部分居民是客家人。布吉原名莆隔村，已有三百多年历史。也许因为在客家话中，“莆”与“布”读音相似，后逐渐被人写成“布隔”。1911年广九铁路通车时，设“布吉站”，“布隔”正式更名为“布吉”。布吉老圩村有一座基督教教堂，人称“布吉堂”，其建筑很有特色，分前、后两进，前进是西式的，后进是中式的。这座建筑至今犹在，它见证了解放军进入宝安的历史时刻。

驻深圳的国民党税警团与护路大队宣布起义，退出深圳镇，接受解放军改编。

1949年10月19日，解放军乘火车由布吉抵达深圳镇

10月19日下午4时25分，深宝军事管制委员会进驻深圳，接收了国民党的深圳镇公所。在一片震耳欲聋的炮仗声中，“深圳镇人民政府”的牌子，正式挂到了深圳当铺“共和押”的大门上。对老百姓来说，天下归一，意味着漫长的战乱终于结束了，他们盼望着从此能过上丰衣足食、太平安乐的日子。

巨流奔腾向海

20世纪50年代，对于中华人民共和国来说，是一个波澜壮阔的年代。国民党被赶出中国大陆了，它留下的是一个千疮百孔的烂摊子。而中国共产党将在这个烂摊子上，重整山河，建设一个与历代王朝都不一样的新中国。

宝安县政府1953年从南头迁到了深圳圩。这里紧挨着广九铁路，人口稠密，是重要的工商业和交通枢纽。同年4月，当广东省宣布全省97个县，除个别少数民族县和少数民族地区暂不进行土改之外，其他各地土改都已大致完成时，深圳圩沸腾起来了。中国几千年的土地关系终于被彻底改变，庆祝土改胜利的锣鼓炮仗声，从这里传遍四乡八镇、千村万落。

历史之河按着预设的河道一泻千里，显示出一种"英雄造时势"的宏大气魄。宝安人民创造了不少奇迹，留下了不少泽被后世的伟大工程，其中以"十大水库"最具时代标志性。在1958年至1959年间，全县动员了13个公社2万多名社员（最多时达3万余人），外加解放军一个团的兵力支援，靠着双手、双肩、双腿，使用锄头、镐子、铁铲、扁担、簸箕、木夯、手推车等最简单的工具，人拉肩扛，硬是挖出了深圳、清林径、西沥（丽）、七沥、高峰、三洲田、马泻、樟坑径、五指耙和石岩10个水库。

土改工作队进村

事过境迁，指点江山、评说得失总是比较容易的，但"纸

宝安县成立人民公社

社员们在晒谷场劳动

上得来终觉浅，绝知此事要躬行”，不是亲历过20世纪50年代，难以切身感受到在江山易主的大时代中，那种无与伦比的震撼力和爆炸力。人民普遍的奋斗精神、团结精神、自我牺牲精神，已经达到顶点，超过了中国历史上任何一个时代。人们对美好生活的热烈追求，可歌可泣，感人肺腑。虽然他们对新社会的理解是那么的简单和朴素，但这更使得他们的牺牲和奉献，有了一种无比悲壮的色彩。

《宝安农民报》把十大水利工程称作“向自然进军，向地球开战”。其中深圳水库、清林径水库和石岩水库，属于中型水库，其他属于小型水库。十大水库，加上原有的笔架山水库、罗田水库和铁岗水库，不仅可灌溉农田15万亩（1亩等于0.067公顷），在防洪、发电方面，也有着重要的作用。

尤其令宝安人自豪的是，1960年11月，广东省与香港达成协议，每年由深圳水库向香港提供2270万立方米淡水。1961年1月，深圳水库开始向香港供应淡水。1963年，香港出现60年来最严重的水荒。香港希望广东帮助解决缺水问题。当时担任港澳办公室主任的廖承志向国务院汇报，周恩来总理同意引东江水供应香港。

深圳水库修建场景

1964年4月22日，广东省与香港正式签订协议，自1965年3月起，广东每年向香港出售不少于6820万立方米淡水，售价为每立方米一角人民币。广东省用一年时间建起了由6个拦河坝、8个抽水站和16千米长的人工河道组成的东深供水系统，把东江水引来，通过深圳水库输送到香港。

1966年夏天，史无前例的"文化大革命"在全国范围内开始了。农村的"文革"暴风雨，虽然没有大城市来得猛烈，但同样经历了惊涛骇浪的冲击。直到1977年8月，在中国共产党第十一次全国代表大会上，党中央正式宣布"文化大革命"结束，许多人才深深地松了一口气。虽然还不清楚中国未来到底会怎么走，但经历了多年政治运动的折腾，人们早就厌倦不堪，整个社会也都疲态毕现。梧桐山上，多少年没听到"哥啊，妹啊"的山歌了；深圳河畔，麒麟、渔灯、草龙也没人舞了。

历史站在一个十字路口，似乎仍在徘徊思考，未能决定何去何从，但民众已等不及了，一股偷渡香港的狂潮突现于宝安，令中央和地方都大吃一惊。从1978年8月到1979年6月间，数以万计的人参加了偷渡。1979年上半年，有超过10万人的偷渡失败者（其中3万多人是从香港被遣送回内地）被送进深圳收容站。更为不幸的是，有些对潮汐一无所知或水性不太好的人贸然渡海，结果被滔滔海浪卷去，再也没有上岸。

由于太多青壮年逃到香港去了，剩下的大部分是老人与妇女，妇女成了主要的劳动力，顶起大半边天。改革开放以后，不少偷渡香港的人又返回内地，他们对当初留在家里替他们下田耕作、照顾一家老少的妇女特别感激、特别尊重，每年"三八"妇女节期间，村委会都要请全村妇女吃一顿饭，并组织她们外出旅游。这一因偷渡潮而形成的新"习俗"，一直坚持了二十多年。

准备偷渡的民众聚集在东门老街

1978年，习仲勋出任中共广东省委第一书记，第二年任广东省省长。习仲勋为解决偷渡潮的问题，曾亲赴沙头角“中英街”调研，目睹香港那边繁华热闹，这边却一片萧条，他深感心痛。这条街香港称之为“中英街”，内地给它的正式名称是“中兴街”。但迄今为止，尚未见中兴迹象，也没几个人知道它叫中兴街。习仲勋不无愧疚地说：“我们自己的生活条件差，问题解决不了，怎么能把他们叫偷渡犯呢？这些人是外流不是外逃，是人民内部矛盾，不是敌我矛盾，不能把他们当作敌人，你们要把他们统统放走。不能只是抓人，要把我们内地建设好，让他们跑来我们这边才好。”[①]这段话发人深省，尤其最后那句“要把我们内地建设好，让他们跑来我们这边才好”，更是振聋发聩。

“文革”十年，宝安县和全国一样，处于风雨飘摇的动荡之中。宝安的经济底子很单薄。1678个生产队耕种着55万亩田地（很多是1965年以后才从单造田改为双造田）。尽管“农业学大寨”运动进行得轰轰烈烈，但1966年的水稻收获却比上一年下跌3.3%，只有271万担。随后多年徘徊于这个水平，时升时跌，从1966年到1975年这十年间，亩产比前一年下降的年份有五个，增长的也有五个，其中双位数增长的年份有两个，1974年达到了历史的高水平，亩产突破400斤大关，总产近343万担，比前一年增长了12.6%。

国家对农副产品一直实行统派购政策，收购稻谷的价格，1962年是每百斤9.5元；到1978年，还是9.5元。无论收成丰歉，价格雷打不动，价格与价值完全脱节。1978年，每亩稻子净产值为60.7元，完粮之后亏本14.2元；养猪亦无钱可赚，每个劳动日值要亏0.43元。偷渡潮兴起后，种田的人更少了，有的生产大队一半以上水田丢荒。1979年，全县的蔬菜比往年少种了一万多亩，猪也少养了五千多头。

---

① 《习仲勋主政广东》编委会. 习仲勋主政广东［M］. 北京：中共党史出版社，2007：80.

20世纪50年代的中英街

宝安较穷的社队（如沙井、福永、松岗、西乡等），农民的平均年收入只有100元，较富裕的也只有三四百元。而仅仅一水之隔，香港新界那边的农民，每天收入就有50~100元。从1966年至1978年，新界农民年均收入增长了80%，宝安农民只有区区2%，两边的比例是40∶1。这是一个让人感慨万千的数字。

宝安的水产业发展一度蓬蓬勃勃。全县有七个沿海镇，五千多个水上劳动力，每天在渔船上、在海水网箱里“学大寨”。由于机动渔船的大量投入和拖网作业的推广，渔获逐年增长，但过度捕捞的恶果也很快出现了，加上水质污染，近海水产从1970年以后锐减，不少蚝业、半渔（蚝）业社队连大网船都变卖了。1966年蚝豉的出口量为4744担，1976年跌至2216担。

这就是人们在1979年所看到的宝安：伤痕累累，元气大损。但人心思动，人心思变，就像是一股躁动的地火，四处涌动，积聚能量，寻找出口，压抑愈甚，喷发亦将愈烈。谁也不清楚这股地火会在什么时间、什么地点、以什么理由喷发，但它一定会喷发。

“农业学大寨”现场会

下篇 大鹏在天

第五章　杀出一条血路

就叫特区吧

历史的发展，自有其起承转合的过程。1978年5月11日，《光明日报》发表文章《实践是检验真理的唯一标准》，引发关于真理标准问题的大讨论。在历史的进程中，这是一个不容忽视的关目。一批先知先觉者敏感地发现，时代的契机已在风雨晦明的前方出现。他们再一次挺身而出，秉持着一股“受任于败军之际，

20世纪70年代末未开发的蛇口

奉命于危难之间”的勇气，甘冒最大的政治风险，为天下人寻找冲开困局的突破口。他们的目光很敏锐，一下子看出这个突破口就在广东与香港的接壤之处。

1979年3月，深圳市正式成立，深圳市革命委员会召开“全党动员、全力以赴，把深圳建成出口商品基地旅游区新型边防城市”动员大会

秋天，中共中央和国务院接到交通部呈递的一份《关于充分利用香港招商局问题的请示报告》。招商局是交通部驻香港机构。10月，交通部外事局局长袁庚调任香港招商局副董事长。袁庚是宝安人，1939年加入中国共产党，抗日战争时期，曾经在惠（阳）、宝（安）及港九新界一带从事国际反法西斯统一战线情报工作；抗战胜利后，随东江纵队北撤，是一位东纵老兵。1978年11月，袁庚向广东省政府提出在宝安县筹建一个出口工业区的构想：把香港及外国的资金、技术、图纸、资料、专利、全套设备与内地低廉的土地、劳动力结合起来，在蛇口兴建一批与交通航运有关的工业企业。

广东省政府对袁庚的构想全力支持。习仲勋已预见到，广东与香港的经济关系，在不久的将来，必定愈来愈密切，进出口贸易将成为广东重要的经济支柱之一。因此，在同年11月的中央工作会议上，习仲勋直率地批评：现在思想不解放，条条框框太多，机构运转不灵，办事效率太低。“建议中央考虑：鉴于广东与港澳来往密切，希望能允许广东在香港设立一个办事处，加强调查研究，与港澳厂商建立直接的联系；凡是来料加工、补偿贸易等方面的经济业务，授权广东决断处理，以便减少不必要的层次和手续。”[①]在高度统一的计划经济实行了三十年后，“授权广东决断处理”这寥寥几个字，听起来有千钧之重。

这时，离改变中国命运的中共十一届三中全会召开还有一个月时间；离“经

① 中共中央党史研究室．习仲勋文集（上卷）［M］．北京：中共党史出版社，2013：423.

济特区”概念的正式诞生还有11个月左右。历史突然在这里停顿、思索、掉头，向另一个方向走去了。一切将从此改观。

经过两年时间，从理论到实践的酝酿、铺垫，1978年12月18日至22日，中共十一届三中全会在北京召开。这是一次具有划时代意义的会议。会议正式宣布：“全国范围的大规模的揭批林彪、‘四人帮’的群众运动已经基本上胜利完成，全党工作的着重点应该从1979年转移到社会主义现代化建设上来。”[①]这次会议标志着对内改革、对外开放已被确立为中国的基本国策。

广东省政府在会后向中央提出，广东应该在改革开放中“先行一步”。1979年1月6日，广东省政府、交通部联合向国务院报送了《关于我驻香港招商局在广东宝安建立工业区的报告》，把几个月前交通部的报告具体化，提出由招商局投资，在宝安县邻近香港沿海地带（最后决定在蛇口）建立一批与交通航运有关的工业企业，包括拆船厂、钢丝绳厂、集装箱厂、油漆厂、氧气厂、无线电导航装配厂、玻璃钢厂等。工业区占地300亩，今后发展到3000亩。第一期需用劳动力一千名。产品以出口为主，利润按三七分成，广东占三成，招商局占七成。这个构想得到了中央的支持。

从这时起，广东南部沿海的两个小县城开始进入大历史的全景图中：一个是

① 中共中央文献研究室，本书编写组. 三中全会以来重大决策的形成和发展［M］. 北京：中央文献出版社，1998：37.

开发建设罗湖施工现场

深圳特区规划勘探工作情景

宝安县，一个是珠海县。1979年1月，宝安县改为深圳市建制，珠海县改为珠海市建制。深圳曾经是宝安县下面的一个村子，后来它成了一个圩，再后来成了一个镇，现在成了一个市。深圳市第一任市委书记是原广东省计划委员会副主任、党组副书记张勋甫，这是习仲勋亲自选派的“开荒牛”；第一任市长是贾华，以前在佛山负责财贸工作，“文革”后复出调到深圳。

很多人第一次看到“深圳”两字时，都被“圳”字难住了，不知怎么读，只好去翻字典，然后恍然大悟：原来深圳是一条很深的大水沟！有一个流传甚广的说法，说深圳原来只不过是一个“边陲小渔村”。2010年，一首纪念深圳特区成立三十周年的诗感情充沛地写道：“它之前只是一个边陲小渔村，贫瘠，靠海为生；透过深圳河、深圳湾的粼粼波光，能看见香港繁华如梦……这是一段厚重不起来的历史。”

深圳的历史真的厚重不起来吗？2017年4月，《中国经营报》的一篇文章也说：“37年的时间，深圳从一个只有三万人的边陲小渔村发展到至今管理的人口已达2000万的现代化移民大都市。”文章强调深圳当年是小渔村，是为了烘托今天它成了大都市，以突显二者的反差。事实上，深圳在建立特区之前，并非只是一个小渔村，它拥有深厚的人文历史，数万勤劳的人民；梧桐山上留下过无数先贤足迹，深圳河里流淌着无尽的英雄热血。

直到今天，不少人仍感到困惑，当初为什么不直接把宝安县升格为宝安市，而要以一个镇的名字作为市名呢？有人说，当时设立特区，主要是为了吸引港资，对香港来说，深圳这个名字比宝安更为熟悉。其实，当时特区范围并没有涵盖整个宝安，而只包括以深圳镇为主的一部分地方，宝安县仍然保留，所以深圳市成立时，下辖经济特区和宝安县，也就是人们常说的关内和关外。

宝安县原有面积近2000平方千米，划出327.5平方千米作为经济特区，其中48.5%是崇山峻岭，14.8%是丘陵地带，平原只占18.8%，剩下的就是洼地与水面了。真正富饶的耕地大部分都在特区范围之外，仍归宝安县管辖，隶属深圳市。直到1992年11月，宝安县才正式撤销，变成深圳市的宝安和龙岗两个区。

成立特区之前的深圳，虽不是什么通都大邑，但也不是小渔村。在中国的版图上，它只占一个不起眼的小角落。但小角落也有好处，围棋中有个术语叫“金角银边草肚皮”。对改革的设计者来说，既然是“摸着石头过河”，谁的心里也没底。那么，挑一个离心脏腹地较远的边角地方来做“摸石头”的实验，万一失败了，对全局的影响也较小。

然而，中国有两万多千米的陆地边界，以及一万八千多千米的海岸线，边角位数不胜数，为什么偏偏选中深圳、珠海，还有汕头这些南方县市呢？这与广东的特殊地理环境、人文历史和广东人的特殊性格不无关系。广东海外华侨最多，与香港、澳门近在咫尺，说的是同一种方言，在同一个历史文化圈里。要搞经济改革，引进大量外资，还有哪里比利用香港、澳门作为对外联系的桥梁更为方便、直接？香港是自由港，进出口都免税，条件得天独厚。因此，广东的天时、地利、人和都有了。

深圳市的成立，正是“金角银边”的第一步棋，接踵而来的是一盘史无前例的大棋局。这个原先寂寂无闻的小镇，突然被推到舞台中心，成为举国关注的焦点。它被赋予的功能，将不仅仅是工业区，也不限于出口加工区、贸易区，而是要作为全国典范，给改革当先锋，逢山开路，遇水搭桥。中国未来的方向路标，很大程度上取决于深圳的成败。邓小平一锤定音，“还是办特区好，过去陕甘宁就是特区”，“中央没有钱，你们自己去搞”，“杀出一条血路来”。[①]中央能给的，就是“特殊政策，灵活措施”八个字。

① 中共中央党史研究室．习仲勋纪念文集［M］．北京：中共党史出版社，2013：636.

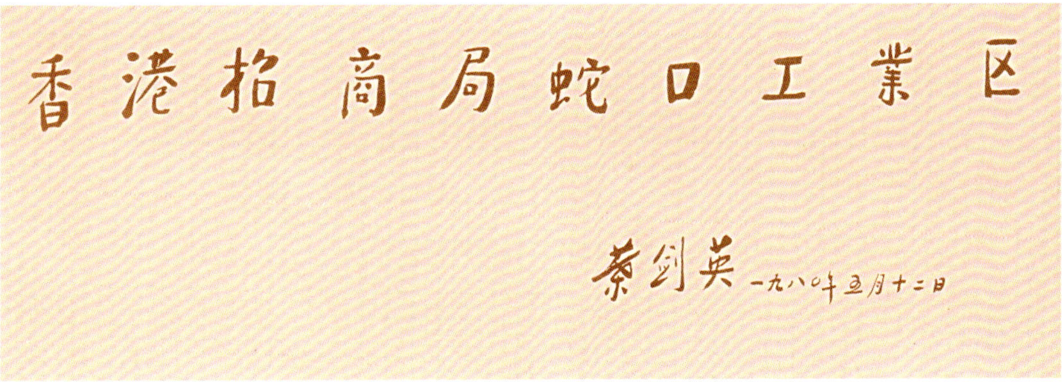

叶剑英题写的“香港招商局蛇口工业区”

邓小平提到的陕甘宁边区，习仲勋是创建者之一。1936年年初，中国共产党在原陕甘边区南区苏维埃政府的基础上，成立了关中特区苏维埃政府，习仲勋是关中特区的副主席之一，后来担任中共关中分区党委书记。从地理上看，关中特区与国民党统治区犬牙交错，今天深圳与香港犬牙交错，二者颇有几分相似。

经济改革已经启动，但只能摸着石头过河，没有现成的理论可供参考。1979年4月1日，招商局正式成立蛇口工业区筹建指挥部（后改名为“建设指挥部”），袁庚担任总指挥。工作人员进驻蛇口。这里也叫白泥湾，以前有水湾头村和南村两个小村子，现属蛇口公社，人口不足280人，大部分人以打鱼和养蚝为生，土地八成是荒山滩涂。海边只有一家简陋的修船厂和几间破破烂烂的蚝房，老鼠与野狗比人还多。当时在宝安县教育局工作的黄进发回忆说：“当时的蛇口有捕鱼、养蚝、种田三种作业，人民生活不稳定，勉勉强强维持两餐，是一个只有一片荒山野岭、海边沙滩的边陲小镇。”

指挥部征用了蚝房做办公室。这些建设者的第一项工作，竟然是替那些被淹死的偷渡者收尸。每天涨潮的时候，总有一些尸体被冲上岸边。《袁庚传》写道，他们“先喝上一口酒，对无名尸鞠上一个躬，说声‘对不起，打扰了’，再挖个坑埋葬”。这些孤魂野鬼，实际上也成了他们发愤建设特区的动力之一。袁庚对大家说：“我们把蛇口建设好了，生活富裕了，就不会有人冒死偷渡去香港。那个时候，我们应该有资格告慰那些孤魂野鬼，请他们不要乱跑乱窜，让他们安安心心地魂归故里，还是回家吧，回家，不要做野鬼！”[1]

4月4日，中央在北京召开由各省、市、自治区和中央党政军机关主要负责

① 涂俏. 袁庚传：改革现场［M］. 深圳：海天出版社，2016：72.

人参加的中央工作会议。习仲勋是带着明确的想法而来的，他在中南组发言说，“广东邻近港澳，华侨众多，应充分利用这个有利条件，积极开展对外经济技术交流。我们省委讨论过，这次来开会，希望中央给点权，让广东先走一步，放手干。”有中央领导问他：广东到底想要什么权？习仲勋回答：“广东希望中央给个新的体制和政策……广东作为一个省，是个大麻雀，等于人家一个或几个国。但现在省的地方机动权力太小，国家和中央部门统得过死，不利于国民经济的发展。我们的要求是在全国的集中统一领导下，放手一点，搞活一点。这样做，对地方有利，对国家也有利。”①

20世纪80年代的深圳东门

习仲勋向政治局作了一个详细的汇报。当习仲勋讲到允许华侨、港澳商人直接投资办厂，允许某些外国厂商投资设厂，或与他们兴办合营企业和旅游业时，邓小平说：“新加坡吸收外资开厂，利润收入50%可以拿到，还有劳务收入、税收。广东、福建有这个条件，搞特殊省，利用华侨资金、技术，包括设厂。只要

① 《习仲勋传》编委会. 习仲勋传（下）［M］. 北京：中央文献出版社，2013：452.

不出大杠杠，不几年就可以上去。”习仲勋说：“如果广东是个‘独立国’，可能几年就上去了。”邓小平说：“美国人问我，你们这样搞会不会变资本主义？我说，我们赚的钱不会装到我们这些人的口袋里，我们是全民所有制，社会主义变不了资本主义。”他接着说：“广东、福建两省八千万人，等于一个国家，先富起来没有什么坏处。你们要大胆实践。”①

就像一组巨大而复杂的拼图，习仲勋把主旨提出来了，设计者们不断提出新的补充、修订，使这张原来只是一堆碎片的拼图，慢慢呈现出较为完整的图像：广东省决定先在深圳划出一块土地，在一定的年限之内，出租给外商，投资兴建工厂、旅馆、旅游区，按国家规定进行管理和收税；先搞试点，采用投标方式，价高者得；同意在深圳开设外币商店；同意兴建一些宾馆，吸引香港同胞和旅客来度假，但应以中低档为主，高级宾馆或别墅则少搞一些。深圳还希望能够开放梅沙、赤湾两个口岸供游客游览、游泳、度假。

1979年7月15日，中共中央、国务院批转广东、福建两省委《关于对外经济活动实行特殊政策和灵活措施的两个报告》，即著名的中央50号文件。报告指出，广东、福建两省实行对外经济特殊政策和灵活措施，使地方有更多的自主权，把经济尽快搞上去，这是一项重大的经济体制改革。中央对广东省实行“划分收支，定额上交，一年不变”的财政体制，一改以往“总额分成”的方式。在完成上交任务后，全省财政收入、分配、使用，以及除糖、烟、酒、手表四种产品之外的减免税，一律归省。规划到1990年外汇收入达到100亿美元，赶上和超过香港目前的出口水平。中共中央和国务院原则上同意试行在中央统一领导下大包干的经济管理体制。

同年7月20日，中国第一个对外开放的工业园区——蛇口工业区第一个工程项目——五湾顺岸码头正式破土动工了。一张著名的历史照片被留了下来，那是填海造港第一炮炸响的瞬间，尘土冲天而起，被形容为“中国改革开放第一炮”。

秋天，北京一年中最美的季节，银杏树把古都染成了一座金色之城。10月4日，中共中央在北京召开各省、市、自治区第一书记座谈会。邓小平在会上指出：“经济工作是当前最大的政治，经济问题是压倒一切的政治问题。”②在谈

① 《习仲勋革命生涯》编辑组. 习仲勋革命生涯［M］. 北京：中国文史出版社，2002：549.

② 《邓小平理论学习辞典》编写组. 邓小平理论学习辞典［M］. 北京：党建读物出版社，1999：550.

1979年8月，蛇口工业区顺岸码头施工现场

到广东经济特区时，邓小平说，广东省委要放手搞，加紧搞。要宽些，快些，小手小脚没办法搞。“特区，将来台湾搞回来，香港搞回来，也是特区。过去陕甘宁也叫特区。是我们中国的地方就是了。”[1]

“经济特区”这个名称，在1980年3月30日的《广东、福建两省会议纪要》中首次被确定下来；5月4日，广东经济特区管理委员会成立；8月26日，第五届全国人大常委会第十五次会议批准颁布《中华人民共和国广东省经济特区条例》。深圳、珠海、汕头经济特区相继诞生。沉寂茫然的云海深处，响起了一声春雷。接下来的大势，便如马峦山的瀑布，居高临下，奔腾千里，直奔大海了。

1980年，接替张勋甫担任深圳市委书记兼市长的吴南生说：“最令人意外和欣喜的是，《条例》公布后，当时深圳最严重的问题——大量外逃现象突然消失了……”永远不要低估老百姓的智慧与敏锐。“春江水暖鸭先知”，青蘋之末风初起，老百姓马上意识到春天要来了，他们用行动为改革开放投下了神圣的一票。

1980年11月，习仲勋上调中央工作，原辽宁省委第一书记任仲夷接任中共广

① 《习仲勋革命生涯》编辑组. 习仲勋革命生涯［M］. 北京：中国文史出版社，2002：148.

1980年3月，广东、福建两省会议在广州召开

东省委第一书记。他也是一位改革先锋，在辽宁时就曾提出把大连建成对外开放的开发区，但未能如愿。他刚到广东，就碰上“倒春寒”形势。一份发至各省军级单位的文件《旧中国租界的由来》字挟风霜地声称，在中国领土上搞特区，和过去的“租界”没有区别。又有媒体抛出《痛哉！〈租地章程〉》等文章，影射特区把土地有偿提供给外商使用，是变相租界，是卖国主义。甚至有人声称广东三个月内资本主义就会复辟。一时舆情汹汹，乌云压顶。

12月16日，中共中央召开工作会议，任仲夷在会上发言。他针对“租界”之说，严词反驳：“我们办特区，完全是为了自己的利益，而不是为了外国的利益。进行一些自愿互利的经济合作，是以不损害我国的主权为前提的。为了我国利益，才给与我们合作的人一定的利益。主权完全在我们手里，那里的政府、警察、军队都是我们的，执行我国的法律。这有什么危险呢？没有什么危险。”他以沙头角为例，全公社当时人口1300多人，1949年以来，跑去香港的有2600多人，等于两个沙头角的人口。前几年，每年外流120多人。从1979年开始，外流人口大大减少；到了1980年，不仅没有出走的，以前去了香港的人还有些要求回来。任仲夷说：“办特区，确实给我们带来了好处。”

1981年的深圳建设路

在一些人看来，外流的人都是对社会主义失去信心的，去不足惜；要求回来的人把资本主义也带回来了，来不足喜。所以，特区管理的首要之务就是严格限制出入。1981年11月，广东省向国务院上报《二线设防和管理方案》。1982年6月，国务院批准了方案，确定二线“全线设防（不以天然屏障作为防线），严密控制，综合管理”。

为了筑起这道“铜墙铁壁”，国家投入了1.35亿元，从南头安乐村海边至背仔角之间，开辟巡逻公路，沿路全线架设铁丝网，设立岗楼和照明系统，铺设特区管理线专用的10千伏供电线路和通信线路。二线检查站（俗称“二线关”，相对于海关为一线关而言）以内的经济特区叫关内，有盐田、罗湖、南山、福田四个区；关外是宝安县。从关外进入关内，有两个关口，一个在南头，一个在布吉。本地人过二线关凭身份证，外地人过关要办理边防通行证或特区暂住证。

特区最初吸引内地人的，并不是它的山水风光，而是它与香港近在咫尺。沙头角不仅是一般游客的购物天堂，也常被人拿来作为改革开放成败的例子。原来破破烂烂的“中英街”，现在有300多间店铺，平均每天接待游客近万人，最高人流量达一天10万人次，一年游客量达到1500万人次。这块弹丸之地，进驻了海关、边检、公安、工商、税务、动植物检疫、管理办等近十家分属不同上级机关的管理部门。

架设深圳经济特区管理线

第一次到深圳的游客，都希望隔海眺望一下大名鼎鼎的资本主义香港，见识一下在“中英街”巡逻的皇家警察。越过中界线，难免一时心潮澎湃，因为也算是“到过香港”了。沙头角“中英街”是特区中的特区，仅凭边防通行证还不能去，必须另外再办特许通行证。到“中英街”参观，不许购买电器、手表、藤席、布匹、大型玩具和贵重药品。但人们疯狂地购买来自香港的连衣裙、“太空褛”、尼龙丝袜、饼干、折伞、太阳墨镜和三鲜伊面。当时坊间有一种戏谑的说法，沙头角有“三件宝”：风油精、味精、尼龙伞。

前进的力量很大，阻力也很大。窗口打开了，飞进来几只苍蝇，或飘进一些灰尘，不足为奇，本来窗里面也不是无菌世界，一样有苍蝇、灰尘，但开与关、进与退，两股力量却胶着对峙，往往是进两步、退一步。1980年年底，中央召开广东、福建两省负责人座谈会，要求“两省实行特殊政策和灵活措施的步子要稍慢一点”。有人发牢骚：“特殊政策不特殊，灵活措施不灵活，先走一步不先走。”但事实上，深圳的改革步伐并没有因“租界”争议而放慢。笑骂由人，褒贬难免，该经历的风雨就得经历，该走的路还是要走。“万山不许一溪奔，拦得溪声日夜喧；到得前头山脚尽，堂堂溪水出前村。”

时间就是金钱

深圳被第一批开发者的隆隆足音惊醒了，这是浩浩荡荡的建筑大军。1979年3月，深圳市基本建设委员会成立，统管全市基建，宣布开放市场，欢迎外地的勘察设计机构、施工企业和建筑材料进入本市。以前的建筑业都是画地为牢，现在要打破了。闸门一开，八方来朝。南北干线上，一列列火车、一辆辆汽车，满载着江苏、四川、广西、吉林、湖南、安徽、山西及上海、沈阳、攀枝花等省市的建筑工人和设备，还有两万多意气风发的基建工程兵，有如风车雨马，驰往深圳。

1981年2月，梁湘出任中共深圳市委第一书记；10月，深圳市升格为副省级市，并成立中共深圳市经济特区委员会常务委员会，梁湘任书记；成立深圳经济特区人民政府，梁湘任市长。中央要求把深圳经济特区建成以工业为主，兼营商、农、牧、住宅、旅游等多功能的综合性经济特区。

建立特区之前，深圳镇作为宝安县的县城所在地，面积只有3平方千米，人口才2万多；蛇口工业区最初规划也只是1.24平方千米。但1987年年末，在这个弹丸之地，已汇聚了90多家勘察设计机构，200多家建筑施工企业，近9万名施工人员（其中3万原属本市）。

基建工程兵乘坐火车开进深圳

这9万多活跃在各个建筑工地上的工人，与后来在“东西南北中，发财到广东”口号鼓动下从四面八方奔赴这片神奇热土的人一样，大部分是当时国营企业的工人，在旧体制下吃惯了大锅饭，一向是“做又三十六，唔做又三十六”（做不做都是36元工资）。他们接到去深圳的任务时，并不知道自己正在创造历史。如果

有人对他们说：今天你们使用过的镐头、铁锤，明天可能会成为历史文物，被博物馆收藏呢，他们一定会哈哈大笑，以为遇上了疯子。

基建工程兵宿舍场景复原

在某些人的心目中，深圳不过是另一个吃大锅饭的地方。但是，他们错了。这里是特区。特区到底有多“特”？有一件小事，从中可略窥一斑。交通部四航局在蛇口承建码头时，有大量土方待运，按8小时工作制，一天下来，一台车可以运二三十车泥。最初对工人实行的奖励制度，不与实绩挂钩，而是按旧有的评定方式，分成三等，按月发放7、6、5元奖金。工人把它视作工资的一部分，发是理所当然的，不发就怨声载道，并没有什么激励作用。后来，四航局工程处改用新的奖励制度，把每天的工作量提高到55车，但每车奖励2分钱，超额的每车奖励4分钱。按1980年春节后的物价，4分钱在国营市场大约可以买到61克猪肉、47克牛肉、121克鲮鱼、6克香菇或3.4克发菜。就是这看上去微不足道的4分钱，令工人们积极性大增，工作量翻了好几番，一台车每天运八九十车泥都不在话下。最高纪录是131车，一天能拿到4.14元，差不多是以前一个月的奖金了。

不过，有人对此不以为然：工作应该是比谁的奉献多，怎能比谁挣的钱多呢？这不是“文革”中被批倒批臭的“物质刺激”“奖金挂帅”又死灰复燃了吗？这些人不仅摇头，而且举报。上级部门也很紧张，马上下令蛇口取消这4分钱的奖励。袁庚不服气，请来新华社记者写了一篇《关于深圳市蛇口工业区码头工程停止实行超产奖，造成延误工期影响外商投资建厂》的国内动态清样，直接送到中共中央总书记胡耀邦手上。胡耀邦为这4分钱专门做了批示，肯定了蛇口的做法。仅仅一天之后，定额超产奖就在蛇口工地上恢复了。这件事被戏称为“4分钱惊动中南海”。后来在蛇口港、华益铝厂、华美钢厂、凯达玩具厂、南海油田基地码头（赤湾港）等工程项目中，推出了各种不同的奖励办法激励士气，就没有遇到太多阻力了。

最早实行劳动用工制度改革的竹园宾馆

1982年，深圳对旧的工资制度进行了大刀阔斧的改革。当时外资企业愈来愈多，其分配制度与传统的工资制度扞格不入，已是不改不行了。深圳选择了两家中外合资企业——竹园宾馆和友谊餐厅作为改革试点。这两家企业是1980年实行劳动合同制的试点单位，在全国率先突破固定用工的传统体制，企业与员工有双向选择的权利。

用工制度一改，工资制度也必然要改；工资制度一改，工人的养老保险制度也要改。这是牵一发而动全身的改革。深圳在全国率先将市场机制引入了工资分配领域，把工资分为基本工资、岗位职务工资和浮动工资三部分，力图克服平均主义弊端。企业有了分配的自主权，生产效率大大提升。

1983年8月，深圳市政府发布《深圳市实行劳动合同制暂行办法》，确定了劳动合同制是特区的用工方向。同时实行《深圳市实行社会劳动保险暂行规定》，对合同制工人的退休费用实行社会统筹，规定在外商投资企业工作的职工，由企业每月按劳务费的25%向社会劳动保险公司投保。随后，养老保险制度逐步推广到临时工等各类劳动者，一个社会化覆盖程度较高的新型养老保险制度基本形成。

人们常常慨叹广东是中国的南风窗，吹的是“穿堂风”。近代史上，广东承风气之先，许多新思想是从广东兴起的，许多革命是从广东发起的，但最后都是穿堂而过。广东人“会生孩子不会起名字”，他们做出了“惊天大事”，却要北方学者来归纳总结，提升理论，这似乎很可悲。其实不然。1981年3月下旬，一个震动全国的口号，在蛇口横空出世：“时间就是金钱，效率就是

20世纪80年代初在自由市场购鱼的人群

深圳蛇口工业区提出“时间就是金钱，效率就是生命”口号

生命。”这个口号就是袁庚想出来的。

蛇口名气愈来愈大，被视为改革开放的典范，许多地区纷纷要求前来参观学习。袁庚觉得有必要把蛇口精神的精髓用朗朗上口、直击人心的语言加以浓缩概括，宣传推广。有一天他坐船从香港到蛇口，准备参加工业区干部会议，脑子里还在想这个问题。他望着前方烟雨迷蒙的海面时，突然灵光闪现，“时间就是金钱，效率就是生命，顾客就是皇帝，安全就是法律，事事有人管，人人有事管”，这六句掷地有声的口号，竟一句接一句地蹦出来，让人瞬间产生触电之感。

什么是“蛇口精神”？这就是了。袁庚在干部会议上提出了这六句口号。一时间，就像一块烧红的铁丢进水中，立即引起激烈的反应。有人热烈鼓掌，有人左顾右盼，有人铁青着脸，也有人公开质疑：“我们是共产党，怎么能说顾客就是皇帝呢？”为了避免陷入无休止的争论泥潭，经过再三权衡，袁庚最后决定，在公开场合只提“时间就是金钱，效率就是生命”，后面四句仅作口头传达，不在书面出现。

招商局把“时间就是金钱，效率就是生命”制成了三合板宣传牌，钉在工业区指挥部大楼前。但光是“金钱”和“效率”这两个词，就让一些人坐立不安了，每天进出大楼，他们都感觉好像有一股“资本主义的臭味”扑面而来。非议之声在暗地里汹涌发酵。结果，宣传牌只挂了三天，就被悄悄摘下来，收进了仓库。

广东人的性格一向低调，只做不说，或多做少说，即使要说也说大白话，没什么高深理论，所以袁庚使用“金钱”“效率”这种浅白概念作为蛇口的标语，马上就陷入了是非的旋涡。但广东人还有另一个性格特点，那就是一旦认准了方向，就不轻易放弃。1981年11月底，袁庚在招商局企业管理培训班给学员上课时，再次提出了那几句口号，把大家心里的那团火又重新点燃了。

几天后，一块“时间就是金钱，效率就是生命，事事有人管，人人有事管”的宣传牌，赫然出现在蛇口华苑酒家门口。这是工业区最热闹的商业街，南来北往的人都会在这里流连驻足。宣传牌昂然立在那里，俨然向保守落后的旧观念挑战，为改革者“鼓与呼”。而宣传牌的制作者，就是几位在培训班听了袁庚讲话的学员。

“时间就是金钱，效率就是生命”宣传牌

春天的阴雨终于过去了，新华社在1981年6月6日播发了一篇通讯《蛇口工业区建设速度快》。第二天，《人民日报》全文刊登，并加以评论，称由于“充分发挥企业自主权，运用经济办法建设”，蛇口“不到两年在荒滩上完成了整个工业区的基础工程和公用设施建设，开始了一系列工厂企业建设，‘蛇口方式’已引起人们广泛注意”。中央人民广播电台在用英语广播时，把“方式”一词译为“model”（模式）。这个词更准确、更响亮、更显垂范意义，“蛇口模式”的提法，便挟着时代的风雨雷电亮相了。

什么是“蛇口模式”？有人作了总结：首先是要做好基础建设，为外商营造良好的投资环境。其次，要按经济规律办事，为投资者提供优惠条件，“用经济手段与科学方法从事建设和经营管理”；还要精简机构，“政企分开，官商分开，官办官事，商办商事”，权力下放，企业拥有充分自主权，政府不干预企业内部事务；尊重国际商业惯例，依法办事，重合同，守信用；积极引进外资和先进技术，利用国内较低廉的人力成本和丰富的土地资源，扬长避短，发展外向型经济。

1981年4月，袁庚向中央提议，在赤湾兴建一个深水港，这里位居珠江口东岸前沿，距离蛇口工业区仅3000米，距离香港亦不过22海里，作为开发南海东部油田的后勤服务基地，条件得天独厚。1982年7月，由6家中外企业合资组建了中国南山开发股份有限公司，袁庚任董事长兼总经理。这是改革开放以来第一家真正意义上的股份有限公司。仅用了三年时间，一片初具规模的深水港区、石油后勤基地及其配套设施，便崛起于荒凉的山野海滩之上。这是国内第一家中外合资兴建的大型深水港。1984年6月，国务院批准赤湾港为对外开放港口。

蛇口还创下了许多个“全国第一”。最先实行干部聘任制和劳动用工合同制；最先打破“大锅饭”，进行分配制度改革；最先推行住宅商品化改革；全国第一家股份制保险机构——平安保险公司、第一家完全由企业法人持股的股份制商业银行——招商银行，均创办于蛇口。1985年4月24日，蛇口工业区试行无记名民主选举产生当地最高管理机构——蛇口工业区管理委员会。这是1949年以后第一次尝试由直接民选产生领导机构，这是历史性的一步。

1981年3月10日，深圳成立内地第一家物业管理公司——深圳市物业管理有限公司

“不依古法但横行，自有云雷绕膝生。”许多曾令人耳目一新的新观念，在今天看来已经不新了，有些甚至已经变成旧观念，但当初为了迈出这小小的一步，不知要拿出多大的胆识、要冲破多少的障碍。

1984年1月24日，邓小平第一次到深圳视察，在蛇口听取袁庚的汇报。邓小平此行是“只看不说”，没有对特区的情况做出评论。袁庚特意把“时间就是金钱，效率就是生命”这句口号提出来，当时邓小平不置可否，既没有肯定，也没有否定。后来邓小平在珠海考察时，为珠海题词：“珠海经济特区好”。深圳对没有请邓小平题词后悔不已，派人一路追到广州，请邓小平也给深圳题词。邓小

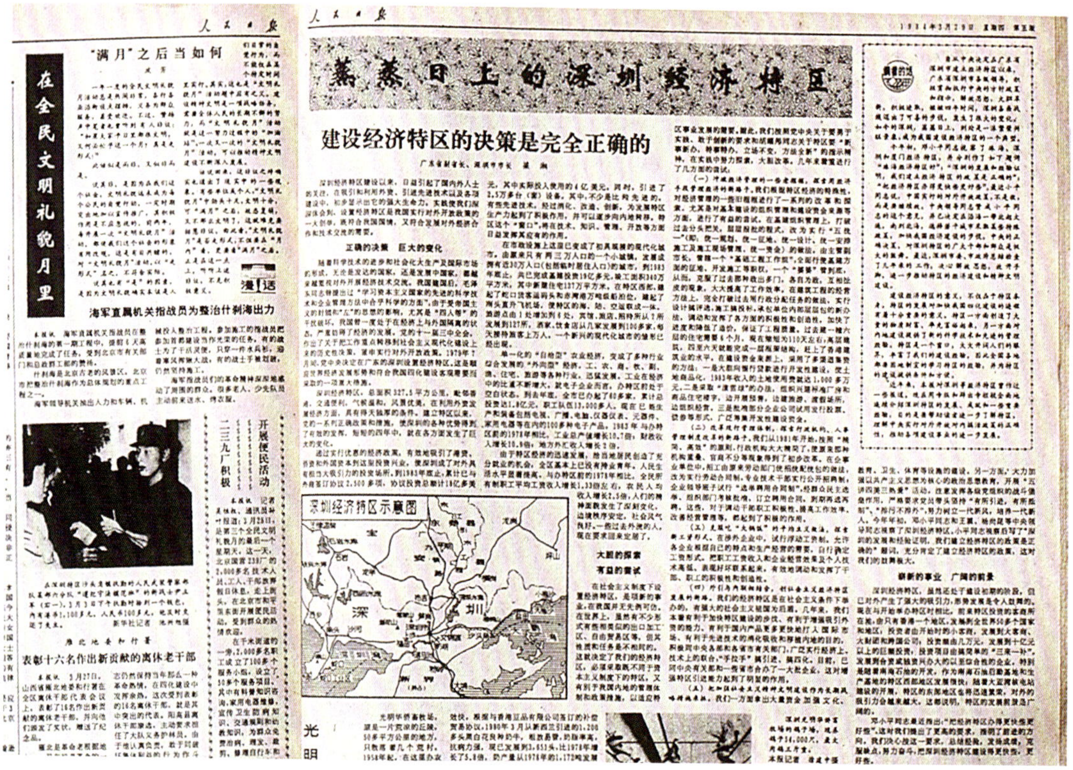

在全民文明礼貌月里

“满月”之后当如何

海军直属机关指战员为整治什刹海出力

表彰十六名作出新贡献的离休老干部

蒸蒸日上的深圳经济特区

建设经济特区的决策是完全正确的

1984年3月29日《人民日报》对深圳的专题报道

平大笔一挥，题了一句：“深圳的发展和经验证明，我们建立经济特区的政策是正确的。”

从此，深圳经验唱响全国。对特区的种种非议暂时偃旗息鼓。“时间就是金钱，效率就是生命”这十二个字，成为改革开放的一面旗帜。深圳新闻网评价它“是中国社会主义市场经济破壳的标志，是深圳精神的逻辑起点”。《深圳晚报》把它称作“冲破思想禁锢的第一声春雷，成为一个时代的文化坐标”。

在这个口号诞生29年以后，2010年的8月1日，一位网友在深圳新闻网的“深圳论坛·我说深圳事”栏目发了一篇帖子——《来深十八年，再回忆那些曾令我热血沸腾的口号》，配图就是蛇口那块赫赫有名的“时间就是金钱，效率就是生命”标语牌。跟帖者纷纷列举自己曾经耳熟能详的那些口号。

受到帖子的启发，由深圳报业集团主办，《深圳商报》《晶报》以及深圳新闻网发起向市民征集“深圳十大观念”的活动。几百万人参与了评选活动。“时间就是金钱，效率就是生命”脱颖而出。有评委犹豫不决，认为这个口号太强调金钱和物质，太不合时宜了，但立马遭到一些人的反驳：“它是历史的产物，是最纯粹的深圳精神，这条毫无疑问应该入选，根本不必争论。”最终它还是入选了，而且位列第一。

袁庚自豪地说：“1878年，爱迪生在门罗帕克实验室最初点亮的白炽灯只带来八分钟的光明，但是这八分钟却宣告了质的飞跃，世界因而很快变得一片辉煌。一百年后的1979年，在蛇口率先进行的改革开放向中国人民传达了春天的气息，其后万紫千红渐次开放。”

深圳速度

1981年5月，深圳市政府邀请中央有关部委（包括国务院所属12个单位）和各省、市代表九十余人在竹园宾馆开会。议题只有一个：近年各地纷纷到深圳设立办事机构，但办公用地寸土难求，怎么办？会议最后决定采用合资方式，由38个单位共同出资，兴建一座38层的现代化办公大楼——国际贸易中心大厦（国贸大厦），比当时全国最高的南京金陵饭店还要高一层。

20年后回头看，38层的高度，实属平凡无奇。但在20世纪80年代初，深圳的大部分房子还是清代、民国时期修建的硬山顶碌灰筒瓦平房，最高的建筑是一幢五层楼房（即建设路上的深圳旅社），已让当地人自豪了很多年。无法想象，那时的建设者们从哪来的灵感与胆气，要在这样的地方，建一座全国最高、最先进的大厦呢？哪来的目光与气度，敢放言这座大厦20年都不会落后呢？

深圳特区不鸣则已，一鸣惊人。会议刚结束，深圳市政府就把罗湖区人民南路和嘉宾路交会东北角的一块地皮拿出来，作为大厦的建筑用地。没有任何扯皮讲价，也不拖泥带水，从决策到落实，干脆利落。由深圳特区房地产公司（后改由深圳市物业发展公司）负责工程招标，长沙地质勘察公司负责测量。7月，深圳市物业发展公司组织和发起大厦的工程设计招标。经过评审，最后中标的是湖北工业建筑设计院黎卓健、袁培煌、颜松悦等人的设计方案。他们的方案以“既挺拔又稳固，既凝重又壮美的强烈美学效应”，获得1986年全国优秀设计二等奖。

深圳再一次展现了令内地叹服的办事效率。前后仅用了两个月时间，这项涉及近40家合资单位、30多个施工单位，2亿多元总投资的浩大工程，就从会议桌上的议题，变成了一个热火朝天的工地。整个过程环环紧扣，步步推进，一气呵成，充满了明快的节奏感和韵律感，把它形容为一首行云流水的乐曲亦不为过。

国贸大厦建设场景

1982年5月，大厦开始平土打桩。1983年2月，大厦地下室主体结构工程完成，广东省第二建筑工程公司退场。10月，负责大厦主体土建的中国建筑三局深圳第一建筑工程公司进场。工地上车水马龙，打桩机、挖掘机、推土机、搅拌机，轰轰隆隆，终日制造着巨大的噪声；运沙石的、运水泥的、运钢筋的、运余泥的汽车穿梭往来，昼夜不停。

施工单位实行了经济责任包干。为提高效率，他们大胆采用1320平方米大面积液压滑模施工，较之传统的架模浇筑混凝土，这种方法速度更快、效率更高、质量更有保证，但在国内建筑界，还是大姑娘上花轿——头一回。滑模设计小组的组长是一位年仅26岁的助理工程师。在经历了三次试滑失败之后，第四次试滑终于取得了成功。大厦主楼施工速度大大加快，从五天建一层楼变成四天建一层楼，再变成三天建一层楼。只用了10个月，就完成了整幢主楼的主体结构施工。

国贸大厦的设计方案，在实施过程中，还在不断地进行修改完善。投资方与设计方几乎没有一天不为修改方案争论的。按原设计，大厦高38层，后来加至44层，再加至50层（加上负三层，共53层）；三层的裙楼加到了六层；裙楼天台原设计是露天，后被认为不适合深圳这样的多雨地区，要加上盖子，盖子还要用美国生产的防弹玻璃做，保证不渗不漏；外墙由原来的马赛克改成了玻璃幕墙和铝板墙面。几乎每项改动，大家都争得面红耳赤，设计方强调“技术上没办法”，投资方则坚持“技术上一定有办法”。最终，克服了一个又一个难题，使

国贸大厦全面封顶

"不可能"变为"可能"。

大厦引进了外国最先进的消防、报警、监控、电气设备。主楼160米高，5至43层为写字楼，其中24层为消防层；裙楼长150米，高33米，连同负一层共有7层，做购物商场之用。在裙楼购物商场与主楼之间，增加了一个1400平方米的透光玻璃顶中庭，安装了音乐喷泉。当亚热带的阳光如瀑布般从玻璃顶倾泻而下时，人们走过通透明亮的中庭，抬头可见蓝天白云，室内、室外不再有清晰的边界。在钢架、水泥、玻璃、铝板的包围之中，喷泉却营造着柔性、自然的动感，使建筑的内外融为一体。人们置身其中，不再有沉闷之感。整座大厦有45部电梯，可以把人们快速地送达各个楼层。对于习惯了传统商场那种密不透光环境的人来说，这仿佛是来自另一个维度的奇妙体验。

在大厦楼顶，还有一座旋转餐厅，这是后来加建的，它像时钟一样缓缓转动，一小时转一圈。在餐厅就餐，透过可抗12级强台风的窗玻璃，可以360度饱览四处尘土飞扬的建筑工地。虽然眼下的景色并不美观，但人们已有强烈的预感，一个巨大的、五彩缤纷的梦工厂，正以盘古开天地的气势在生活之中出现。所有的美好梦幻，都将透过这些尘土飞扬的工地逐步变成现实。今天没有什么值得一览，但明天必定会美不胜收。

1985年12月25日，大厦竣工，交付使用。这时大部分的投资，通过卖"楼花"——其实连"花"都没开，卖的时候只有设计图，与其说卖"楼花"，不如说卖"种子"——已经收回来了。国贸大厦的建设速度，创造了一个专有词汇，叫"深圳速度"。在中国的改革开放史上，"深圳速度"被赋予了"深圳经济特

通过工程招标建设的国际商业大厦

区窗口”和“中国改革开放象征”的内涵。

在国贸大厦动工后两个月，即1981年7月，国际商业大厦向社会公开招标。这是两座20层高的大厦，面积为5万平方米。原来打算指定承建单位，但后来改为招标方式，让中外建筑企业自由竞争。原定每平方米造价500元，工期为两年。经过投标之后，由第一冶金建筑公司夺标，每平方米造价降低到398元、工期缩短为一年。招标方式不仅大大加快了建设速度，而且建成的大厦也质量优良，施工单位获得了5%的利润和80万港元的奖金。

这是深圳第一次在建筑工程上采用招标方式，开了全国的先河。1982年，深圳颁发了《深圳经济特区建筑工程施工招标暂行办法》，开始在低层住宅、道路、土石方等工程推行招标投标。这种公开透明、高效低价的方法很快在全市推广开来，并传到全国各地。

当国贸大厦开始主体土建工程时，另一座造价6805万元的庞然大物——国际金融中心大厦，也在深南中路与红岭南路的交会处东南角破土动工。它由三座32层（含负一层）、高105.5米的大楼组成，四周是呈阶梯状的裙楼。建筑面积达11.9万平方米，比国贸大厦还多了将近2万平方米。建成后将分别作为中国工商银行深圳分行、深圳市税务大楼和市饮食服务公司经营的晶都大酒店。金融中心大厦在1985年10月完成主体工程封顶，1986年8月竣工。这是“深圳速度”的又一经典之作。

银行大楼是金融大厦的中心，营业大厅宽敞明亮，环境舒适。大楼设有金银首饰门市部、中心储蓄所和信托部，还有高级住房、宴会厅、舞厅和会议室。晶都大酒店包括客房、中西餐厅、风味餐厅、酒吧、多功能大厅和各种娱乐场所、大型商场、商品展销厅和洽谈室。

人们走进酒店大堂，往往会被左侧一个室内人造瀑布所吸引。一道清流从二楼直泻下来，落在一个六边形水池中，激起水花飞溅，宛若玉碎琼乱，有一种超现实的美感。水池中是一座由镜面反光玻璃幕墙构成的六边形咖啡厅，可以容纳700人同坐其中，观看瀑布飞流，欣赏曼妙音乐，细品美味咖啡。多功能厅在三座塔楼的中间，面积700多平方米，上面是巨大的玻璃穹顶，自然的光线遍洒每个角落，把室内室外连成一体。当时的建筑喜欢采用玻璃屋顶和大面积的落地玻璃窗，反映出压抑太久的人们，一旦走到阳光下，对开阔感、自由感和光亮感的热烈追求。

平安国际金融中心大厦

国贸大厦在肇基时，目标是20年内无人能望其项背。但它还没竣工，其高度就被1984年动工的发展中心大厦打破了。发展中心坐落在迎宾路与人民南路交会处，与环球商业中心、国贸大厦相对，主体大楼呈圆柱形，楼高165米，加上一个圆锥顶盖，高达185米，整整高出国贸大厦25米，是当时全国最大的高强度钢框架结构建筑，总建筑面积4.4万平方米，总投资4亿港元。大厦作为中国与世界各国进行技术交流的场所，有豪华酒店、办公区、展览厅和会议中心、商场、餐厅、娱乐厅。

在20世纪80年代初期，国内向普通市民开放的高层建筑并不多，搭乘电梯对很多人来说还是一种新鲜的体验。不少人走进电梯以后，琢磨半天还不知应该按哪个键，但发展中心却一下子在大厦安装了6台观光电梯：外部2台，贯通38层主楼；内部4台，在中庭连接着26层酒店客房楼层。“观光电梯”，这是一个全新的概念。当人们坐在观光电梯里上下穿行时，外面的景观如同电影蒙太奇般不断切换，时而拉近，时而推远，忽明忽暗，忽静忽闹，简直像进入了科幻世界。天台还建有停机坪，地面设有6层停车场。

深圳发展中心大厦（图片来源：视觉中国）

其实当时在深圳街头“称王称霸”的，不是汽车，而是自行车。大部分人上下班还是蹬着永久牌、凤凰牌自行车在风里雨里奔波，这时建如此规模的停车场，不能不说具有超常的远见。

每当一个新的“深圳速度”诞生时，人们总以为“到顶了吧？不可能更快了吧？”，但事实上，没过多久，一个新纪录又诞生了。当国贸大厦以三天一层的速度往上盖时，很多人都以为自己见证了建筑史上的极限速度，但1993年动工兴建的信兴广场（地王大厦），不仅再次刷新了深圳摩天大楼的高度，而且再次刷新了“深圳速度”。

信兴广场位于罗湖区深南东路、解放路与宝安南路交会的三角地带。因为信兴广场的用地在当年深圳的土地交易中拍出了最高价格，被称为“地王”，所以人们都习惯叫它“地王大厦”，“信兴广场”这个正式名字反而被人淡忘。

地王大厦由香港建设（控股）有限公司投资开发，美国建筑设计有限公司张国言设计事务所负责建筑设计，新日本制铁株式会社茂盛工程顾问有限公司负责结构设计。大厦建筑面积为26.6784万平方米，总高度为383.95米（建筑实高324.8米），69层，比国贸大厦高出200多米，在当时是亚洲第一高楼。它也是全国第一座钢结构高层建筑，用了2.45万吨钢材。

大厦的外形设计别出心裁，据说灵感来自“中世纪西方教堂和中国古代文化中通、透、瘦的神髓”，它的宽与高比例是1∶9，创造了超高层建筑最“扁”、最“瘦”的世界纪录。这固然是人们的谈资之一，但还不足以在改革开放史上留下大名。真正使地王大厦名垂青史的，是它有着比“扁”和“瘦”更抢眼的纪

深圳信兴广场（地王大厦）（图片来源：视觉中国）

录，那就是“快”。它仅用了392天就完成了298米的施工高度，最快时两天半一层楼，一举刷新了国贸大厦创下的“深圳速度”纪录。

大厦由商业大楼、商务公寓和购物中心三部分组成。号称亚洲第一个高层主题性观光游览项目“深港之窗”，就坐落在该大厦高耸入云的69层之上。当游客登临绝顶，纵目四望，云从脚下生，云散景如画，近可观深圳街景，远可眺香港市容。山河历历，人海茫茫，万千气象，尽在脚底。

2017年9月，深圳市通过对全市历史建筑进行普查、筛选、评估和专家评审，遴选出深圳市第一批45处历史建筑。国贸大厦、地王大厦均在名单上。新华社在报道这一消息时评价：“代表‘深圳速度’的国贸大厦、地王大厦也代表了深圳市改革开放以来以敢为天下先的精神奋斗创业的历史进程。”

洗脚上田做股东

工业化是自清末自强运动以来国人一直为之魂牵梦萦的梦想。1978年酝酿成立经济特区时，从中央到地方，都把发展工业列为特区最重要的任务之一。

由于地处国防前线，宝安被认为不适合发展工业，国家与省一直没有在宝安投资过工商业。除了“大跃进”时“钢铁元帅”莫名其妙升了几天帐，几十年来，只有一些缝纫社、木器社、铁器社的小手工业作坊以及几家稍具规模的县办小磷肥厂、氮肥厂和糖厂，都呈苟延残喘状态。特区成立前，沙井公社20家小企业，只有15家勉强完成了15%到20%的生产任务；7家船厂，2家完全停产，2家半停产，3家石灰厂关了2家；蚝业大队的8家企业，全部解散。1976年全县的工业总产值达到5053万元，到1978年跌至3729万元，在社会总产值中只占20.2%。

“文革”刚结束，宝安就迫不及待地想搞工业。但原来那点家当不顶用，必须另起炉灶，从外面引进新的技术、新的管理、新的工厂。1977年，第一家港资的假发厂进来了，招了100多名工人，比东莞号称“全国第一家‘三来一补’厂”的太平手袋厂还早几个月。一年后外商在沙头角投资，陆续办起了胶花厂、表链厂、钥匙圈厂、牛皮加工厂、手套厂和丝花厂等。规模虽然都不大，但有经验的老人都知道，“南闪天门开，北闪有雨来”，这天气是要变了。工业化的浪潮将铺天盖地、隆隆而至，彻底改变传统的农业社会。

1978年12月初，秋收已结束，农村进入了农闲时节。往年的农闲时节，公社都会安排修水利的任务，但当年气氛似乎有所不同。一个消息令石岩公社上屋村的人兴奋起来，村民奔走相告，说香港人要来办工厂了。他们密切留意队部的动静，果然发现这些天总有几个香港老板拎着皮包在队部进进出出，似乎在商谈什么大事。村民们压抑着激动的心情，屏息静气等待着、憧憬着。

18日，终于得到了确凿的消息：香港怡高实业公司将在石岩公社上屋村利用大队部二楼200平方米的地方创办怡高电业厂，生产吹风机发热器中的线圈。这是一种几乎没有什么技术含量的普通零配件，但大家毫不在乎，只要能办工厂、能当工人就行。村民们“呼”的一声把队部围了个水泄不通，最后工厂招了120名村民进厂。这家小小的加工厂一年为上屋村带来30万港元的加工费进账，在当时的村民眼里，简直就像一棵摇钱树。

1978年12月，石岩上屋村引进深圳第一家港资企业——怡高实业公司

村民们小心翼翼地呵护着这棵“树”，让它早早开枝散叶。工厂也不负

众望，很快就进行了扩建，盖起了真正的厂房，招了400余名工人，上缴税金2000多万元。许多村民家里的锄头和犁耙都长满了锈，被人遗忘了。村民们开始热衷于谈论轴承、直流电机、电热丝、超额奖、出粮日。

协议书

深圳轻工业进出口公司及宝安县石岩公社上屋大队与香港怡高实业公司签署了设立“三来一补”企业的第一份协议书

1993年，怡高公司干脆把在香港的生产线全部搬到上屋村。2003年，企业更名为深圳全能电子有限公司，在龙岗大工业区建新厂，占地8万平方米，员工增至1800人，年交税4267万元。研发部门也从香港迁入，自主研发产品达200多种，产品销往100多个国家和地区。企业从劳动密集型企业转型为高新企业，跻身于“深圳200强外资企业”之列。这是一家“三来一补”（来料加工、来样加工、来件装配和中小型补偿贸易）厂实现华丽转身的个案。

早期的“三来一补”工厂大部分集中在沙头角镇、深圳镇和罗湖附城、盐田一带，尽量靠近香港，方便港商来往。宝安人的想法是，只要香港人肯把资金和设备带过来就行，哪怕资金不多、设备不新也无妨，关键是要让他们有钱进账，只要“第一只‘蚂蚁’尝到甜头，就会有更多的‘蚂蚁’进来”。更何况，这里

20世纪80年代初期的沙头角

本来就是很多“蚂蚁”的故乡。

据1979年4月初统计，宝安县引进了27家“三来一补”企业，入账169万元工缴费。不仅外面的“蚂蚁”尝到了甜头，宝安人也尝到了甜头，各个公社都跃跃欲试。1979年2月，国务院要求宝安县“在若干年内建设成为具有相当水平的工农结合的出口商品基地，建设成为吸引港澳游客的游览区，建设成为边境城市”。这就是第一代特区拓荒者们耳熟能详的“三个建成”。1979年8月，国务院再次下发文件，要求对来料加工、装配业务简化审批手续，明确创汇地方留成比例。

闸门一开，洪波骤起。宝安的四乡八镇，家家点火，村村冒烟。公路沿线所有社队的旧祠堂、旧会堂、旧饭堂，统统利用起来，改换门庭，办起了一家家来料加工的小工厂。这就是20世纪80年代初在全国大红大紫的“三堂经济”，非宝安一地独有，整个珠江三角洲地区皆然。港资、台资、侨资像“猪笼入水”一样涌进来了。据1980年5月统计，深圳与外商签订了400多项协议，农村社队占78%，平均每个大队一项多，收入工缴费462万美元。“三资企业”（中外合资经营企业、中外合作经营企业、外商独资经营企业）如雨后春笋，争相破土，关内关外，新绿盎然。

从“三堂经济”起步，“三堂”供不应求了，就把一部分瘦田推平，改建为厂房；瘦田供不应求了，就把肥田也推平；丢荒的田地供不应求了，就连稻子正在扬花抽穗的水田也推平。《深圳城市史》描述了这一壮观场面：“稻子正在扬花，河边上溢满了稻花的香味，海风从香港那边吹过来，充满了挑战的意味！远处，传来推土机和载重汽车的隆隆声。推平罗湖山，填平稻田的工程正在紧张地进行。”到1983年年底，深圳市引进了2512家外资企业，其中八成以上是“三来一补”工业，绝大部分落户在宝安县。

大家都穷怕了，不想种田了。种田收入再好，也不及加工费来得多、来得快，也不及拿工资来得稳。世世

1979年，沙头角引进来料加工的丝花厂

代代面朝黄土背朝天的农民，终于有了洗脚上田的机会，谁不争先恐后？现在老人们坐在村口的榕树头乘凉，不再打听谁家“细佬”偷渡成功，又去香港饮牛奶咖啡了，而是议论哪家厂工资高、哪家厂工资低。自家子侄的工资比别人多十元八元，便笑得见牙不见眼。

1981年10月，经中共广东省委、省政府决定，撤区恢复宝安县建制，管辖特区外的全部农村地方。新县委、县政府上任的第一把火，就是在布吉、横岗、龙岗、平湖、西乡和宝安新城创办起星罗棋布的工业小区，然后扩展至松岗、公明、坪山、坪地、坑梓等公路沿线的村镇。宝安县在1983年成立了宝安投资公司，吸纳社队和农民投资入股，兴办工业小区。各社队纷纷平田地，盖厂房，招商引资，兴办“三来一补”企业。

头脑精明的本地人永远是这山望着那山高，才拿了几天的工资，又开始不满足了。当一世工人，不过是“水浸芝麻，发极有限”。挣钱的路数多得很，脚下的土地，就是一座取之不尽的金矿，何必把自己绑死在机器上呢？香港人想来办厂，我们盖厂房出租，不比打工更好赚吗？1平方米按500元出租，盖一间1000平方米的厂房，每年就有50万元进账。算盘珠拨得啪啪响，愈拨愈兴奋，晚上都睡不着觉了。一个队的地皮不够、资金不足，就几个队联合起来搞。

以前不同姓氏的乡民，往往为了田间的一条小水沟争得你死我活，现在大片的水田、菜地、蔗田、荔枝林，转眼推成平地，却喜笑颜开。一两个月就冒出了大片厂房，挂起了“工业区”的招牌。水围村是一个只有116户人家的小村，靠建厂房出租，集体年收入从50万元逐年增至250万元、300万元、550万元。“一栋厂房就是一棵摇钱树”，靠这棵摇钱树，20世纪90年代初，集体的固定资产已累积到3200万元，村里盖起了260幢小别墅。

洗脚上田的农民拥有了令人羡慕的身份，既不是“工人”，也不是“商人”，而是“股东”。以集体土地入股，一本万利，年年分红。深圳新闻网一篇文章说，罗湖蔡屋围人均分红超过7万元，每个家庭年分红收入超过50万元，每户居民仅分红加房租一年就高达百万元以上，被誉为“深圳最成功的城中村”。

在改革开放的头十年，深圳工业交出了这样一份成绩清单：从1987年在沙头角成立中国内地第一个保税工业区开始，仅用了两年时间，便建起了福田、八卦岭、沙头角、华侨城等十几个工业区或保税区，建成工业厂房近600万平方米，

深圳“三来一补”企业早期用过的一些机器设备、鱼钩生产设备、电子测试仪、玩具、外发的加工商品

拥有2470家工业企业，25.54万职工，初步形成电子、纺织、轻工、石化、机械、建材、食品饮料等主要产业，自产产品达到1150种。1989年深圳的工业总产值为116.5亿元，比1979年增长了193.2倍，年递增69.2%。

20世纪80年代，香港有8万家企业进入内地，其中7万在珠江三角洲。有人不屑地说，深圳只不过是碰上香港产业升级，传统制造业转移到珠江三角洲，才凭空捡了块馅饼。包括深圳在内，珠江三角洲早期的“三资企业”大部分是劳动密集型组装加工业，赚点加工费而已。但在回顾历史时，亦不能否认，正是这些最初级的加工业，为地方发展积累了第一桶金。深圳的工业能在短期内崛起，归功于各方面合力的结果，国家政策、地方扶持、土地资源、人力资源、资本投入、生产技术、管理模式、销售市场，缺一不可。

现在，万事俱备，东风徐来。历史巨变的脚步声，由远而近，已到门前。

蛇口风波

进入1988年，已是兔年的尾声。兔年的深圳，红红火火。在刚刚过去的1987年10月1日，总投资4300万元的铁路高架桥和路网工程全部建成通车；10月12日，东深供水二期扩建工程竣工，对港供水能力从原来的1.68亿立方米增至6.2亿立方米；12月1日，市政府在深圳会堂举办了一场按国际惯例进行的土地拍卖会，一块8588平方米的土地，由经济特区房地产公司以525万元拍得，中共中央政治局委员、国家体制改革委员会主任李铁映，深圳市市长李灏和在深圳参加现代城市管理研讨会的17个城市的市长都到现场观看了这次拍卖活动；12月11日，妈湾港正式动工兴建；12月14日，大鹏湾盐田深水港开始动工兴建。

这一连串紧凑的日程，无须以任何形容词修饰，足以让人们感受到形势的紧迫，就像一幕大戏进入高潮时的急促鼓声，密密而来，扣人心弦。

经济建设高潮迭起，思想领域也是风云激荡，几无一日平静。1988年1月13日，受招商局蛇口培训中心委托，蛇口团委主持召开了一场“青年教育专家与蛇口青年座谈会”，邀请了三位著名的青年教育家到蛇口与青年座谈。他们之前在全国进行巡回演讲，为新时期的青年“传道、授业、解惑”。所到之处，受到热烈欢迎，被舆论誉为“真善美的传道士、教育艺术家、铸魂之师、青年的良师益友”。

1988年元旦刚过，三位教育家风尘仆仆，踏上了南下的列车。据说各地还有数不清的邀请，他们来不及安排，却怀着兴奋的心情奔赴深圳这个中国最大的对外开放窗口城市，与特区青年见面。这是他们1988年开门红的第一炮。

此行目的地是蛇口，三位教育家以为和内地一样，由他们主讲一场报告会。当天，他们在蛇口参观，晚饭后，应邀与青年们“坐坐”。他们走进会场时，才看到墙上悬挂着“座谈会”的横幅。在座有七十多名蛇口青年。三位教育家虽然有点意外，但也很淡定，与青年们面对面交流对他们来说，驾轻就熟。

教育家们畅谈了他们参观深圳和蛇口的感想。他们说，感受最大、感触最深的是巨大的变化。深圳由几年前只有两万人的边陲小镇，现崛起为有几十万人口

蛇口新貌

的现代化城市，这证明了党的特区政策的正确，反映了特区劳动者的功绩。“特区青年不是断了线的风筝，而是腾飞的银鹰。”他们为特区的建设者，特别是为特区的年轻人感到骄傲。但他们也指出了某些不好的现象：“来深圳的人有建设者、创业者，也有淘金者，有个别人来深圳的目的，就是为了捞一把，这是极少数的淘金者。”一位教育家痛心地说：“街上跑的小车几乎都是外国的，我看了心里很难受。”

这时，青年中有人挺身而起，举手要求发言：“希望三位老师能和我们一起讨论一些实质性的问题，不要空洞地说教。您说来深圳的人有建设者、创业者，也有淘金者。请你们解释清楚什么叫淘金者？”教育家回答：“我认为内地有少数青年到深圳、到蛇口来，目的不是为了创业和建设特区，而是图这里的生活好，工资收入多，如果钱少了，生活又艰苦，他们就不肯来了。我把这类人当作淘金者。”

“淘金者有什么不好？”一位青年说，“美国西部就是靠淘金者、投机者的开发发展起来的。我们蛇口青年以淘金者自居。深圳就是淘金者的血汗浇筑的。淘金者赚钱没有触犯法律，虽然他们来蛇口的直接动机是赚钱，但客观上也为蛇口建设出了力。就像个体户开餐馆，目的是谋生、赚钱，但给国家纳税，方便群众。这样的淘金者，有什么不好？”

教育家们不同意这种说法：“美国是美国，不能和我们特区相比。美国姓资，搞的是资本主义，我们是建设社会主义的特区，两者没有共同之处。我们不能用资本主义开发西部的办法建设特区。”

气氛开始显得紧张了。双方所表达的观念南辕北辙，水火不容。教育家们觉得自己被“突然袭击”了。关于淘金者问题，当年美国那场西进运动采用的互相残杀、掠夺、坑蒙拐骗的手法，以及对当地印第安人的残酷掠夺，都是触目惊心的。我们今天建设的是有中国特色的社会主义，尽管发展社会主义商品经济与资本主义的商品经济有相同之处，但我们绝不允许采取资本主义制度下那些尔虞我诈、坑蒙拐骗之类的办法。

一位蛇口干部事后说，我们对关于“淘金者”的议论有隔世之感。如今在经济特区，想赚钱、能赚钱被认为是有才能的表现，这是历史的进步，表明自然经济、产品经济被商品经济替代之后价值观念的变化。所谓马路上那么多外国汽车让人感到难受，“这说明我们落后”。但青年们觉得这个答案太肤浅，认为落后

今日罗湖

是体制弊端造成的。《蛇口通讯报》一位记者说，在目前开放的主题下，没有一点外国的东西也是落后的表现。

在另一个问题上，双方的见解也大相径庭。教育家们赞扬许多个体户把收入的很大一部分献给了国家，办了公益事业。蛇口青年则说，这是对“左”的思想心有余悸的表现。个体户在赚钱的同时，已经对国家做出了贡献。个体户只有理直气壮地将劳动所得揣入腰包，才能使更多的人相信党的政策的连续性和稳定性，而不是鼓吹那种无端占有他人劳动的“左”的残余。

在蛇口青年眼中，这样的争论太正常不过了。但教育家们走遍全国，从没有遇到过这种场面，他们认为是“有背景的”，是“极少数别有用心专门制造谣言挑拨是非的人”在故意捣乱，醉翁之意不在酒。他们把“蛇口那几个人”的做法，概括为五不对：“立场不对，观点不对，事实内容不对，路子不对，手段不对。”并强烈地表达了内心的不平：“我们站在第一线，呕心沥血，但却得不到应有的评价。”

这场被称作“蛇口风波”的辩论，是20世纪80年代思想界最具代表性的事件之一。《蛇口通讯报》称之为“陈腐说教与现代意识的一次激烈交锋”。海内外许多媒体都作了报道或转载。舆论几乎一边倒地站在蛇口青年一边，认为“青年已不再迷信权威”“这次座谈会标志着过去那种‘我讲你听，我打你通’的传道、授业、解惑的方式已告结束”。面对沸沸扬扬的争论，作为蛇口招商局董事长的袁庚，也出来讲话了。

在接受记者采访时，袁庚直截了当地说：“有两点可以明确表态：一、既然不是到这里传经送道，就不能只允许一家之言；既然是座谈，就大家都可以谈……我们还是要提倡，坚持不论对内对外，不论是谁，不论什么流派、什么观点，只要不反党，不搞人身攻击，都可以让他们在这里发表，在这里交流，在这里探讨。”他接着说：“二、我非常赞赏这句话：‘我可以不同意你的观点，但我誓死捍卫你发表不同意见的权利。’希望记者同志一定要把这个观点报道出去，这是保卫宪法赋予的言论自由的神圣权利。所以，对那位被追问姓名并上了什么材料的青年人，我们一定要加以保护。即使他的发言有什么不妥，也不允许在蛇口发生以言治罪的事情。”

一位珠江电影制片厂导演以旁观者身份参加了会议，他后来说：“当时给我的感觉是虽然观念上是两条路子，但仍属正常的讨论。最近我又听了一遍录音，仍不能得出是蛇口青年有意发难之类的结论。我以为，姑且不论辩论的是非曲直，有一点是肯定的：这几位专家‘富有诗意’的报告、演讲没有达到预期的效果。这场风波的实质，是传统的思想政治工作从形式到内容都受到严峻的挑战。”

由于“文革”以后在所有信仰、知识、规范、制度之间，都出现重新整合的需要，像“蛇口风波”这一类争论，往往一触即发，瞬间就把思想界搅得天旋地转、河汉倒流。这是中国社会价值体系在新旧急剧交替时期出现的特殊表现。20世纪80年代是一个新启蒙时代，是一个价值重建的年代，上承两千年余绪，下启

两千年序幕。思想解放，国门大开，“白猫黑猫”“摸着石头过河”“让一部分人先富起来”“万元户光荣”“个体户是光彩的事业”“下海”“跳槽”“按市场规律办事”“横向联系”“外向型经济”……千百种新思想、新观念从四面八方涌来。

社会的转型，进入水势湍急的九曲十八滩河段，风舵摇摆转向，各种利益矛盾错综复杂，争论在所难免。而影响最为深远的两场大辩论，一次是1982年至1984年间围绕商品经济的争论；另一次是1989年至1992年间关于市场经济姓“社”姓“资”的争论。这两场大辩论，都与整个广东的改革开放有密切关系。深圳是焦点中的焦点，其经验与教训往往成为正反双方最频繁引用的论据。

有些人到深圳参观后，痛哭流涕地说：深圳除了五星红旗，遍地都是资本主义了。京广线的列车上甚至公开贴出“抵制来自广东的精神污染”的标语。广东变得“臭不可闻”，被全国视为“疫区”，严加防范。从广东运去的物资被当作走私物品任意扣压、冻结。广东的供销人员在外省遭受冷眼，有些地方的火车站设两个出口，一个给其他省份的人出入，一个是广东人专用的。广东人一下火车，就被勒令走特殊通道接受检查。供销人员常常被当成走私贩私分子，轻则拒之门外或没收证件，重则公安上门，查扣送办。有些地区规定不准和广东做生意。内地有两个代表团到广东参观，临行前办公厅专门交代他们，到广东以后，不准单独上街，外出活动至少要两个人一起，一如中国代表团到国外访问一样。各种责难之声，有悬河注火之势。任仲夷形容，广东的改革开放是“香三年，臭三年，香香臭臭又三年”。

20世纪90年代的深圳市中心区全貌

第六章　孔雀东南飞

城中村的租客们

深圳的工厂愈来愈多，但愿意做工人的本地人却愈来愈少。以前村民是拎着鸡鸭找干部，削尖脑袋都想挤进工厂，现在干部“深入群众，反复动员”，都没人稀罕进工厂了。工厂在本地招不到足够的人手，只好到内地招工。

外来务工者雕塑

深圳在内地人眼里，似乎笼罩着某种神秘色彩，有很强的吸引力。竖起招兵旗，自有吃粮人。各个长途客运站、火车站，每天人山人海，一群群拖着红白蛇皮袋的打工者踉踉跄跄地从车站出来，跟着领队向东走、向西走，一双双好奇的眼睛东张西望。这边喊着“搞么子鬼”，那边骂着“你龟儿像个细娃儿样”，远处嚷着“到哪往子歇”，近处叫着“我滴乖来”……南腔北调此起彼伏，嗡嗡嘤嘤。村民们早就建好一栋栋住宅，笑逐颜开地迎接一批批从内地来的打工者。街头巷尾到处贴满了出租房子、通渠、补漏的小广告；打工者要在陌生地方落脚，衣食住行都得解决，村民又建起一排排商铺出租，大排档、小百货、发廊、快餐店、烟酒店、收废品店、电器维修店、二手自行车店、麻将室、游戏机室、音像店、卡拉OK厅，门连户接，成行成市。

到2005年年底，仅宝安区的出租厂房就有2.52万幢，5962万平方米；住宅出租屋128万间（套），4591万平方米；商铺13万间，657万平方米；其他用途的出租屋11万间，635万平方米，合计共出租155万间，总面积1.18亿平方米。深圳农民经历了两波建房高潮，第一波是20世纪80年代后期，各社队大办乡镇企业、“三来一补”，南下打工大军浩浩荡荡，席卷全国；第二波是2000年前后，因为深圳市人民代表大会常务委员会在1999年做出《关于坚决查处违法建筑的决定》，开始大规模拆除违法建筑。原来住在违法建筑里的居民不得不另找地方栖身，这就刺激了城中村大量宅基地房子的出现。尽管宅基地房子的产权无法解决，进入不了买卖市场，但只要能租出去，村民就抢着盖。

深圳外来女工

直到21世纪以后，深圳还有241个以行政村为单位的城中村，其中关内有91个，关外有150个；以自然村落为单位的城中村和旧村2000多个，总土地面积43.9平方千米。著名的城中村白石洲就是其中之一。按2015年的数据，在0.6平方千米的土地上建起了2527栋出租房，大约有14万人蜗居在此，其中外来流动人口为12万人。白石洲被科技园、华侨城、世界之窗、欢乐谷紧紧包围着，简直像一个高度密集的蜂巢或蚁穴。

城中村出租行业也是一种产业，是农民被迫进入现代化城市，在丧失了原有的生产方式之后，不得不另起炉灶的一种谋生方式。一方面出租，另一方面等着政府拆迁补偿，所以村民尽可能多地兴建高密度的“握手楼”“接吻楼”。它为初到深圳的草根阶层提供住所，但也成了龙蛇混杂的地方。

有一个词曾经在珠三角很流行，就是“筑巢引凤”。你把厂房盖好，把路修好，把赚钱的环境搞好，自然有人来投资。你有多少厂房，就有多少工人；有多

深圳外来务工者宿舍

少出租屋，就有多少租客。铁打的营盘流水的兵。但“凤”只是用来形容投资者的，不是打工者。打工者只是一群“麻雀”。128万间出租屋意味着什么？意味着如果有一半租出去了，就有64万租客。事实上，出租屋大多是几个人合租一间的，那将是怎样庞大的群体？而这仅仅是一个宝安区，还有龙岗区，还有二线关内的特区。

在枯燥的数字背后，是几十万、上百万来自天南地北、有血有肉的个体生命。许多大学生在自己的家乡是唯一考上大学的天之骄子，毕业后带着父老乡亲的厚望，带着大丈夫志在四方的雄心，想在深圳创一番事业，但到了罗湖的人才大市场一看，人山人海，全是找工作的大学毕业生，个个手里都攥着一摞简历，神情急切，在招工信息栏前挤来挤去。这时他们才明白，从前种种，已如昨日死。“大多数来深圳的人，几乎都有一段城中村经历。”深圳金威啤酒集团的一位品牌经理感叹。他刚来深圳时，也曾在城中村里寄居。这些狭窄、肮脏、昏暗，甚至白天都要开灯的出租屋，曾寄托着多少人的创业理想和发财梦想。

很多背井离乡的年轻租客们都对在出租屋度过的第一个夜晚终生难忘。他们躺在占了出租屋几乎三分之二面积的单人床上，呆呆地看着天花板发黄的水渍，街上不时传来“你个死打靶鬼”的骂人声，还有从窗前经过的自行车铃声、路人的交谈声、狗吠声，和家乡如此相似，却已相隔千里。每个人的心境都差不多，一半是不安，一半是期待。谁也不知道，明天会是怎样的一天。

第二天，当太阳升起来以后，他们就像开了闸门的渠水一样，流出了城中村，流向四面八方的工厂、餐馆、酒店。在深圳打工，建筑地盘是男人的天下；工厂里则女孩子占了绝大多数，流水线上的男女工比例甚至达到严重失调的1∶8。有些工厂也提供宿舍，但往往是十几平方米住十几个人，共用一个厕所，闷热又潮湿；在酒店打工，也许酒店会包一两餐，但食无定时，别人吃饭的时间，正是他们最忙的时候。

蛇口当年的露天小剧场。场内共有600多个座位，周边却有1万多个外来务工者

城中村里没有电视，没有微波炉，没有电脑，没有互联网，大哥大（手机）是老板才有的奢侈品。外来务工者最常用的电器，就是一支“热得快”，冬天洗澡靠它，平时煮鸡蛋也靠它，一煮七八个，搁在床头，饿了就剥一个。干了一天活，回到出租屋连烧水也没气力的人，最好就是买大瓶装的纯净水，性价比高，1.5升一瓶，够喝上两天了。赚了点钱后就买个山寨厂的小电饭煲，煮饭、煮菜、下面条、烧开水全用它；再赚点钱就买个单声道的录音机，晚上听听邓丽君、徐

外来务工者用过的日用品

小凤的翻录歌曲磁带，忘却一天的疲乏。没找到工作的时候只能泡方便面，吃多了一闻那味就想呕吐。遇上老乡来串门了，也会到快餐店买个“套餐”招待一下，两素一荤，外加一碗味精汤，以前是三五块钱，后来也要十几块了。

城中村里的夜生活很单调，村里小卖部有一台黑白电视机，门前常聚着一群人追看香港电视连续剧。最初连一句对白也听不懂，但“昏睡百年，国人渐已醒”“让当初都过去，纵有痴心，仍难定散聚”的粤语歌，听多了也会哼上几句。不爱看香港电视剧的人，就和几个老乡聚在昏暗的灯下，喝“马尿”（啤酒），打扑克，侃大山。“那时候我们谈什么来着？”一篇署名清秋子的文章《深圳，你让我泪流满面》回忆，“是在谈将来的归宿，打工打到什么时候是个头儿。这话题，是深圳打工者们永远谈不够的话题”。

城中村的深夜，有时像死一般寂静，有时却突然鸡飞狗叫，那是村里联防队突击查房。没有办理“暂住证”的人，会被送去收容所。不少人早就成了收容所的常客。但办“暂住证”麻烦，还要花钱，许多人懒得去办。有人抱怨：“深圳就是我们建起来的，只让我们‘暂住’，是什么道理？”但抱怨归抱怨，生活也就是这么过了。

正规的外资厂条件比较好，管理者可以吃小灶，每月350元伙食费；工人吃大食堂，每月108元；管理者每天上班8小时，工人10小时。有些不那么正规的厂，底薪很低，工时很长，工作条件很差，工人的血汗被最大化地榨取，舆论斥之为“血汗工厂”。1984年从广东梅县到深圳打工的客家女孩安丽娇，第一份工就是在流水线上当插件工。她说，每天加班超过4小时，一天几乎是14至16小时疯狂地干，“手指一刻不停地像鸡啄米一样将电子零件往线路板上插，一天下来，手指全是淤血，动一动就疼得钻心”。月薪是100多元，后来加到三四百元。她租不起房子，只能在工厂宿舍里和表姐睡一张床。

一首在厕所里涂鸦的“打工者诗歌”写道：“一早起床，两脚齐飞，三洋打工，四海为家，五点下班，六步晕眩，七滴眼泪，八把鼻涕，九（久）做下去，十（实）会死亡。”这就是他们的人生吗？每一间出租屋，每一间工厂宿舍，都曾经发生过无数让人激动、兴奋、骄傲或者悲哀、沮丧的故事，这些故事都是那么平凡、琐碎，在历史的巨澜之下，轻若微尘。但对于曾经沧海的个体而言，则有一份维系一生的感情在心中。

多年以后，这些外来务工者渐渐老了，作为深圳特区的第一代建设者，他们喜欢回忆当年的一些生活细节，细嚼曾经有过的喜怒哀乐。他们还会记得当年“一早起床，两脚齐飞”的生活吗？一定不会忘记的。他们会对儿子说：你老爸我刚来打工时，关外还很穷，和咱老家差不多。关内、关外的生活差别很大。关内的房租比关外贵好多，关外四五百块钱就可以租到的房子，关内要上千，连买个盒饭也比关外贵。你老爸就是因为吃不起关内的盒饭，才不得不在关外打工。直到2010年，深圳市扩容特区，撤销二线检查站，这关内、关外才渐渐没了区别，关外的盒饭也一样贵了。

大家都是这样，在老家的时候想到深圳，到了深圳想进关内，进了关内想到外资厂。水往低处流，人往高处走。基于“捍卫劳动尊严”这一理念，1992年，深圳实行最低工资标准，在中国内地率先试行最低工资制度。其间除2008年因金融风暴影响，暂缓调整最低工资标准外，深圳每年都会对最低工资标准做一定幅度的上调。

在宿舍床上写家书的女工

在城中村住过的人，当他们出来时，性格、人生观、价值观，往往都会产生深刻的变化，他们最后的结局也往往判若云泥。有人欢喜有人愁。有人深深爱上了这个地方，给家里写信说：“深圳这儿，人们都在努力工作，同时也在努力充实自己。只要肯努力，就有出头之日，让弟弟妹妹赶紧来吧。”有个在深圳打了十几年工的陕西人拒绝了儿子让他回家的请求，他说：“我喜欢深圳，打工从谋生变成了兴趣。”但也有人一提起这个地方就咬牙切齿，打了一年工，天天啃冷馒头，最后连回家的路费都没挣到，一看见火车站就想哭。

“春运”这个词1980年第一次出现在《人民日报》上。每年的春运，都是在天气最寒冷的时候。腊月十五以后，数以万计的外来务工者，迎着寒风冷雨，挤上北上的列车，奔向魂牵梦绕的家乡。正月初七以后，他们又陆续告别亲人，挤上南下的列车，赶回深圳开工。南北铁路全线火爆，列车无法运载这么多人，只好用货车改成客车（俗称猪笼车），满载着一车一车的人，从四面八方驶往广州、深圳。一节车厢竟挤进了两三百人。“车门口的人上不了车，我们就用手推。”一位火车站职员在追述春运往事时说，“累得推不动了用脚踹！被踹的旅客

1992年正月初八，数万务工人员涌向湖南岳阳火车站，等待乘车前往广东

上车了，回头还感激地望着你说声‘谢谢’。”每个人都死抱住自己的行李，生怕丢失，因为行李里总有几包父母塞给他们的双麻火烧、提糖麻饼、小麻花。当他们回到工厂与大家分享时，一打开全是家乡的味道，让人眼泪止不住“吧嗒吧嗒”往下掉。

1989年的广州铁路春运发送旅客680万人次。到2007年，铁路春运人数已达1993.1万人次，日发送最高峰63.6万人次，创中国铁路史的最高纪录。“春运”被形容为地球历史上规模最大的周期性人类大迁徙。

在这股滔滔的大迁徙人潮中，有不少就是深圳的外来务工者。2009年，中央电视台推出了一部电视纪录片《岁月山河》，开场时打出了这样一段字幕：“深圳，是健忘的，太多曾经出现过的面孔，都带着各自的故事，从城市里消失。”在回乡的路上，多少人耳边仍萦绕那首伤感的歌曲：“摩天楼下哪一张面孔是你，多少的青春已随风而去。城里村里人们擦肩而过已不再熟悉，痛了笑了哭了多少青春留在记忆里……”

深圳，你真的是健忘的吗？

做太阳的机会

那个叫安丽娇的梅县女孩，就是纪录片《岁月山河》中出现过的面孔之一。虽然最后她也难免被人遗忘，但毕竟有过璀璨夺目的时候，她的人生经历，留着那个年代的深刻印记。纪录片在介绍安丽娇时说：“17岁的安丽娇从乡下来到深圳，做一个普通的工人，每天辛苦而机械地工作着。生活环境很艰苦，生活琐碎而平凡。业余生活也就是看看书，很单调。不甘平凡的她，选择了读书，并且坚持了下来。”《深圳，你让我泪流满面》也提到了这个女孩：“安丽娇，深圳二十年历史中，数二十个名人，就能数到她一个。小安子在若干年后，以一本书出名，从此进入《深圳发展史》，进而也有了资格进入《共和国发展史》。”

自1988年初秋开始，安丽娇在深圳大学半工半读，并于1991年拿到大专毕业证书。她有一双机灵的眼睛，善于观察四周，还有写日记的习惯，把身边“打工仔”“打工妹”的故事一一记录下来，以“安子”的笔名，在《深圳特区报》上连载，最后汇编为《青春驿站：深圳打工妹写真》一书出版。“安子旋风”瞬间刮遍全国，安子的励志故事，令万千打工者心潮激荡、热血沸腾，十几万封读者来信，从大江南北飞往深圳，把邮递员忙得晕头转向。在短短几年内，安丽娇出版了《青春驿站》《人性的超越》《深圳的维纳斯之谜》《都市寻梦》《安子的天空》《青春絮语》《超越巅峰》《拥抱改变：魅力女性的修炼之路》等十几部作品。《青春驿站》于1993年获广东省作协第八届新人新作奖。

安丽娇不甘做“打工妹”，她先后五次创业，五次失败，但她没有放弃。她创办了“安子天空网站”“安子成功教练营”“深圳市安子企业管理咨询有限公司”“深圳市安子新家政服务有限公司”“安子家政集团”，从一家小公司起步，终于发展到旗下有三十几家分公司的大集团。

《青春驿站》封面

一个超级偶像诞生了。社会叠加在这个女孩头上的光环，多得简直令人难以想象。

安丽娇加入了广东省作家协会，入选“中国十大时代新闻人物”、“深圳十大杰出青年”、中央电视台“中国改革开放20年20个历史风云人物”、“影响中国城市生活的十个角色”、共青团十三大代表、全国首届20名进城务工杰出青年奖学金获得者、亚洲顶尖华语激励教练，等等。她的家庭被广东省妇联授予“广东十大最美家庭”称号，而且是深圳市唯一入选家庭，甚至连她打工时的生活用品和《青春驿站》手稿，也被深圳博物馆收藏展出。

几乎所有传播媒体都不同程度地参与了这场光彩夺目的“造星运动”，前呼后应，推波助澜，为安丽娇送上一顶比一顶更抢眼的桂冠：“深圳最著名的打工妹，都市寻梦人的知音和代言人”“中国第一打工妹”“中国第一个走进人民大会堂的打工妹”“中国第一打工皇后”“最具潜力的激励天后”“中国第一激励教练”……每个走进安子公司的人，都可以在一面“荣誉墙”上，看到熠熠生辉的25块奖牌和无数奖杯。

外来务工者高空作业

如果故事到此为止，安丽娇以她神话般的经历，可以说完美地演绎了一幕最绚丽的人生好戏，也印证了她的一句话：“每个人都有做太阳的机会。”可惜，这位曾经给超过十万人讲授成功学课程的“激励天后”却没有意识到，当她对社会给予的种种过誉和虚名坦然接纳并享受其所带来的种种好处之时，也是她的人生开始失控之日。

2014年11月，安子集团宣布成立安子慈善基金会，进军电商行业，推出O2O电商平台——安子家庭商城。安子家庭商城除了被赋予购物网站的功能外，还具有P2P信用借贷平台功能。在大规模的宣讲、名人效应和对丰厚回报的预期之下，成千上万人踊跃投资。

然而，到了2015年夏天，剧情却突然峰回路转，煊赫一时的安子集团被多人举报，指其“虚构公司上市，以招纳商户为手段，骗取广大投资者缴纳保证金，在短短六个月左右的时间里骗取全国万名投资者数亿元资金”。报案者络绎不绝，公安机关的门槛都快被踏破了。根据举报，公安以涉嫌非法集资对安子集团进行调查。一时间，舆情震动，公众义愤，恐慌的投资者从全国各地涌向安子集团，要求退回投资，就像当初争相投资时一样，在公司门外排起了长龙。

两名建筑工人在钢筋上午休

在这滚滚红尘中，虽然“每个人都有做太阳的机会”，但不是每个人都能做得成太阳。真正的太阳，是给人们带来光明快乐，而不是让他们陷入黑暗恐慌。安子这颗从深圳快速冒升的新星一度大放异彩，但终究没能成为真正的太阳，黄昏便遽然而至了。

深圳对所有外来务工者来说，是一个造梦的地方。有些人的梦圆了，有些人的梦碎了，有人一步一步走向成功、走向辉煌，也有人在飞速前进的列车上被甩了下去，正如那首歌所唱：“深圳湾的雨啊打湿记忆，我的旅程已经开始再也回不到原地，我的故事正在讲述不知有没有结局……”

1992年，身上只带着10元钱的王文银，从安徽到深圳，开始了他的旅程，开始了他的故事。他是“孔雀东南飞”大潮中的一员，在深圳举目无亲，曾经和“盲流”、乞丐和失业者一起睡过马路边的水泥管。他从一家港资企业的“打工仔”做起，1995年创办携威实业有限公司，经营电源线，后来扩张为正威国际集团。2003年“非典”时期，他大举进军江西、云南、内蒙古等地和澳大利亚、美

西乡码头靠扁担卸砖的工人

国、赞比亚等国家，购买大量铜、钨资源，将原先的产业链延伸到了最上游的采矿、冶炼领域。在他手下打工的外来务工者多达1.5万人。2016年的福布斯中国富豪榜上，王文银以138亿美元的财富排名第6位，被“投资界”形容为“二十年从0到3300亿元，从不借助资本力量、身家900多亿元的‘神秘人’”。

对外来务工者来说，这是一个并不遥远的成功例子，就发生在自己的身边。多少人以王文银曾经在马路边睡水泥管的故事激励自己，想成为明天的王文银。

李彬兰与王文银同时起步，她是安丽娇的老乡，广东梅州人。1995年，她在宝安创办新一佳超市，以“新鲜、干净、丰富、便宜”为口号，新一佳的每一位员工，每一天都要重温他们的誓言：“今天，我们满怀自信和热情，保证让顾客得到百分之一百的满意。我们要热爱商场，热爱商品，热爱同事，发扬奉献、拼搏精神，不怕苦，不怕累，为达到我们的目标而努力奋斗！”无数街坊和打工者都是新一佳的“铁粉”。2003年10月3日，中共中央总书记、国家主席胡锦涛视察了新一佳商场并留言：“要学习国际大型超市的先进经验，要有强大的物流配送系统，要坚持搞好供应，要扩大规模，搞连锁经营，不断提高竞争力，在竞争中做强做大。”

这是新一佳的全盛时期，李彬兰以“深圳速度”扩张她的商业版图。2003年大举进军全国，在20多个中心城市，建立了50多家分店，全国营业额180亿元，排名广东第一。李彬兰多次进入胡润富豪榜，是深圳零售业巨头。2006年，新一佳出资100万元，在深圳外国语学校设立“新一佳奖教奖学基金”；2007年，新一佳出资20万元，在兴宁市叶塘镇中心小学建设校舍；2008年年初，新一佳启动“抗击冰雪爱心之旅”，向受灾群众无偿捐赠100万元的救灾物资；2008年5月，新一佳配合商务部组织420多万元救灾物资运往汶川地震灾区，并组织员工捐款超过100万元。

可惜人无千日好，花无百日红。21世纪第二个十年，中国的营商环境起了巨大变化。一方面是国内经济增速持续放缓，人们的消费意欲低落；另一方面，电商来势汹汹，实体店的生存更加艰难竭蹶。新一佳也渐显颓势。2016年，李彬兰陷入了一宗“民间借贷纠纷”。局外人并不清楚这些经济纠纷的来龙去脉，也搞不清谁是谁非，一切要交由法律去判断，但这样一个在深圳具有标杆意义的商业品牌，骤然灯暗幕落，让人不禁扼腕而叹。

这类结局迥异的人生故事，年年岁岁，在深圳上演着不同的版本。有的“打工仔”用辛辛苦苦挣的血汗钱在乡下盖了房子，之后娶媳妇、生孩子，也算是衣锦还乡、花成蜜就了；有的“打工仔”从流水线熬到了办公室，从“蓝领打工仔”变成了“白领打工仔”，在老乡面前，也有了点成就感，面上有光了；更多的人，做了一辈子“打工仔”，最后还是“打工仔”，来的时候兜里没几块钱，走的时候兜里还是没几块钱。

每天都有不同的面孔，带着不同的故事，在城市中浮现，又从城市里消失。每个人都有做太阳的机会，每个“打工仔”都有成为故事主角的可能，但每个主角的结局都不一样。这就是深圳，一个真实的深圳。

深圳市委大院有一座牛的雕塑，1984年落成，作者是广东的老雕塑家潘鹤。这座雕塑被人视为“深圳精神”的艺术再现，最初命名为“开荒牛”。但荒总有开完的一天。潘鹤问梁湘市长：“我们这一代人将来开完荒，到底还要不要做牛呢？”梁湘回答：“牛肯定是要做的，人民公仆就是人民的牛，人民的孺子牛。”

这座雕塑最后被命名为“孺子牛”。但很多人仍然把它称为“开荒牛”，因为，开荒牛的涵盖面更大。1999年，深圳市委通过决定，将“孺子牛”铜雕整体

孺子牛雕塑

迁到市委大院外大门口的花坛上，办公大院围墙同时后退10米，开辟一片绿地给市民。这表达的意思很清晰：那一代的深圳人，不管他的岗位是在大院里，还是在大院外；不管他的身份是领导干部，还是地盘工人、流水线工人、运输工人；也不管他是世居本地的村民，还是外地来的务工者，只要他们为这片土地流过汗、流过血、流过泪，他们都是深圳的“开荒牛”。

在邓小平画像广场施工的外来务工者

没有这些“打工仔”“打工妹”，就没有今天的深圳。社会究竟应该给他们一个什么名称，给他们一个什么位置，一直争论不休。最不堪的称谓是“盲流”，一些人心中认为，凡是缺少一技之长，靠打零工、拾荒度日的外地人，都属于“盲流”，他们代表了贫穷，几乎与古代的“流民”同义。直到2004年，还有一篇文章在网上流传：《年关将至，大家小心——警惕深圳盲流最新犯案手法》。

但也有人痛恨“盲流”这个叫法，觉得这个叫法太歧视人了。曾经还流行过“外来工”“外来妹”，或“民工”“农民工”等称谓，但似乎每种叫法都不太准确，都能解读出某种歧视的意味。林林总总的名称，五花八门的叫法，承载着非常复杂的感情内涵：尊重，爱惜，轻蔑，同情，厌恶……深圳市政府最后的“官方定义”是：非本地户口的外来务工人员。读起来太长，很拗口，虽然尽可能不带感情色彩，但过于中性的表述，又会让人觉得抹杀了个人特性。《深圳晚报》说：“这个宽泛的定义很容易让人忽略一个基本的事实——像任何群体一样，其中的每个个体都是独一无二的。”

在深圳的历史上，当年为特区建设付出了青春、血汗甚至生命的外来务工者理应有一席之地。1982年，有16位工人在建筑工地上献出了生命，其中6位是外来务工者；重伤10人，全部是外来务工者。1983年，有22位建筑工人死于工地，其中19人为外来务工者；重伤31人，15人来自外地。1984年，24人死亡，其中外来务工者13人；重伤90人，其中69人是外来务工者。1985年，41人死亡，27人是外来务工者。1986年，15人死亡，11人是外来务工者。1987年，15人死亡，11人是外来务工者。他们的姓名、籍贯、年龄，也许早已湮没在历史的尘烟之中，化作了一串枯燥的数字。但即使只是数字，也应该一笔一画地铭刻在“开荒牛”雕塑的基座上，被人们永远缅怀。

从1985年《深圳经济特区暂住人员户口管理暂行规定》出台，在中国内地率先实行暂住证制度，到2007年深圳制定《居住证试行办法》，首次摒弃了“暂住”和“外来”这些含歧视性的提法，虽然经历了20多年，但毕竟是一个时代的进步。《南方日报》称：“这一改革增强了外来建设者的归属感、认同感和获得感，极大地激发了其参与深圳城市建设与管理的积极性。”虽然最后的解决还有待于国家对户籍制度的改革，但深圳已经迈出了第一步。

2011年深圳举办世界大学生运动会，向社会征集广告词，参与投标的文人雅士、作家学者不计其数，最后中标的是深圳“打工妹”郑慧琦。她提交的作品只有九个字：“深圳，与世界没有距离。”在千千万万外来务工者心中，他们与深圳，也应该没有距离。深圳大学学生周积鹏在2012年设计了一张“来了就是深圳人”的海报，上面写道：“因为大家都是离开家的人，所以我们欢迎您！因为您是深圳辉煌三十年的恩人，所以深圳欢迎您！”几句简单的暖心话，赢得社会一片喝彩声。

在劳务工博物馆的前面，立着一组意气风发的年轻工人塑像，名为“南风”。该馆展现了深圳劳务工的风采，纪念着一个时代，纪念着创造这个时代的一群人。劳务工博物馆在2009年被确定为宝安区中小学生校外教育基地，2011年被确定为深圳市首批“红色旅游景区”之一，2012年年初被国家文物局纳入全国第三批免费开放博物馆、纪念馆名单。

深圳有文化吗

“看上千年的文化到西安，看上百年的文化到上海，看几十年的文化到深圳。”这句话在一些自以为很有文化的人当中流行一时。按照他们的理解，只有出帝王将相、进士翰林，才能显示这个地方有文化，平民百姓的凿饮耕食算不上文化。而说起深圳的历史文化，仿佛客家山歌、鱼灯舞只代表着鄙俚浅陋。《佛山文艺》以“打工文学”著称，深圳不少外来务工者的床头都放着一本，大家轮着看，直到翻得破破烂烂为止。本来这反映了年轻人对文化生活的追求，但被某些人嗤之以鼻，认为是没文化的表现。

深圳每年都参与举办“同饮一江水”广东打工者歌唱大赛。该大赛2016年在宝安恒丰工业区启动，2017年在龙岗区启动。大赛由打工者当主角，“打工者唱，打工者听”，以“打工音乐”为特色，要求参赛歌曲以打工题材为主。这种对所有打工者开放、不设任何门槛的艺术活动，正是深圳“打工文化”的鲜活体现。

2005年，深圳以“爱我深圳”为主题的“首届外来青工文化节”

回顾共和国历史，宝安县的文化设施并不比其他地方弱。“文革”前，它和国内大多数县一样，建立了自己的人民文化馆、工人文化宫和图书馆，有自己的文艺杂志（最初叫《南天门文艺》，后改名为《宝安文艺》《深圳文艺》），有自己的文艺宣传队、文工团、粤剧团（万方红粤剧团）和宝安粤剧队（1979年成立深圳粤剧团），每年举办两次全县的文艺汇演。尽管以今天的标准来看，节目的艺术水平也许和后来的“打工文学”一样，不入高人雅士的法眼，但在当时颇受农民欢迎。

1960年，宝安县在经济非常困难的情况下，利用外贸、海关、边检等中央部属机构的结余，兴建了一座设备先进的“深圳戏院”（在今深圳东门步行街西入口）。当时广州的戏院也大多只有电风扇，深圳戏院却安装了高级空调设备和音响设备。在全国的县城中，能拥有这种档次的大戏院，是十分罕见的。

从戏院开张至“文革”前这六年间，有中央和各省市的42个文艺团体在深圳戏院登台演出，包括中央歌剧舞剧院、中央芭蕾舞团、中央京剧团、东方歌舞团、中央乐团、中国青年艺术剧院、总政歌舞团、空政文工团、战士杂技团、北京京剧团、上海越剧院、上海京昆剧团、上海青年交响乐团、广东省话剧团、广东省粤剧团等。

深圳戏院的聚光灯下曾经众星熠熠，出现过李德伦、马连良、马思聪、严良堃、刘淑芳、魏启贤、魏明权、王文娟、红线女、马师曾、才旦卓玛、常香玉、黄婉秋、袁雪芬、袁世海、关肃霜等艺术名家的身影。最热闹的时候，两个月就有三个艺术团体来演出。几年间（至“文革”开始前），就有16.27万香港观众过境，前来深圳戏院捧场。

深圳创办特区之始，市政府曾有一句豪言：“勒紧腰带也要把八大文化设施建起来。”把兴建各种文化设施列为首要建设项目。所谓八大文化设施，指的是图书馆、博物馆、电视台、体育馆、大剧院、科学馆、深圳特区报和新闻文化中心。如果加上深圳大学，其实是九大文化设施。它们当中不少建筑的起点都很高，设计领先潮流，即使在经历了几十年审美标准的嬗变之后，今天仍不觉得陈旧。

这确实是一个神奇的地方，很多事情过去以后，回头再看，方觉得不可思议。比如宝安县，在1978年全县基建施工面积才12.3万平方米，全年完成基建投资只有1.18万元，却在1983年至1984年间，集中上马总投资额近8亿元的九

“大家乐文化广场”首开“广场文化”先河

20世纪60年代的深圳戏院

周末广场音乐会

大文化设施，这不是有点匪夷所思吗？1983年4月，深圳市成立了“建设重点文化设施领导小组”，以时不我待的“深圳速度”，全面推进各大文化设施的建设。

深圳图书馆

1983年夏天，深圳图书馆率先动工，馆址选在荔枝公园西北角，与笔架山遥遥相对，设计者似乎有意让一缕文墨之气在山与楼之间流动。图书馆占地2.24万平方米，建筑面积1.36万平方米。1682平方米的书库，可以收藏63万册图书。图书馆坐南朝北，在它的南面、东南面和西南面，环绕着波光粼粼的荔枝公园人工湖，大门前的两个长形花圃万紫千红，鲜花怒放。当读者沿着用意大利花岗石铺设的阶梯拾级而上时，门廊上方寓意“欢迎”的巨幅玻璃幕墙映入眼帘，让人俨然有登入神圣知识殿堂的感觉。2006年，深圳图书馆新馆在莲花山脚落成，馆藏容量达400万册，每天可接待1万名读者。旧馆改为深圳少年儿童图书馆。

深圳图书馆的读者不少是外来务工者。这里成了他们精神家园的一部分。深

圳有一个“图书馆之城”的建设规划，目标是在全市厂区、外来务工者密集的生活区兴建劳务工图书馆和共享工程服务点。深圳图书馆先后开办了创维、桃源居和新百丽大浪工业园三家分馆，为分布在深圳各个角落的务工者服务。深圳新闻网2011年报道：“目前深圳市有不同形式的劳务工图书馆近百家，其中纳入各市区图书馆一体化管理的有49家。”

深圳科学馆位于上步路与深南中路交会处，最初名为“科学会堂”，占地9200平方米，建筑面积1.2万平方米。科学馆由华南工学院建筑设计研究室设计，主楼是一座10层高的八角楼，逐层向上悬挑伸展，远望犹如一只悬浮在空中的宇宙飞行物，极具现代感。内部分为三个功能区，分别为以会议展览为中心的科技活动区、以会堂为中心的学术活动区以及以教室为中心的教育培训区。1983年12月开始打桩施工，1987年7月竣工。

1984年2月1日，大年初一。许多打工者都回乡过年了，平时繁华热闹的深圳似乎一下子安静下来了。但这种安静很短暂，过年的鞭炮声还没远去，深圳体育馆、深圳大剧院和深圳博物馆这三座标志性文化建筑便同时破土动工了。

深圳体育馆坐落在笔架山下，位于笋岗路与上步路交会处，占地4万平方米，建筑面积2.12万平方米。体育馆外形方方正正，外墙为柔和的乳白色，与四周欣欣向荣的绿树相映衬，让人感觉十分舒服。比赛大厅有6500个观众座位，四角设10个出口，三分钟就可以疏散全部观众。比赛场地铺枫木地板，适合各种球

深圳体育馆

深圳大剧院

类、举重、击剑、体操、武术等项目的训练和比赛，中间还有一个可以升降的小型舞台，可供开演唱会用。体育馆里安装了完善的中央空调系统，自动调节温度、湿度、风速、风量，比赛大厅夏天温度保持在25℃，湿度为56%。整座建筑的设计浑厚雄奇，获得1986年全国优秀设计二等奖。1987年，全国十大样板工程评选揭晓，深圳体育馆、深圳国贸中心大厦皆榜上有名。

深圳大剧院位于深南中路与红岭路交会处，占地4.4万平方米，建筑面积3.23万平方米。剧院大剧场设有1600个观众座位，另有600个座位的音乐厅、文化画廊、展览厅、音乐茶座、商场等设施。以演出歌剧、舞剧、戏剧、杂技、大型演唱会为主，也可以放电影。舞台是从英国进口的可推拉升降的多功能舞台，观众厅是六角形半岛式的，观众席环绕着舞台。演出灯光系统由广东工学院设计，音响系统由中国建筑科学研究院物理研究所设计。

深圳博物馆紧挨着荔枝公园，占地3.6万平方米，建筑面积1.2万平方米。博物馆由展览大楼、工作楼、文物库和视听厅四座独立的建筑组成，中心是4层展览大楼，高24米，前面是一个6800平方米的大广场。展览大楼主体贴米黄色仿泰山砖，裙墙是两道以斧削加工的黄岗岩条石，大门两边镶嵌着大型石刻浮雕《古代耕战图》，门前喷泉水池耸立十二生肖石雕，充满了历史沧桑感和中华文化底蕴。1988年11月1日，深圳博物馆举行开馆典礼，以“古代深圳”“今日深圳”“沈阳故宫博物院清代兵备展”“广东省博物馆陶瓷精品展”“馆藏字画展”五大展区迎接第一批参观者。

新闻文化中心大厦坐落在深南中路与红岭路交会处，与深圳博物馆相邻，由深圳特区报社、中国新闻发展公司、香港深联企业有限公司联合兴建。1978年，广东省只有11种公开发行的报纸，对于一个有几千万人口的大省来说，少得可怜。随着新时代汹涌而来，传媒的发展也一日千里。书报摊上的新面孔愈来愈多，《深圳特区报》《深圳青年报》《特区工人报》《蛇口通讯》《深圳商报》《深圳晚报》《特区文学》等报刊，琳琅满目，让人目不暇接。20世纪80年代是中国报刊业的黄金时代，深圳的报刊一直是全国报刊改革的先驱，无论在监督社会环境、协调社会关系方面还是传承文化、提供娱乐方面，都做了许多意义非凡的探索。

新闻文化中心在1984年10月破土动工，大厦造型非常独特，三座三角形的高楼前低后高，突显出鲜明的层次感。从楼上俯瞰荔枝湖，水光潋滟，波平如镜，景色晴雨皆宜。中心占地6577平方米，总建筑面积为6.06万平方米，主楼高35层122.9米；另外两座分别为高7层34米、高3层13.5米。新闻文化中心设有新闻发布中心、经济信息中心、广播电视中心，并辟有宽敞的展览大厅展览中外文化、美术和科技成果。主楼安装了程控电话交换机，与市话、通信网络连接，并租用了国内及香港专用线路。

在众多报纸中，影响最大的当属《深圳特区报》。这份报纸是时任深圳市市委书记吴南生一手策划，在1980年11月5日市委常委会议上做出决定，指定由宣传部负责筹办的。报纸创刊于1982年5月24日。创业很艰苦，条件很简陋，第一代的编辑记者喜欢对晚辈说，他们是在一间铁皮屋里把创刊号编出来的。这份报纸的内容以政治、经济、文化报道为主，始终追随着特区发展的足迹，记录着深圳成长的全过程，可以说是深圳特区历史的“百科全书”。在2012年6月由世界品牌实验室发布的2012年第九届“中国500最具价值品牌”排行榜上，《深圳特区报》以99.36亿元的品牌价值排名第151位。坐落在福田区深南大

深圳特区报业大厦

深圳广电中心大厦

2004年5月28日，深圳卫星电视举行试播启动仪式

道的深圳特区报业大厦于1997年落成使用，总高50层，被称为“新闻巨舰”。

电视台是八大文化设施中与市民生活关系最密切的一项。20世纪80年代初，有电视机的家庭虽然不算多，但有电视机的用户大部分都是看香港电视。深圳市委宣传部第一任部长李伟彦向《深圳特区报》记者回忆：“记得建市初，市委书记吴南生、梁湘找我（给他们）汇报工作，最多的是关于电视。”市领导说：“我们倾家荡产也要把自己的电视台办起来。”建一个功能完整的电视台，大约需要投入1000万元，向广电部和省广电厅写了报告，提出三三制：广电部、广东省和深圳各出三分之一。但答复是：经费你们自筹。于是深圳市政府千方百计去筹钱。李伟彦说：“后来市里何止拿出1000万元，而当时市里的财政状况还很困难。”

受到经费限制，1978年5月，先在梧桐山上建一个电视转播台。电视转播台光是设备就有20多吨重，可上山只有一条狭窄的盘山公路，汽车行驶稍不留意就会翻进深谷。当地驻军派出车队协助，终于克服困难，把设备运到山上。1980年3月1日，转播台建成，启用十频道300瓦发射机转播广东电视台二频道（现为岭南台）节目。1981年10月1日，改用10千瓦发射机转播。

1982年8月19日，广播电视部批准建立深圳电视台。1984年元旦，当深圳市民打开电视机，深圳电视台的画面便出现在他们眼前了。1994年1月，深圳有线广播电视台成立，开播5个自办频道，转播30多个有线电视节目频道。2002年3月19日，深圳无线、有线两个电视台合并。2004年6月28日，由原深圳电视台、深圳广播电台等单位整合成立深圳广播电影电视集团。2004年5月28日，深圳卫视试播，

2004年6月28日正式开播。2009年9月28日在全国实现首批高清播出，并在短短10年间，实现全国覆盖人口近9亿人。

深圳有两个远近闻名的艺术村，一个是大芬油画村，另一个是观澜版画村。

大芬油画村

大芬村位于有“深圳第二座莲花山”之称的石芽岭东面，是龙岗区布吉街道下辖的一个村民小组，只有300多人。1989年开始有外地画家、画工到村里开画室，据说最早到来的是一位名叫黄江的香港画商，他在这里设点加工装饰画，销往港澳和海外。渐渐地，大芬村形成了以油画为主的创作、临摹、加工、销售产业，最旺时有1100家油画、国画、书法、工艺、雕刻及画框、颜料等配套产业的经营点。大芬村的画家、画工有8000多人。据说世界油画市场中八成油画来自中国，而大芬村占了这八成中的六成份额。美国《纽约时报》、英国《金融时报》、英国天空新闻频道、韩国广播公司、香港凤凰卫视等媒体都来大芬油画村采访过。2004年11月，大芬油画村被国家文化部列为“文化产业示范单位”。

观澜版画村位于宝安区，原名大水田村，是中国新兴木刻运动先驱者、著名版画家、美术理论家陈烟桥的故乡，也是深圳十大客家古村落之一。走进村里，一扇扇朱漆斑驳的大门，檐步架上的雕花，门罩上的灰塑，屋脊上的吉兽，红红绿绿的彩绘，随风摇曳的翠竹和蕉树，长长的青石板村道，高耸的碉楼……从眼前缓缓移过，无声地讲述着那些逝去的流金年华。2006年以前，这里是外来务工者聚居之地。2006年6月，近千名房东接到迁出通知，要求把202栋客家民居腾空，用来建设版画村；2007年5月，“中国观澜版画原创产业基地”正式挂牌。村内有版画工坊、国际艺术家村、陈烟桥陈列馆等文化设施，是集版画原创、收藏、展示、交流、研究和产业开发为一体的国家级版画原创产业基地。凤凰网的旅游专栏形容：“这里是百年古村与现代艺术的完美融合，优美静谧的田园风光，搭配浓郁的文艺气息，油菜花、向日葵、薰衣草……一年四季姹紫嫣红，版画在村里，村在版画中。”

2004年，深圳举办了“首届深圳国际文化产业博览会”（文博会）。这是一个由文化部、商务部、国家新闻出版广电总局、中国国际贸易促进委员会、广东

2004年，深圳举办了“首届深圳国际文化产业博览会”

省政府和深圳市政府联合主办的大型文化展会。据文博会的官网介绍，这是中国唯一一个国家级、国际化、综合性的文化产业博览交易会，“以博览和交易为核心，全力打造中国文化产品与项目交易平台，促进和拉动中国文化产业发展，积极推动中国文化产品走向世界，被誉为‘中国文化产业第一展’”。至2017年，已举办了13届文博会，历届累计总成交额超过1.5万亿元，出口成交额累计超过1300亿元。

有人总以一个地方出了多少文化大师作为衡量这个地方有没有文化的标准，其实，文化不只存在于象牙塔里，也不是某一部分人的专利。平民百姓生动鲜活的日常生活，就是最大的文化。在版画村里创作版画的艺术家有文化，把房子租给艺术家的村民也有文化。深圳创造了新的生活观念、新的价值观、新的生活方式，无论人们是褒是贬，但实际上许多人都在有意无意间模仿着深圳的生活方式。如果要谈文化，这就是文化，是反映在生活细节中的文化。

深圳是一座有文化的城市。历史上一次次的大迁徙，千山相聚，百川来归，天南地北的移民把各地的文化都带来了，宏纳众流，兼容并包，时时向前奋斗，有所推倒，有所开创，使得深圳的文化呈现出层次丰富、变化万端的特色，不断处于更新状态，无片时半刻的停滞凝固。

大沙河畔的明珠

深圳南山区有一条大沙河，发源于羊台山，干流长13.7千米，上游连接着西丽水库和长岭陂水库，下游汇入深圳湾。在大沙河的两岸，系着两颗熠熠生辉的

深圳大学今昔对比

明珠。西岸是深圳大学，东岸是华侨城。

宝安经过近百年的现代教育，虽然不算很强，但也不是一个没文化的小渔村。1949年以前，宝安县有147所小学和私塾，其中龙岗镇中心小学、坪山中心小学、布吉中心小学、西乡中心小学、大鹏下沙潮歌学校都是口碑很好的小学。县立宝安中学、私立深圳中学、观澜私立振能学校等6所中学也培养了无数人才。宝安县还有一所县立简易师范学校。1949年以后，政府提出学校要公办与民办“两条腿走路”，宝安的小学一度多达436所，遍布各个公社大队。1962年，小学进行“调整”，全部转为公办，精简为192所（在1000多个班里，有57个班是半耕半读的）。中学也从原来的15所完全中学和44所半农半读中学调整为3所完全中学。1964年，根据国家推行“两种教育制度”的精神，陆续办起了24所农业中学，还在深圳水库创办了一所半农半读的“宝安县劳动大学”。这是宝安县出现的第一所大学，但只办了四年，1968年“文革”暴风雨中被迫停办。

创办深圳大学，是深圳人的一个梦。市政府对办大学有一句响亮的名言：“这个决心下定了，卖掉裤子也要把大学建起来！”在当年的深圳领导心里，“穷”似乎是一个很大的心结。从“勒紧裤腰”建文化设施，“倾家荡产”建电视台，到“卖掉裤子”建大学，那一代领导人“人穷志不短”的志气，也在这些豪言壮语中充分展现了出来。

1983年5月11日，到宝安县政府大院办事的人，都会被一块新挂起来的牌子吸引："深圳大学筹委会办公室"。他们不觉得惊奇，而是觉得深圳当然应该有一所大学，不然怎么配得上"特区"两个字？他们毫不怀疑，只要牌子挂起来，用不了多久，大学就会有了，因为这里是深圳，是创造神话的地方。准备用来建大学的地方还是一片荒地，"深圳大学"已经在全国招聘教师了，条件很吸引人：讲师待遇与校长一样，分配一套三房两厅住房，工资每月150元。要知道，那时内地讲师的月薪才75元。

1984年1月18日，邓小平到蛇口视察，途经粤海门村。这是一个处在海滨洼地的村子，一下雨就成泽国，村子东南面约两千米就是深圳湾，以前村民大多以养蚝、种菜、种荔枝为业。梁湘市长遥指着村西面的荔枝林，兴致勃勃地向邓小平介绍说：那里就是深圳大学，今年9月就要开学了。邓小平顺着他指的方向望去，凛冽的寒风中，只有几个扛着勘测仪器的人在大片荒地中忙碌，连大学的影子都没有。

八个月后，一所现代化的大学将要在这里崛起，这不是天方夜谭。深圳大学最初的规划占地1平方千米，首期工程于1984年2月动工。被任命为深圳大学党委书记、常务副校长的罗征启主持深圳大学校园的规划和建设。罗征启是建筑大师梁思成的弟子，他并不认同深圳城市建设要向北京、上海看齐的理念，他认为深圳应该保留自己的岭南特色，"有丘陵，有水，有林，到处诗情画意的鱼米之乡"。在他眼里，深圳只有两个地方保留了山水地形的原貌，那就是蛇口和华侨城，他要把深圳大学做成第三个有岭南特色的地方。

因此，罗征启对校园里的每座房子、每条路都认真规划。路不能是直的，更不能砍树，建筑必须依地形、树林而修，尽量呈现自然原本的形态。罗征启说："深圳大学的房子

深圳职业技术学院

都是在树林里开出一块地方来建，而不是先铲平，等盖起来后再在周围种树。”在他的要求下，校园内保留了两个天然湖泊和700米长的海滨；在靠近荔香公园的西北角，1700棵荔枝树也精心地保留了下来，每当纱蝉叫、荔枝熟的季节，万绿丛中，犹如降下片片彤云，红紫纷纷，美不胜收。

罗征启对负责修路的人说，路要开进树林里，而不是开了路才在路边种树。“大家都习惯了路边种树，三米或五米一棵，而且树都是一样的，如此建出来的校园能有特色吗？”1984年8月，深圳大学第一期工程竣工。人们漫步在景色优美的校园时，才开始领悟罗征启所说那些话的意境。

深圳大学校区划分为教学科研区、学生生活区、体育活动区、教工生活区和生产区五个功能区。9月27日，深圳大学如期举行了隆重的成立暨首届开学典礼，第一年共录取了216名学生。北京大学援建中文、外语类学科，清华大学援建电子、建筑类学科，中国人民大学援建经济、法律类学科，大批知名学者云集深圳大学。这是一所全新的大学，在高校管理体制上，也进行了多种改革探索，率先在国内实行毕业生不包分配和双向选择制度，推行教职员工全员聘任制度和后勤部门社会化管理改革，在全国引起强烈反响。

大学一边上课，一边建设。第二期工程于1985年初开始。每天，灿烂的阳光透过林立的吊臂和棚架洒落在校园的路上，三五成群的年轻学子迎着海风，走向课室。远处工地飞扬的尘土，隆隆的机器声，电弧光处处闪耀，平添了一种生机勃勃、蒸蒸日上的气氛，让人心绪激荡，有所期待，有所追求。这一场景，永久地烙在了那一代富有理想和朝气的特区人的记忆之中。

到1986年，深圳大学共建成校舍16万平方米，包括现代化的教学楼、办公楼、图书馆、实验工厂、学生宿舍、教工住宅和其他生活、体育设施。全部建校工程在1990年完成。经过30多年的建设，

南方科技大学

深港产学研基地

2004年9月，深圳市以高分通过验收，获得首个“广东省教育强市”称号

如今的深圳大学已建成后海、西丽两个校区，总面积2.72平方千米，总建筑面积154.3万平方米，图书馆馆舍5.12万平方米，全校纸本图书资源400.79万册；全文电子图书232.55万册，全文电子期刊12.48万种。拥有国家级本科专业综合改革试点1个，国家级人才培养模式创新实验区1个，国家级实践教学基地1个，国家级实验教学示范中心2个，国家级虚拟仿真实验教学中心1个，还建有国家工程实验室3个、国家工程中心1个、教育部重点实验室2个、省级重点实验室6个。全日制在校生3.58万人，其中全日制本科生2.79万人，硕士研究生7657人，博士研究生250人，在职硕士研究生1242人，成人教育学生1.87万人，留学生800余人。

1984年以前，深圳一所高校都没有，仅用了33年时间，就建起了深圳大学、南方科技大学、香港中文大学（深圳）、深圳职业技术学院、深圳信息职业技术学院、北京大学深圳研究生院、清华大学深圳研究生院、哈尔滨工业大学深圳研究生院、清华—伯克利深圳学院、暨南大学深圳旅游学院等大专院校。深圳吉大昆士兰大学、深圳国际太空学院、华南理工—罗格斯大学深圳创新学院、深圳墨尔本生命健康工程学院等也都陆续签约落户。2017年的深圳，聚集了境内外近30所优质高校在深圳办学，400多所中小学与国外学校建立友好关系，还有7所外籍人士子女学校。

坐落在大沙河东岸的华侨城与深圳大学隔河相望，是深圳著名的大型国有企业之一。1979年，当第一批拓荒者来到时，这里还是宝安县光明华侨畜牧场沙河分场，距离市区14千米，西南距离蛇口赤湾港15千米，北靠高山，南临海湾，遍地荒草，几垄瘦田，人烟稀少。1985年，国务院侨办、特区办批准从深圳沙河华侨农场划出4.8平方千米土地，由香港中旅（集团）兴建一个以工业为主，辅以商业、旅游、科技、文化、医疗、住宅的“综合性现代化城区”，命名为“华侨城”。实际上是“蛇口模式”的延续，即由一个企业独立地开发、建设、经营、管理一个相对独立的区域，并在经济体制和行政管理体制上进行全方位配套改革。

华侨城指挥部主任马志民，出生于广东台山的华侨家庭，曾经担任中共深圳镇镇委书记、中共宝安县委统战部部长。在他的想象里，未来的华侨城并不是一个烟囱林立、机器轰鸣的工业国，尽管蛇口工业区很成功，但他并不想让华侨城成为第二个蛇口。他对旅游这种“无烟工业”更感兴趣。华侨城的第一个大项目，就是1982年动工、1984年开业的深圳湾大酒店。在总投资1亿元里，有不少钱就是花在建酒店的各种现代化游乐场、舞厅、多功能游泳池和水上乐园上。

马志民受到荷兰“马德罗丹小人国”的启发，决定在华侨城里兴建一座“锦绣中华”主题公园，把中国著名的人文和自然风物统统纳入公园内，做成微缩景观，呈现中国的大好河山。当时，人们都把发展工业视为天经地义的头等大事，对“主题公园”闻所未闻。指挥部里几乎一面倒地持反对意见。有人还讽刺说：“古有秦始皇修长城，今天是‘马始皇’修长城。”但马志民不为所动，力排众

深圳华侨城

议，坚持要做主题公园。他把所有原景观所在地文物研究部门的专家请来，集合了全国20多个省、市、自治区2000多名工程技术人员，包括上百名古建筑专家、雕塑家、园林工艺家，参与“锦绣中华”的设计与建设。

华侨城第一期工程在1986年动工，包括东部工业区东方花园别墅、“锦绣中华”和各类住宅、餐厅、教学楼、标准厂房等。在1.35平方千米土地面积中，厂房占了1.77万平方米建筑面积，住宅占了5.26万平方米。但人们好像总记不住这些，一说起华侨城，首先想到的还是“锦绣中华”，耳边响起的，还是那句“一步迈进历史，一天游遍中华”的宣传口号。

1989年9月，“锦绣中华”主题公园正式对外开放，里面有82个景点（第一期

“锦绣中华”主题公园

世界之窗

建成74个），全部按中国版图位置分布，比例大部分按1∶15建造，所以人们称它为中国版的“小人国”。但也有大于这个比例的，其中有一个敦煌洞窟，就是按原大小建造的。开放头一天，排队购票入园的人龙看不到尾，超过3000人。国庆假期，每天游客都超过3万人，他们拖儿带女，扶老携幼，比肩接踵，汹涌如潮，连深南大道都要封掉一半改作停车场。据说，深圳的彩色冲印店冲晒的照片，八成背景都是“锦绣中华”的景观。“锦绣中华”不得不在电视上呼吁“希望深圳本地市民暂时不要参观锦绣中华”，但这反而成了最好的宣传广告。

华侨城从“锦绣中华”尝到了甜头，随后又发展出“中国民俗文化村”“世界之窗”和“欢乐谷”等三座主题公园。其中欢乐谷是一个可复制型的品牌，华侨城计划在200万人口以上城市都设立欢乐谷项目。马志民被誉为“中国主题公园

之父”。

1991年，“锦绣中华”被国家旅游局、中国财贸工会评为“全国旅游行业先进集体”；1994年，“中国民俗文化村”被国务院评为“全国民族团结先进集体”；1997年，“锦绣中华”“中国民俗文化村”双双入选深圳市“鹏城十景”；2000年，两个景区分别通过了“国家AAAA级旅游区”验收；2004年，两个景区再获“2004最具影响力的深圳知名品牌”称号。2016年8月，华侨城集团公司在“2016中国企业500强”中排名第260位。2017年5月，华侨城集团公司入选第九届全国“文化企业30强”。

从2003年开始，华侨城由国务院国资委管理，成为深圳的大型央企之一。第

中国民俗文化村

二年，国资委下发了《关于中央企业房地产业重组有关事项的通报》，决定由中房集团、保利集团、华侨城、招商局和中国建筑工程总公司五家企业牵头，整合中央企业的房地产资源，拉开了央企房地产整合的序幕。

华侨城在1997年上市。经过许多的曲折，2009年，深圳华侨城控股股份有限公司终于在深圳证券交易所实现了整体上市。但是，华侨城上市后的表现却平平无奇。有股市专家分析，这是因为市场“基本上没有把华侨城看作是一个旅游企业，而是看作一个房地产企业，这也是导致华侨城被错杀的原因”。2015年，当中国股市受暴跌风潮袭击，出现千股跌停的惊人一幕时，却有专家乐观预言：“华侨城项目未来具有发展空间，至少翻倍，即使翻倍，市盈率也在30倍附近，具有安全边界。”

股市，真的是一个让人看不懂、猜不透的世界。有时候，它与中国经济的实际情况息息相关，是经济的晴雨表，但有时候又好像脱了节；更多的时候，它被视作中国经济的一个隐喻。30多年来，许多惊心动魄的事情围绕着股市发生。要理解深圳特区的成长史，也许需要花更多的时间去研究中国股市的成长史。

股票风暴

1988年12月27日，《深圳特区报》以整版篇幅刊登了深圳万科企业股份有限公司的“招股通函”。这件事并没有引起太多人的关注。股票在报纸上、电视上频频出现，但它到底是个什么玩意儿，没几个人了解，也没几个人觉得与自己的生活扯得上关系。人们更关心的是1988年物价的不断上涨。

不久之后在深圳爆发的“股票热”，追根溯源，与物价改革实有千丝万缕的关系。1984年，深圳率先对粮食、猪肉、棉布、食油等商品敞开供应，价格放开。到1987年年底，深圳放开价格的商品比重已达到91.5%。物价一旦放开，首先要偿还几十年计划价格的欠账。因此，忍受短期内物价狂飙式的暴涨，几乎是避无可避的一关。

当时深圳人在银行里的存款有39亿元，眼看着货币急速贬值，大家都慌了，纷纷把存款提出来，抢购一切可以抢到手的商品，从电视机、电冰箱、洗衣机，到肥皂、发夹、锅碗瓢勺、布匹、皮鞋、沙发、书柜、草纸，无不抢购一空。有人为了“保值”，一下子买了四五个电饭煲。

为了平息这股惊心动魄的抢购风，政府推出了保值储蓄和保值公债，除固定利率外，还附加一定的保值补贴，

1983年宝安发行的新中国第一张股票

保值补贴率可随通货膨胀率而做相应调整。另一个更加重要的举措，是在上海、深圳两地进行股份制试点，希望通过股票市场建立新的融资渠道，为市民手里的钱找到一个比抢购电饭煲更好的出路。

早在1985年1月，中华人民共和国第一家证券公司——深圳经济特区证券公司就开始试运营了，当时深圳连一只上市股票都没有，工作人员的主要任务是骑着自行车四处推销国债。1987年5月，经中国人民银行批准，深圳发展银行（深发展）以自由认股方式，首次向社会发售人民币普通股79.5万股，每股20元。深发展股票编号为“000001”，成为中国“第一股”，也是中国第一家拥有私人股份的银行（公有制法人股东占61%，私人股东占39%）；深发展还是中国第一家公开挂牌上市的金融机构、中国第一家发行外汇优先股的银行。证券市场要真正启动了。9月，深圳经济特区证券公司正式成立。

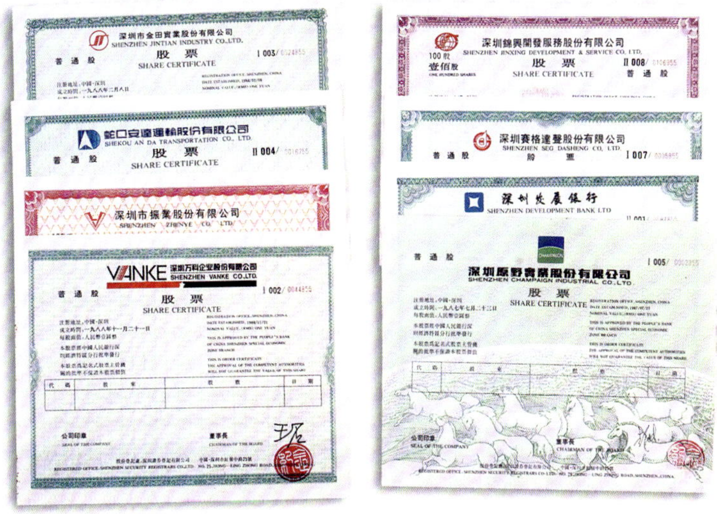

深圳“老八股”

对于创造过太多“第一”的深圳人来说，深发展的种种“第一”，还不足以打动他们。股票和国库券有什么区别？股票是怎样流通、怎样生利的？这些都没弄明白，股票的吸引力远不如保值公债。深发展的发行代理商像推销保健品一样，逐家逐户劝购，磨破了嘴皮。多年以后，特区证券股份登记部负责人在接受记者采访时回忆说，当时“很多股票都是硬塞给市政府工作人员的，对于他们来说买股票是一种任务”。为了起表率作用，市政府秘书长带头买了400股。虽然每个推销员都舌灿莲花，能把树上的鸟哄下来，甚至实行买二送一，买2000股，送1000股，但费尽九牛二虎之力，也只完成了批准额的一半。1988年4月1日，深发展在特区证券公司的柜台上开始了最早的证券交易。

万科作为深圳第二只股票上市时，人们的反应依然冷淡。万科向社会发售2800万股，国家股折为794.8万股，企业股折为529.8万股，发售完毕之后，共计

股市开市钟

4124.6万股，国家是大股东。一场艰难的推销战又开始了。第一位来买万科股票的是万科的老板王石。推销成绩让人沮丧，于是证券公司又到深圳大学去推销。第一位被说服掏钱购买股票的大学教授，像劳动模范一样被报纸报道。经过一个月的推销，1989年1月28日，离春节还有9天，《深圳特区报》公布，“万科首期股票昨日全部售罄”。很多人都松了一口气，这个春节总算可以过得踏实了。

原属深圳纺织工业公司的深圳金田实业股份有限公司，于1989年2月完成了股份制改造，也宣告上市，向社会发售1070万元股票。这是深圳第三只上市的股票。但春节刚刚过完，“一节淡三圩”，市民对新股上市更是反应平淡。同年夏天，中国发生了一连串翻天覆地的大事，股票似乎退出了人们的视野。但11月，深圳市政府做出建立深圳证券交易所（简称“深交所”）的决定，表明经济改革将重上轨道。12月，招商局蛇口工业区汽车运输公司改组为深圳安达运输股份有限公司，上市发售股票，集资500万元。这是深圳的第四家上市企业。

直到1990年4月，清明时节，春雨潇潇。深圳的几只股票虽然有所升温，但仍属轻风微澜。年初金田是20元，4月底是24元，升幅20%；万科从年初的1.1元升至1.3元，升幅18.18%；安达从1.2元升至1.5元，升幅25%。唯一亮眼的是深发展，从年初的2.8元急升至11元，升幅达292.86%，原因是它进行了分割，把每股从20元分割为1元，即原来的1股变成了20股。这给深圳人上了生动的一课：原来股票可以这样玩，就跟魔术差不多！不用在流水线上“像鸡啄米”一样劳作，不用在建筑地盘上日晒雨淋，几个人凑一笔钱，填几张表格，钱就滚滚而来了。

1990年3月，号称“中国首家中外股份制企业”的深圳原野实业股份有限公司正式登场，那句“春种一粒粟，秋收万颗籽”的广告词深入人心，老人小孩都会背了。原野公司宣布向社会销售股票9000万元。这一次，形势完全不同了。红荔路北侧深圳证券公司门前，成千上万的股民通宵排队抢购。其狂热程度一点也不亚于1988年抢购电饭煲和暖水壶，甚至惊动警方，派出大队人马到证券公司维持秩序。

一向风平浪静的股票市场，1990年春季过后，突然出现井喷式异动，其社会原因十分复杂。改革进入了深水区，政治舞台风云激荡，物价改革触动了市场最敏感的神经。改革这条路到底对不对？要不要走下去？怎么走？许多人陷入迷惘。而股票市场的骤然暴热，不仅折射出这种迷惘，也反映出社会心态有了微妙的变化，挣快钱的心理开始悄然弥漫。

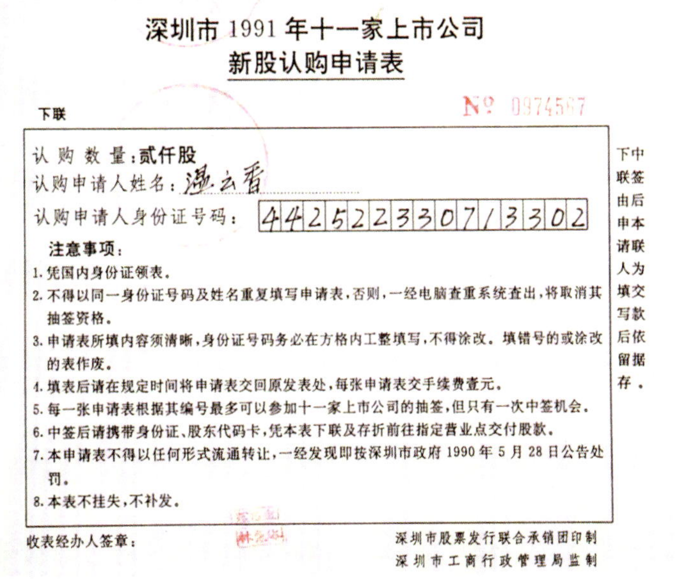

深圳市 1991 年十一家上市公司
新股认购申请表

№ 0974567

下联

认 购 数 量：贰仟股
认购申请人姓名：温云香
认购申请人身份证号码：442522330713302

注意事项：
1. 凭国内身份证领表。
2. 不得以同一身份证号码及姓名重复填写申请表，否则，一经电脑查重系统查出，将取消其抽签资格。
3. 申请表所填内容须清晰，身份证号码务必在方格内工整填写，不得涂改。填错号的或涂改的表作废。
4. 填表后请在规定时间将申请表交回原发表处，每张申请表交手续费壹元。
5. 每一张申请表根据其编号最多可以参加十一家上市公司的抽签，但只有一次中签机会。
6. 中签后请携带身份证、股东代码卡，凭本表下联及存折前往指定营业点交付股款。
7. 本申请表不得以任何形式流通转让，一经发现即按深圳市政府 1990 年 5 月 28 日公告处罚。
8. 本表不挂失，不补发。

下联由申请人填写后留存。
中签后本联为交款依据

收表经办人签章：

深圳市股票发行联合承销团印制
深圳市工商行政管理局监制

1991年新股认购申请表

1990年4月底到6月底，短短两个月，深圳五只股票的价格走势让人热汗淋漓，心跳加速：深发展从11元升至24元，升幅118.2%；金田从24元升至81元，升幅237.5%；万科从1.3元升至7.5元，升幅476.9%；安达从1.5元升至8元，升幅433.3%；原野从13元升至52元，升幅300%。这时，入股市的是疯子，不入股市的是“傻子”。

全国各地的资金就像堰塞湖决了口，倒海倾山，汹涌澎湃，从四面八方杀入深圳，一度达6000万元以上。人们挎着大大小小的书包、旅行袋、蛇皮袋、皮箱，塞着满满的钞票，如痴如狂地挤进证券公司。不管是工人、农民、机关干部、学生、老师，还是医生、护士、商贩、公司经理、家庭妇女，都有了一个共同的身份——“股民”（从来没人觉得他们是“股东”，只是炒股的“股民”而已）。如果问他们：什么是市盈率？什么是技术指标？什么是指数？他们统统一问三不知。“那你知道什么？”“我知道隔壁老张去年买了2000股票，今年变几万了，天天吃香喝辣。”

那时买卖股票只能在证券公司柜台完成操作，宛若千军万马抢过独木桥。“黄牛党”应运而生，每天都有两三千人聚在证券公司外面，进行场外交易。黑市炒家放出来的股票，价格一般比场内挂牌稍低，吸引人们购买。当股票场内价格上涨、供不应求时，场外价格一定比场内跳得更高、更快，赚得更多。人们趋之若鹜。不管场内还是场外，每个人都是面赤心跳，声音嘶哑，额头挂满了黄豆般的汗珠。

场外交易也有风险，遇上假股票则血本无归。很多人选择了场外交易，但场外交易并不能在场外完成，最后还是要挤回场内，请柜台工作人员鉴定股票真假。结果证券公司的柜台前更加人山人海，汗臭熏天。每天场内与场外成交金额的比例，达到1∶3至1∶4，大量资金流入了黑市。

5月17日，深圳市政府颁布了《关于加强证券市场管理、取缔场外非法交易》的通告。通告严格规定：凡是证券买卖、登记过户、派发红利股息，须凭居民身份证或有效法人证明文件，通过经中国人民银行批准的证券交易机构进行；未经证券交易机构买卖的证券，证券交易机构不予办理登记过户和派发红利股息等手续；一切有价证券的买卖，必须在交易机构内挂牌进行；坚决取缔证券场外非法交易活动。凡证券场外非法交易者，一经查实，即由市工商市政管理部门进行处罚，视情节轻重，或警告教育，或按前一天市价，课以50%以下的罚款，或没收有价证券。各证券机构门前都张贴了市政府的通告，要求以前已转让的股票，必须在指定日期内补办过户手续。工商管理人员、公安人员迅速开往各个场外交易黑点，大举扫荡。

政府在5月29日宣布，股票价格当天上下浮动市价，不得超过前一天收市价的10%。6月20日，进一步调整为不得超过5%。不到一个星期，6月26日，再次收紧，规定上浮价不得超过1%，下浮价不能超过5%。11月15日，第四度调整，规定从11月20日起，将股票日涨幅从1%调低至0.5%，对购买股票方也同时征收6‰的印花税。

政策的变化引发了社会的争议。有人认为，股市是个新生事物，大家都没经验，摸索、碰壁、再摸索是难免的，一开始就用铁腕规范好，可以避免以后积重难返。也有人觉得，行政干预市场，不合国际惯例，违背客观经济规律。普通股民不管什么惯例不惯例，他们最大的担心是，股市会不会犯“一放就乱，一乱就收，一收就死”的老毛病？

事实证明，忧虑并非无根游谈。11月下旬，股市开始感到冬天的寒冷了。11月24日，场外黑市股价暴跌了四成，已经接近场内挂牌价了。证券公司内外虽然还是人潮涌动，但所有人都有惶惶不安之感。那些两天没吃饭、三晚没睡觉的股民，更是腿一软、眼一黑，坐在人行道上起不来了。12月26日，深圳股市的成交额只有33万元，与最高峰时的日成交额1000万元相比，简直是天渊之别。

当谣诼纷纭、人心浮动之际，质疑之声又冒出来了：改革是否已经失败了？股票交易到底姓“社”还是姓“资”？ 5月间深圳向北京提出申请深交所时，就有人声称，“证券交易所”这个名称，有一股旧上海冒险家乐园的臭味，天生姓“资”不姓“社”，建议改为“证券市场”——反正我们已有肉菜市场、百货市场，多一个证券市场也无妨。所以深圳一度有个机构叫“中国证券市场研究设计中心”。

上海也在筹备成立证券交易所，并顺利拿到了牌照，初定开张时间是1990年12月19日。深圳起了个大早，赶了个晚集，申请成立证交所比上海早，但获批却比上海晚，似乎印证了坊间流行的一种说法：20世纪80年代的改革是属于珠三角的，90年代的改革是属于长三角的。上海要后来居上。深圳人心急火燎，作为改革先锋，岂能落在他人之后？不管有没有牌照，深交所铁定12月1日开张。

深圳博物馆复原的“证券交易幻影成像”

时间一到，锣声一响，开市了！用《时代周报》的话来说，就是“在没有鲜花与镁光灯的关照下，深交所悄然开业”。成立初期，归属中国人民银行深圳市分行管理；1993年4月1日深圳证券管理委员会成立以后，管理归属由中国人民银行划归深圳证券管理委员会。

深交所生不逢时，甫一成立便遇上股灾。12月下旬，证券市场领导小组召开记者招待会，安抚人心：“国务院领导同志再次明确支持深圳、上海继续搞好证券股票市场和股份制的试验。因此，那种对深圳股份制、证券股票市场的悲观情绪，是没有根据的。”发言人劝告股民，要认清形势，保持信心，勿轻信谣言，同时增强股票投资的风险意识，在心理上对股价涨落保持应有的适应力。

在政府派了定心丸之后，1991年1月2日，元旦假期后股市第一天开市，似乎

深圳证券交易所

出现了一个小阳春，股价大幅反弹，全日成交额为710万元，比上一年最后一个交易日飙升四倍。本来已瘫坐在地上的股民们，突然神清气爽，霍然而起。但小阳春天气转眼即逝。从1月7日开始，股市掉头向下，直如烈马下注千丈坡。一周之内（至1月12日），总成交额只有729万元。其中深发展成交7.78万股，520万元；万科成交8.52万股，131万元；原野成交4.35万股，77万元；安达只成交了500股，8800元。金田股因为换发标准股票，停牌一周。6个交易日，比上一周4个交易日的总成交额萎缩45%。1月12日，甚至有两家股票无买卖，还有一家只成交一手（500股）。

其后两周，股市继续“跌跌不休”，遍地哀鸿。许多炒家昨天还“鱼翅捞饭”，今天却要“卖镬还债”。从1月14日至19日，深圳股市的总成交额急挫至只有6.6233万股，成交金额锐减至299万元，比上周总成交额下跌六成。1月21日至26日，新年过后的第四周，除万科因为换发标准股票停牌一周之外，其余四只股票总成交额为4.7472万股，金额只有219万元，比上周又下跌27%。《深圳特区报》称：“股价平均下跌30%，是国际上‘股灾’的标志。深圳股市按场内价计算已接近股灾，如果按场外价计算则早已形成股灾。”如果平均计算，也已经是股灾了。4月22日这天，深圳证券市场竟零成交。这在世界股票历史上，恐怕也是空前绝后的。

许多人都在问：搞股市错了吗？改革失败了吗？8月19日、21日、23日、25日，深圳市政府连续召开四次救市会议，工商、农业、建设、中国、深发展、招商等各大银行，各大信托公司和深圳大型的国有企业都参加了会议，室外温度炽热，室内气氛结冰。会议要求大家各自出资，先把深发展的股价托住，恢复老百姓的信心再说。大家纷纷表态支持，但散会后却没一家肯拿出真金白银救市。这也难怪，股市像个无底洞，今天把钱投进去了，明天股价大跌，怎么向股民交代？怎么向上级交代？后来市长亲自出面动员，还是没有人敢出头。经过诸多周折，好不容易筹到了两亿元，投入股市救市。一天、两天、三天，跌幅在收窄！好像把市托住了！

尽管非议蜂起，认为政府介入救市是错的，但深圳证券交易所的创建者和第一任副总经理禹国刚坚持认为："深交所当年的救市是在深圳证券市场失灵的条件下，政府通过利用经济杠杆来干预市场的一个成功的典范。"市场的信心稳住了，尽管问题没有得到根治，种种疑难杂症只是潜伏下来，等待再次发作的时机，但这不是后退的理由。人们用"分娩的阵痛"来激励自己：这是一个市场成长的必由过程。

1992年，深圳股市面临着另一场风暴。2月22日，随着上海真空人民币特种股票B股在上海证券交易所首场上市交易，股票市场掀起新一轮的狂热。这时，深交所刚好采用了微机网络自动撮合竞价系统，从此结束买卖股票的手工板作业时代。3月，深交所与全城证券商的电脑实现联网，撮合竞价系统又再发展出电话委托系统等，日撮合成交笔数从手工板时的最高1024笔上升到6万笔。技术的革命性提升，为即将到来的一次能量大爆炸提供了硬件的准备。

4月23日，深股指数高歌猛进，轻取200点；5月6日突破250点；5月19日冲破300点关口。上半年，深市成交40多亿元，创下了历史纪录。人们开始头脑发热

1992年8月6日，深圳电视台公布抽签表发售通知，股民们排了几天的长队

了。有消息说7月即将有新股发行，凭身份证买抽签表，市面再度巨浪汹涌。《资本的崛起：中国股市二十年风云录》一书描述："从7月下旬开始，各地股民便纷纷南下深圳，在'抽签表'发售的前几天，广州至深圳的火车票炒到400元一张，汽车票甚至炒到上千元一张。据估计，外地来深圳的股民至少有70万人，深圳市的大小酒店、旅馆、招待所全部爆满，许多人露宿街头。深圳、东莞许多工厂都停工了，工人被老板拉到各销售点通宵排队。"

8月6日晚，深圳电视台公布抽签表发售通知，发售时间为当月9、10日两天。8月7日，《深圳商报》头版刊登了中国人民银行深圳分行、深圳市公安局、深圳市工商行政管理局、深圳市监察局联合发布的《1991年新股认购抽签表公告》，规定发售新股认购表500万张，一次性抽出50万张有效中签表，中签率约为10%（实际中签率按回收的抽签表的总数计算）。每张中签表可以认购本次发行公司的股票1000股。又规定每一张身份证限购新股抽签表一张。为减少排队人数，每一排队者最多可持有十张身份证买表。全市设303个抽签表销售点，有120万人通宵排队认购。

立秋后两天的8月9日是星期天，所谓"立秋处暑，上蒸下煮"。天气酷热，排队的人群愈来愈焦躁不安，尽管有8000名警察和1000多名武警维持秩序，但各个销售点因排队抢位发生的斗殴却此起彼伏。当晚7时35分，深圳电视台宣布，90%的网点抽签表已售完。原定的销售期为两天，结果一天就售罄了。

这下把人们的怒火点燃了，有人怀疑证券公司走后门把抽签表卖掉了。8月10日，暴怒的股民冲进证券公司大肆破坏，砸烂玻璃橱窗，捣毁办公桌椅泄愤。更有数万人到市政府示威，其中最震耳欲聋的两条口号是："我们要股票""我们要公平"。深南中路被阻塞了，造成交通中断。大批防暴警察奉命出动，用高压水炮驱散聚集的人群。

深圳市市委书记兼市长李灏说："这次事件不仅是一个敏感的经济问题、利益问题，更重要的是它会使民众不满、积怨沸腾，酿成政治风波，成为社会问题。"市政府采取紧急措施，把明年的500万张抽签表提前在第二天发放。消息公布，围堵市政府门前的人群顷刻散去，所有人都以百米冲刺的速度争相跑回各个销售点排队。骚乱终于得以平息。

8月10日这次股市"大爆炸"事件，起因的确是有人从中舞弊，涉事人员涉及金融、监察、工商、公安等系统75人，其中处级以上干部22人，事后均受到了处理。然而，“大爆炸”却成了股市的一个拐点，从此沪、深两市全面下挫，跌入了漫长的熊市。10月又爆出“原野事件”，更令股市雪上加霜。原野公司是深圳第五家上市公司，证券管理部门指其擅自变更股权，由一家香港公司非法获取控股权，公司资金多被境外截留；上市以来，连续两年未向股东分红派息，并串通会计师事务所提供虚假验货报告，宣布原野公司股票暂停交易。

这一年，成千上万的股民遍体鳞伤，从股市上败下阵来，昨天谈“股”鼓舞，今天谈“股”股战。即使很多年以后，说起1992年的股市，老股民们仍有惊心动魄之感。一首《股民老张》的“都市俚谣”以自谑的调子唱道：“赚钱不容易，被套很平常；一年三百六十天经常是满仓；浅套快止损那，深套就死扛，四季转换风水轮流早晚被解放。”唱出了多少股民带泪的苦笑。

深圳股市在风雨交加中继续摸索前行。1993年，全国有100家券商开通了卫星传输接收系统，各地股民都可以获得深圳股市的即时行情。深交所又与美国

中国平安保险（集团）股份有限公司股票在香港发行

CASEMAKER系统公司签约，引进以TANDEM不停顿容错电脑系统作为新撮合系统环境，从而使日撮合成交笔数达到100万笔。深交所本年度交易量突破了1000亿元。

1992年“8·10”事件的创痛犹未平复，政府采取的疗伤措施频密出台。1993年4月7日，国务院办公厅转发国家体改委、国家经贸委、国务院证券委《关于立即制止发行内部职工股不规范做法的意见》；4月11日，国务院发出《关于坚决制止乱集资和加强债券发行管理的通知》；5月11日，深交所公布《A股零股交易清算办法》与《A股认股权证交易清算办法》；6月12日，中国证券监督管理委员会发布《公开发行股票公司信息披露实施细则（试行）》；7月7日，国务院证券委员会发布《证券交易所管理暂行办法》；7月10日，深交所公布《深圳市证券经营机构自营业务管理办法》。以上一系列文件的出台，显示了政府规范证券市场的决心与行动。

一棵在1988年破土而出的幼苗，经过了30年，终于长成参天大树。如今的深圳股市，已是全球融资额最大的资本市场。至2017年7月底，深圳境内外上市企业累计377家，其中境内262家，境外115家；在中小板上市107家，创业板77家。两者相加，数量名列国内各城市前茅。中小企业扛起了深圳上市企业主力军的大旗。深圳股市与中国的经济和亿万普通人的生活息息相关，禹国刚自豪地对记者说：“许多外国人并不知道深圳在哪里，但是他们知道中国有个深圳证券交易所。”

2003年10月10日，深圳证券交易所.

第七章　寻找新路向

风 起 南 方

在经历了20世纪80年代末的“政治风波”之后，90年代初的改革开放大业面临着历史转折的关口。路在何方？何去何从？许多人陷入了迷惘与彷徨。

政治上，一股反对改革开放的思潮兴风作浪。时任广东省省长卢瑞华对此深有感触，2012年他在接受《南方日报》记者采访时追忆，那时“不少人的思想很教条，不尊重经济规律，不懂商品经济，总是拿大帽子压人，上纲上线”。他举了个例子，直到20世纪90年代初，“仍有不少人以农民养了多少只鸭子来判断是资本主义还是社会主义，如果超过三只，那就是搞资本主义”。连“商品”这个词到底是姓“社”还是姓“资”也争论不休。最初只敢说“商品生产”，后来大着胆子提出“商品经济”，马上遭到众口质疑，又变成“以计划为主，市场调节为辅”。每走一步，都是左摇右摆、磕磕绊绊，动辄招来漫天风雨。

经济上，20世纪80年代一度风生水起的“三来一补”“三资企业”，也遇到了瓶颈。截至1991年，深圳和外商签订的投资项目累计3604项，金额达到53亿美元。其中投资500万元人民币以上的企业有255家，1000万元以上的65家，5000万元以上的只有6家。中小规模的占了大多数，深圳的工业产品虽然有1324类4890种，但大部分产品附加值很低，产品生产链甚短，原材料供应与成品销售都在国外，由外商掌握着。当初为了吸引外资，实行了很多优惠政策，但在1569家已经投产的“三资企业”中，却有526家声称亏损，占了三成以上。是不是真的亏损？只有老板自己知晓。“三来一补”“三资企业”真的有持续发展的动能吗？

改革之初，千军万马已经下河了，但哪里是对岸？哪里是渡口？哪里水深？哪里水浅？特区未来的路怎么走？大家心中都无数。社会共识远未形成，更谈不上有一套社会共守的价值标准了，都想先把事情做起来再说，反正“有鸡啼天光（亮），无鸡啼天亦光”。不少人抱有实用主义想法，觉得只要在实践中喝到了“头啖汤”，得到了实惠，就是最大的胜利。

20世纪90年代初的局势，被形容为“玻璃罩苍蝇”。苍蝇被困在玻璃瓶里，眼前一片光明，出路却不知在哪里。有人想往前走，有人想往后退；有人要做淘金者，有人要进行共产主义试验；有人强调让少数人先富起来，有人强调大家共

深圳莲花山邓小平像

同富裕；有人觉得分清白猫黑猫比抓老鼠更重要，有人认为光有“深圳速度”没有“深圳效益”也白搭；有人主张效率优先，有人主张公平第一；有人自己不想过河，也不想让别人过河；有人浑水摸鱼，摸石头摸出好处了，只想待在河里，不想上岸了……表面一潭死水，内里惊涛骇浪，各色人等各执己见，各种声音形成海潮般的喧嚣。

这时，一位在中国改革开放史上举足轻重的人物再次出现了。1992年1月20日，邓小平第二次到深圳视察。那天正好下着大雨，但第二天却放晴了，阳光从湿漉漉的云层中透射出来，气温开始回升，大家的心情也好起来了。邓小平登上了国贸大厦53层顶楼，在旋转餐厅俯瞰深圳市容。一张巨幅的深圳特区总体规划图铺在桌面上，李灏向邓小平汇报了深圳的改革开放和经济建设情况。

邓小平发表了近40分钟的讲话。他说：“不坚持社会主义，不改革开放，

不发展经济，不改善人民生活，只能是死路一条。基本路线要管一百年，动摇不得。只有坚持这条路线，人民才会相信你，拥护你。谁要改变三中全会以来的路线、方针、政策，老百姓不答应，谁就会被打倒。”[①]邓小平又说：“一变就人心不安，人们就会说中央的政策变了。”“城乡改革的基本政策，一定要长期保持稳定。当然，随着实践的发展，该完善的完善，该修补的修补，但总的要坚定不移。即使没有新的主意也可以，就是不要变，不要使人们感到政策变了。有了这一条，中国就大有希望。”[②]

邓小平在这次讲话中还提出了一系列对中国影响深远的政治格言：“计划经济不等于社会主义，资本主义也有计划；市场经济不等于资本主义，社会主义也有市场。计划和市场都是经济手段。社会主义的本质，是解放生产力，发展生产力，消灭剥削，消除两极分化，最终达到共同富裕。”[③]“右可以葬送社会主义，‘左’也可以葬送社会主义。中国要警惕右，但主要是防止‘左’。”[④]

邓小平在深圳视察途中的许多讲话，被归纳整理成文，以“南方谈话”为题，向全国公布。当时被深圳市指派为当地唯一的文字记者、全程随同采访的《深圳特区报》记者陈锡添写了一篇轰动全国的报道《东方风来满眼春——邓小平同志在深圳纪实》。据他回忆，邓小平还有一些话，同样隽永，却没有见报。邓小平说：“不要搞政治运动，不要搞形式主义，领导头脑要清醒，不要影响工作。”这四句话陈锡添记得非常清楚。邓小平还说：“年纪大了，要自觉下来，否则容易犯错误。像我这样年纪老了，记忆力差，讲话又口吃，所以我们这些老人应该下来，全心全意扶持年轻人上去。”（参见2011年台海出版社出版的《走出中南海的邓小平》）这些涉及“政治生态”的话，陈锡添在写报道时，没敢引用。

1月22日下午，邓小平和深圳市委、市政府、市人大、市政协、市纪委五套班子的负责人在迎宾馆见面。邓小平情绪高涨，鼓励大家改革开放的胆子要大一些，敢于试验，不能像小脚女人一样。“看准了的，就大胆地试，大胆地闯。深圳的重要经验就是敢闯。没有一点闯的精神，没有一点‘冒’的精神，没有一股气呀、劲呀，就走不出一条好路，走不出一条新路，就干不出新的事业。不冒

① 邓小平. 邓小平文选（第三卷）［M］. 北京：人民出版社，1993：370~371.
② 邓小平. 邓小平文选（第三卷）［M］. 北京：人民出版社，1993：371.
③ 邓小平. 邓小平文选（第三卷）［M］. 北京：人民出版社，1993：373.
④ 邓小平. 邓小平文选（第三卷）［M］. 北京：人民出版社，1993：375.

上海《解放日报》发表的四篇评论文章，肯定改革开放姓“社”不姓“资”

点风险，办什么事情都有百分之百的把握，万无一失，谁敢说这样的话？一开始就自以为是，认为百分之百正确，没那么回事，我就从来没有那么认为。”①

有人提到深圳的证券交易市场出现股票风波。邓小平说：“证券、股市，这些东西究竟好不好，有没有危险，是不是资本主义独有的东西，社会主义能不能用？允许看，但要坚决地试。看对了，搞一两年对了，放开；错了，纠正，关了就是了。关，也可以快关，也可以慢关，也可以留一点尾巴。怕什么，坚持这种态度就不要紧，就不会犯大错误。”②

对这些问题是否可以争论呢？邓小平说：“现在建设中国式的社会主义，经验一天比一天丰富。”③“不争论，大胆地试，大胆地闯。农村改革是如此，城市改革也应如此。”“我们的政策就是允许看。允许看，比强制好得多。我们推行三中全会以来的路线、方针、政策，不搞强迫，不搞运动，愿意干就干，干多少是多少，这样慢慢就跟上来了。不搞争论，是我的一个发明。不争论，是为了争取时间干。一争论就复杂了，把时间都争掉了，什么也干不成。”④

1月23日，邓小平结束了在深圳的视察，他和大家握手告别时，特别叮嘱了一句：“你们要搞快一点。”大家都热血沸腾。

但争论并没有真正结束。2月15日至3月22日，上海《解放日报》根据邓小平在上海的讲话，发表了三篇署名“皇甫平”的评论，提出要继续坚持解放思想，

---

① 邓小平. 邓小平文选（第三卷）［M］. 北京：人民出版社，1993：372.

② 邓小平. 邓小平文选（第三卷）［M］. 北京：人民出版社，1993：373.

③ 邓小平. 邓小平文选（第三卷）［M］. 北京：人民出版社，1993：372.

④ 邓小平. 邓小平文选（第三卷）［M］. 北京：人民出版社，1993：374.

敢冒风险，大胆改革，不要再在姓“社”姓“资”的问题上纠缠不清。文章发表后，马上有人反驳说：“不问姓‘社’姓‘资’必然把改革开放引向资本主义道路而葬送社会主义事业。”但是，这些嗡嗡的虫鸣，已经挡不住季节的转换。

邓小平的南方谈话，一扫低凝的政治气流。《深圳特区报》《深圳商报》根据邓小平视察深圳期间讲话中的观点、主张，针对深圳改革开放的实际，连续发表《猴年八评》和《八论敢闯》等系列社论。在深圳的外商，也都感到了政治气氛的变化。一位台商对记者说：“我本来已经准备撤资走人的了，但现在还要再看一看。”想离场的人停下脚步了，感到绝望的人似乎又看到了希望。

如果说在改革开放的前十年，政府是努力放手让市场发挥作用的话，那么，到20世纪90年代以后，以邓小平“南方谈话”为转折点，政府开始重新扮演起“顶层设计”的主导性角色了。因1989年“政治风波”而犹豫止步的国际资本再次被激活，从此以更大的规模涌入中国。表面上看，是世界走向中国，实际上，这是中国走向世界的开始。在不久的将来，当世界回顾这一天，一定会为之震惊。

一　夜　城

四十年前，有谁能够想象得到深圳今天的模样？今天又有谁能够想象得到，四十年后的深圳，会是怎样的一种模样？邓小平南方之行以后，深圳的发展再次进入了快车道，以超越历史想象的规模与速度全面崛起。仅仅十年光景，深圳全变样了。

1979年，整个宝安县只有一个深圳房管所和九个公社房管站，管理着2782间房屋（总面积22.36万平方米）。深圳镇只有1592户私房，总面积为7万平方米，其中2909平方米是清朝兴建的，3.09万平方米是民国兴建的。全镇只有两条马

宝安新城

深南路旧貌

路：解放路和人民路。所有铺了柏油路面的道路加起来才500米，宽度不足10米，连一个红绿灯也没有，有的甚至连路灯都没有。深圳市成立以后，市政府下达最紧急的市政建设任务，就是在深南路、前进路修筑39千米新马路，扩建旧马路2.5千米，修建一个交通指挥岗和两个停车场。

十年以后、二十年以后、三十年以后、四十年以后的深圳，会是怎样的呢？制定城市发展规划的人们，以最大的想象力，描绘深圳未来的美好图景，但时间却证明，他们总是落在现实的后面。

在1979年1月制定的城市规划中，深圳的生活居住用地是3.3平方千米，规划人口为10万人，预计到2000年，城镇人口将是20万至30万。深圳的开发，主要围绕着深圳镇、沙头角和蛇口三个点布局，全部城镇规划用地的总面积不超过10.65平方千米。这是一个小城镇的规模。中央最初打算把南头半岛30平方千米都划给招商局做工业区，袁庚觉得没有那么大的胃口，不敢全要，只要了蛇口的三百亩。这成了袁庚晚年一直抱憾的事情之一。哪怕最有远见、最大胆的人，也无法预料深圳会以怎样的惊人速度成长。

1979年1月的规划墨迹未干，1980年5月，新的城市规划出台了：预计用10年

时间，把特区建成东起大鹏湾背仔角，西至西丽水库、南头、蛇口，东西长49千米，南北宽7千米的一个“以工业为主，工农相结合”的经济特区新城。新城一共分四个区，市区从黄贝岭至沙头，包括罗湖、上步、皇岗；南头区定位是深水港和一些“有轻微污染的工业项目”；蛇口区主要由招商局经营；沙头角、盐田、大小梅沙开发为旅游区。新城规划人口是30万，远期（2000年）是60万。人们觉得，这是一个非常开放、非常超前的规划了。但时间才过去两年，1982年11月完成的《深圳经济社会规划大纲》（讨论稿）又向前跨了一大步，预计到2000年，深圳人口将达到80万。

从20万人口的规划，变成60万，再变成80万，不仅是人口的变化，对所有居住、交通、商业、教育、医疗等设施，都会引起连锁反应。“城市”这个词，20世纪80年代初，在人们的生活中，并不比“农村”这个词出现得更多。但90年代以深圳的快速崛起为标志，城市这只巨大的睡狮开始苏醒了。

实际上，2000年深圳的常住人口不是20万，也不是60万、80万，而是700.84万。到了2010年，深圳常住人口为1035.79万。2013年，深圳市公安局的数据显示，实际管理人口突破1800万。2014年中国社科院公布数据，深圳市的外来人口流入量在全国排名第三，达到755.59万。2015年，有一篇网络文章很轰动，标题

1999年的福田中心区

2007年的福田中心区

就很抢眼：《2100万人口的深圳，有人受不了要走，有人拼了命要来》。网络上下，议论纷纷。《深圳晚报》专门发表文章《深圳人口之谜到了破解之时》，讨论2100万人口这个数据的真实性。城市专家和地方政府连连惊呼：深圳人口天花板（城市承载力），快到极限了！人口天花板理论，真的能够成立吗？有研究者声称，这是一个伪命题。且不管2100万是不是深圳的人口天花板，即使只是官方公布的1800万，也有着强烈的震撼力。

有一首粤语歌名为《一人有一个梦想》，1800万人就有着1800万个梦想。有人到深圳打工就是想找个女朋友；有人想存够10万块钱就回家盖房子；有人想在深圳安家立业，办个深圳户口，做个正式的深圳人；有人梦想买一辆心仪已久的汽车；有人想拥有自己的公司……

深圳华侨城曾经以"我们的华侨城"为主题，搭建了一个全国独一无二的线上梦想众筹平台——"梦想种植园"，帮助在平凡生活中敢于创造和想象的追梦人圆梦。半年时间，便收集到了近八千个梦想。有的梦想在众筹帮助下实现了，有的遗失在滚滚红尘之中，有的已被新的梦想所取代，然而，"人会长大，可梦想不会老。它会一直跟随你，等待某一天被实现"。"梦想种植园"的这句宣传词，不同年龄的人看了，心里会有不同的滋味。

深圳，就在这无数的梦想中，一天天长高、长大、长壮实。

罗湖小区的两平方千米和蛇口的两平方千米最先建起来了，然后是上步的32平方千米，菜田池塘被推平了，泥砖瓦房被拆掉了，荔枝树、香蕉树被砍伐一空，一队队建筑工人扛着红旗开进上步，一车车的水泥沙石运进上步。"三通一

深圳市产权交易中心公开交易会

深圳市土地房产交易中心的交易情景

平”（通水、通电、通路和场地平整），打桩扎棚，铺路砌砖，上步、八卦岭、水贝三个工业区建起来了，南园、通心岭、木龙头等14个住宅区建起来了。

1988年，《深圳经济特区住房制度改革方案》出台，“房屋是商品”的观念一下子从深圳走向全国，把人们的住房产权意识唤醒了。有恒产者有恒心。在五花八门的深圳梦中，从此又多了一个“房子梦”。1991年，天景花园业主委员会成立，这是中国内地第一个业主委员会，对自己的物业提出管理和监督的要求。“这是我的房子，这是我生活的地方，我有权利要求它变得更好！”

改造前后的渔民村

整个房地产市场被激活了。赤湾港区、南头区、西丽湖区、后海区、沙河区、香蜜湖区，也陆续建起来了。而“三通一平”也变成了“七通一平”：通水、通排水、通电、通路、通信、通暖气、通天然气（煤气）和场地平整。大家都知道，成长是要付出代价的。在隆隆前进的推土机面前，水膩山春、阡陌纵横的岭南景色大片大片地消失，消失得如此迅速、彻底。曾任深圳大学校长的罗征启认为，是“三通一平”以及后来的“五通一平”“七通一平”，导致深圳的区域被切割成一个个隔离的方块，使城市原本的岭南水乡味儿荡然无存。这似乎成了城市化的必然代价与必然遗憾。

1982年，深圳新建的18层以上的高层建筑只有46幢，1983年是62幢，1984年是90幢，1985年是133幢，1986年是137幢，1987年是140幢，1988年、1989年、1990年已经无法计数了。150多米高的深圳国贸大厦以三天一层的“深圳速度”名震天下，但地王大厦随即以“九天四层”的新时速将摩天大楼的纪录刷新到383.95米，还有更多气势磅礴的高楼大厦在兴建中。2011年，448米的京基100大厦崛起了，而这个纪录又被2015年崛起的660米高的平安国际金融中心打破了。一幢幢拔地而起的摩天大楼，诠释着“没有最高，只有更高”的说法。而摩天大楼带来的峡谷效应和光污染等问题也开始日益显现，引起人们的忧虑。有环保专家警告，摩天大楼会误导鸟类的迁徙，也会影响地面的光照，更会增加地震、火灾等灾害的救援难度。但这一切，都无法遏止人们向更高的高度继续挺进的热情。

城市化有一个规律，一旦越过30%（城镇人口与总人口之比）这条线，就开始进入洪水式的增长期了，海潮将一浪接一浪地卷来，不断扩张它的领地，没人能够阻挡。当年一个自然村也就是500~1000人，现在一个区镇动辄三五十万人，上百万的也不在少数。宝安、龙岗两个区的外来务工者就有1000万人。县改市以后，深圳特区内实现了“农村城市化”；2004年宝安、龙岗两个关外区也实现了“农村城市化”，27万农民洗脚上田。到1996年，以农业为主的第一产业在深圳国内生产总值中的比重下降到1.6%。两千多年的农业时代，真的从此别过了。

城市化不可逆转的潮流可以更有效地聚集人力、财力、物力，为现代化、专业化生产提供必不可少的条件，为有效利用土地资源、金融资本和公共服务设施开辟更多的可能性，同时也会消耗更多的能源，制造更多的垃圾，弄脏更多的水源与空气，由此引发政治、经济、社会、文化、心理、生态、福利等领域的一系列问题。而城市就在不断制造问题与解决问题之间，成长起来了。

20世纪90年代，国内掀起了一股“建设国际大都市”的浪潮，许多大中城市都提出了向国际大都市进军的口号。《深圳特区报》说：“‘国际化’是始终不渝的‘深圳梦’。”但什么才是国际化？在当时人们的认知中，就是无数的摩天大楼，无数的立交桥，无数的豪华酒店，令人目眩神迷的霓虹灯，满街都是带英文字母的招牌。到处车水马龙、喧闹不息，上下班的人们像蚂蚁般挤满街头，又好像是无数股激流在狭窄的河床上互相交错，相激相荡。一切空间都塞满了各种商业广告，从公司到家的路上，场景的转换，就是从“巅峰珍重的稀世名宅”“欧陆地中海风情”“高尚人生序曲”的新楼盘广告，渐渐变为各种不登大雅之堂的“包治，根除”“一针见效”“办证刻章”“午夜疯狂俱乐部”之类小广告的过程。

几乎人人心里都有个小小的发财梦。这个梦从深圳的楼价还是几百块上千块一平方米的时候就在做，直到十几万一平方米的时候还在做。从买第一张福利彩票的时候就等着中奖，直到买遍了双色球、七乐彩、超级大乐透、深圳风采、快乐8、刮刮乐，还在等着中奖。“每天8毛钱，守候1000万”“一份爱心，一个梦想”“连环夺宝，12次中奖机会”“买福利彩票，就是做慈善”的宣传口号随处可见。不少人每个月总有那么一两回，跑进彩票专卖站里，一边认真填写着自己的幸运号码，一边在心里想：等明天中了头奖，就去海上世界双玺（或者深圳湾1号、曦城、廊桥国际也行），买两套均价13万元一平方米的豪宅，一套自住，一套出租。

城市就像终极吞食蛇一样，无休止地吞下大量的必需品和奢侈品。琳琅满目的名牌专卖店，每季都有新品上柜。一边是五花八门的时装发布会、美容产品发布会和选美比赛，你方唱罢我登场；另一边是“全场一折，彻底清仓”“回家养猪大清货，一件不留”“年底吐血大甩卖”的横幅，在风中瑟瑟抖动。天天有新公司开张，天天有旧公司倒闭。一边是名贵轿车满街跑，每百户人家就有超过70辆私家车；另一边是32万辆共享单车，密集地停放在人行道上。在离22万元一平方米天价的豪华别墅不到一百米的地方，也许就有一个聚集着三教九流、乱象丛生的城中村。

2004年10月，深圳市政府颁布了《深圳市城中村（旧村）改造暂行规定》。为配合和推进上述文件的实施，2005年11月又发布了《深圳市城中村（旧村）改造总体规划纲要（2005—2010）》。从那时起，城中村改造逐步铺开。拆迁谈判在前，推土机、抓钩机在后，步步推进，坚定不移，没有什么力量可以阻挡。2016年政府的《城市更新“十三五”规划》宣布，要用五年时间，完成100个城中村或旧住宅区、旧商业区综合整治项目；完成约20个城中村住宅改造项目，满足50万人的现代化住房需求。《21世纪经济报道》惊呼：“市值2500亿的深圳城中村要拆了，多少人将一夜暴富？”

深圳已经没有多少土地可以开发了。2000年前后就有一个说法流传，说深圳的违章建筑面积已达到南昌市城市总面积。深圳空间窘迫，寸土尺金，20世纪80年代征地拆迁，一类房屋每平方米补偿150~220元，二类房屋补偿130~200元，三类房屋补偿110~170元。而2016年水贝村改造时，网上哄传每户赔偿两亿元，让人惊得下巴都掉下来了。

当然，这是夸大其词，水贝村全体村民选择回迁，没有现金补偿，但最大

2005年5月22日，渔农村拆除的“第一爆”，标志着深圳城中村改造进入攻坚阶段

一户人家获得两千多平方米的赔偿面积，按当地学位房每平方米8万元推算，理论上应该得到超过1.6亿元的赔偿。因此，两亿元之说也不是完全凭空捏造。

深圳史上最大规模的城中村改造项目——福田中心区的城中村岗厦村改造，也在这一年启动了。它的规划用地范围是40万平方米；改造前本地人约900人，绝大部分姓文，相传是文天祥的后人，以种番薯出名。而村中的租户人数却直逼7万。《南方都市报》以“五百岗厦旧楼倒下去，十个亿万富翁站起来”为题报道了这个城中村的改造。文章说，岗厦原住民中的亿万家族或有二十多个，而个人资产过亿的或接近十个。这是神话吗？当然不是。村中最大一户人家的房屋面积达六千多平方米，征地拆迁，身家一夜过亿，并不奇怪。

为了过上更美好的生活，成千上万的人涌向城市，老城区挤不下了，就要建新城区。2009年，深圳市在全国首次提出“城市更新”概念，并出台全国第一部城市更新办法——《深圳市城市更新办法》。在轰轰烈烈的城市更新运动中，更多的农田被填平了，盖起了更密集的住房和写字楼；有了更多的工厂和仓库，更复杂的道路网，更多的汽车，更多的公共服务，更多的商店、学校、医院、职业介绍所、高压电网、水道、煤气管线、污水处理、油站……

建市前，深圳镇只有320盏路灯。1981年开始启动“路灯建设”，用一年时间安装了37盏水银灯。到1987年深圳已有7900盏路灯，每天傍晚，当它们同时亮起时，仿佛璀璨的银河从天而降。到2016年，深圳全市路灯已达到37万盏，绝大部分采用了节能的LED灯。2017年年底，实现了路灯集中监控，可以结合天气阴晴变化、光照变化，由监控中心人员根据光度数据，灵活安排开关灯时间。

1984年，深圳第一座立交桥“笋岗立交”通车了。五个月后，第二座立交桥“泥岗立交”也通车了。紧接着有更多的立交桥、高架桥通车了。1984年布吉河桥开通了；1985年上沙桥、北环路大沙河桥开通了；1987年铁路高架桥开通了，建设路立交桥开通了，和平路立交桥开通了。愈来愈多的马路、高架桥、高速公路开通了。深圳镇时代的马路宽度不足10米，现在的深南大道宽135米（中心区最宽达350米），但路上的汽车也愈来愈多，塞车愈来愈厉害。

改革开放刚开始时，深圳只有两条公共汽车线路，隶属于集体所有制的“宝安县深圳镇公共汽车公司”，没有编号，人坐满了就开，往返于深圳戏院至火车站和侨社汽车站。1983年2月，公司改制成为国有市属企业，更名为“深圳市公共汽车公司”。1995年，深圳市公共汽车公司改组成国有独资有限公司，深圳市公

2004年12月28日，深圳地铁一期工程通车典礼

共交通（集团）有限公司正式成立，从此路面上行驶的公共汽车愈来愈多。2005年1月，深圳巴士集团股份有限公司正式挂牌运营，大量开行新线路，特区内公交覆盖率达到95%。到2009年年底，仅巴士集团就有4413台公共大巴，行驶在深圳的259条公交线路上，客运量达8.8亿人次。除了巴士集团外，还有深圳市西部公共汽车有限公司和深圳市东部公共交通有限公司，上百条线路和数千台营运车辆，也在为这座高密度人口的城市提供公交服务。

但这依然不能完全解决市民出行难的问题，路面已经挤爆了，于是又向地下发展。2004年12月28日，深圳第一条地铁线路正式开通运营，深圳成为中国内地第五个拥有地铁系统的城市。截至2017年6月，深圳地铁开通了八条地铁线，共199座车站，全市地铁运营线路总长285千米，覆盖了罗湖区、福田区、南山区、宝安区、龙华区、龙岗区6个市辖行政区。2016年，地铁全年的客运量达 10.931亿人次。在“2017年深圳企业100强”公示名单中，深圳市地铁集团有限公司名列第33位，成长速度令人惊叹。

2000年后，小汽车开始大量进入家庭。到2014年，有275万辆私人和公司、公务汽车，奔驰在6164千米（其中高速公路357千米）的道路上。深圳道路的车辆密度为每千米446辆，居全国之首，远超国际每千米270辆的警戒线。深圳市中心工作日高峰时段马路的拥堵时长，2012年是38分钟，2014年上半年变成了55分钟。《晶报》无奈地承认：“深圳成为全国第五大‘堵城’。”更令人吃惊的是，到2017年年底，深圳的机动车保有量已达到318万辆，两年间增加了43万辆。

1982年，深圳成立机场筹建处，1984年进行机场可行性研究，1985年正式立项。六年以后，黄田国际机场便投入使用了。按最初的设计，年接送旅客340万至475万人次，年吞吐货物8.5万吨。2001年，深圳黄田国际机场正式更名为深圳宝

深圳机场今昔对比

安国际机场。2011年，机场第二跑道正式启用。从第一架飞机在黄田机场升降到现在已有30年，今天的深圳宝安国际机场已成为世界百强机场之一、中国十二大干线机场之一、中国四大航空货运中心及快件集散中心之一。2015年，机场货邮吞吐量首次突破100万吨。2016年，机场实现旅客吞吐量4197.14万人次，货邮吞吐量112.57万吨。

1985年，由广东核电投资有限公司和香港核电有限公司共同投资组成的广东核电合营有限公司在深圳成立，1987年动工兴建大亚湾核电厂，1994年正式投入商业运行。这是中国内地第一座大型商用核电厂，获得在美国出版的《国际电力杂志》评选的“1994年电厂大奖”，成为全世界五个获奖电站之一，也是中国唯一获此殊荣的核电站。截至2012年8月31日，大亚湾核电站累计实现上网电量2012亿千瓦时，输往香港电力达1443亿千瓦时，年售港电量占香港社会总用电量的四分之一。

愈来愈多的大型集团公司、跨国公司进驻深圳。2008年1月，深圳下发了《关于加快总部经济发展的若干意见》，积极引进国内外大型企业来深圳设立总部或地区总部。2013年，深圳又出台《深圳湾超级总部基地规划》。“筑巢引凤”这个久违的词，再次频现于大小媒体上，但内涵已改，以前是引“三来一补”，现在是引世界重量级企业。《深圳晚报》写道：“从位于福田核心区的平安金融中心一路向西大约16千米到前海，包括平安集团、腾讯、招商银行、正威国际、恒大集团等商业巨头的总部大楼均分列于这条轴线上。”

媒体喜欢把深圳形容为“一夜城”：一夜之间崛起之城。这个词本意是想褒扬，但却让人听起来感到不舒服，似乎有“暴发户”之意。深圳大学的一位老师说：“一个城市的文化建设，决不能把自己的历史割断。”其实，城市文化的历史延续性与城市的快速崛起二者并不矛盾，甚至有某些内在的逻辑关系。

2015年3月19日，深圳市外事办和《深圳特区报》联合主办的《国际化进行时》专栏第一期正式“出街”。《开栏的话》说：“从国际化社区到国际化学校再到国际医疗服务区……‘国际化’就在你我身边。”这个专栏旨在从民生的角度解读政府推行国际化城市建设的各项政策，让社会各界了解、理解并参与国际化城市的建设。

深圳是创造奇迹之地，没有什么是不可能的。人们对未来有一万种憧憬、一万种期待，在不懈的追求过程中，生活变得更丰富充实，生活方式更加多样化；有更多的受教育机会、就业机会和赚钱机会，也有了更多的竞争与变数。大量的新观念和新习俗不断更新着人们的生活，让人感觉这个城市生机勃勃，激情澎湃。在2015年仲量联行发布的城市发展动力指数全球二十强中，深圳排名第四。

大门永远向所有人敞开，但一跨过那道门槛，每个人的故事发展就天差地别了。现实总是百般宠爱着一些人，而对另一些人则残酷无情。当一些人高喊着“逃离北上广深”时，更多的人却前赴后继地走向那片在梦中闪耀光芒的地方——深圳。

大亚湾核电站

守住乡土的记忆

当深圳还是一个火耕水耨的乡村时，人们都向往国际化大城市的生活。但当深圳已成为一个高度城市化的大都会后，人们又开始对逝去的农耕生活眷恋不已。在南头古城的街头巷尾，在阡陌纵横的水乡山村，在渔歌唱晚的河汊，在稻谷飘香的田野，在熙熙攘攘的陈仙姑诞上，在天后诞的社戏舞台上，当欢快活泼的客家山歌唱起来，当五彩缤纷的鱼灯舞跳起来，当激动人心的《赛龙夺锦》乐曲破空而起，我们仿佛又回到了那个寒耕暑耘、秋收冬藏的农耕时代，与先祖的血脉一齐搏动。

深圳不仅有赛格广场、东海国际中心、深长城金融中心这样的摩天大楼群，不仅有现代化的五星级酒店、超级大MALL（摩尔）、花园别墅小区，而且在城镇化高速发展的今天，依然有一些掩映于薄烟微雨之中的古村落，如晶莹透亮的珍珠一般，星星点点，散落在“石屎森林”的视野之外，让人悠然神往。

在龙岗区横岗街道有一条茂盛村，人称“茂盛世居”，也有人称“茂盛围”。它和大多数客家围一样，村前有一个300多平方米的半月形池塘，围村通面阔86米，进深73.8米，按三堂、二横、四角楼布局。大门内是一条宽7.5米的天街，连接着前面的两座面碉楼。天街笔直而幽静，凉风沿着地面掠过，送来盛夏的清凉，也送来远处的鸡鸣狗吠之声。民居大门嵌着“积善余庆”和“如意吉祥”的门额，记录着家族的繁盛往事。

横岗何氏茂盛世居（图片来源：视觉中国）

文氏聚居的福永凤凰旧村

何氏宗祠坐落在中轴线上，门额石匾刻“万福来崇”四个大字，左右楹联为“第峙梧峰凤舞碧梧朝晓门，门瞻海岭龙腾沧海奋春雷”。宗祠的后堂供奉着何氏列祖列宗的牌位，上悬“崇善堂”横匾，神龛两侧悬挂对联：“骏业肇齐昌永葆祖宗光烈，鸿图贻熏乐惟敦昭穆源流”。

茂盛世居的始祖何维松、何维柏兄弟，相传是清道光年间（1821—1850）从广东兴宁永和乡炉铺岭村迁居新安的。他们在横岗经营豆腐坊和酒坊，自己孵豆芽，自己酿酒，自己挑着担子走村过寨叫卖。慢慢积累了一笔资金，就开了一家茂盛商号，成为横岗大户之一。流传较广的说法是，何氏两兄弟发家后兴建了茂盛世居，从动工到落成，历时十三载，主持工程的是当时赫赫有名的建筑师“神行”，因此轰动一时。但《深圳市第二次文物普查报告》却说它建于1913年，其依据可能是在后围屋的彩绘上有“民国二年”“民国十三年”字样，故推断为建造年代，其实，这很可能是重修的年代。

2001年，茂盛世居被龙岗区公布为区级文物保护单位，2002年被广东省政府公布为省级文物保护单位。

龙岗区大鹏街的王母围，也是公认的深圳最美的古村落之一。一条蜿蜒而过的河流，把村子和蜈蚣岭隔开。这个村子不仅风景美，而且故事多。围内村民大多是从南澳迁来的，村民姓李、林、蔡、陈、王、秦、郑、胡、熊、曾、叶、欧阳、廖、郭的都有。王母围原名“皇姑洞”，与南宋两帝南逃有着莫大的关系。相传南宋德祐二年（1276），元军攻陷南宋首都，杨淑妃带着少帝益王赵昰逃到

王母围

此地。如今在附近还有一个龙旗村，也与这一段历史相关。

围村前有一个超过10米宽的禾坪和60多米宽的月池，池塘边的垂柳在风中轻轻摇摆，几只鸭子在水边休憩，梳理着羽毛，一派祥和景象。围村的大门是1915年重修的。围内的古旧建筑有一百多栋，依前后六排、左右三列布局。在横巷道的门上，刻有“长命富贵”“百子千孙”的字样，这是1915年修葺时留下的痕迹。围内还有一口古井，年代已难考证，不知南宋少帝有没有饮过这口井的水呢？

在排屋的墙壁上，嵌着蓝底白字的“居民公约”，上面写着：“倒垃圾时间为早上八时前，下午五时后……”一个个凹斗式的门前，或有老人坐着聊天，或有孩子在玩耍。铺着条石的巷道两侧，晾满了衣物，不时有一些戴着客家凉帽的妇女走过，叽叽喳喳的笑语声，打破了巷子的寂静。

2011年12月30日，深圳市把龙岗区的大鹏半岛划为大鹏新区，包括龙岗区大鹏、葵涌、南澳三个街道。这里三面环海，东临大亚湾，与惠州接壤，西滨大鹏湾，与香港新界遥遥相望。大鹏新区超过76%的地方被森林覆盖，有人把它称作深圳最后的“桃花源”。大鹏新区的成立，源起于2009年2月的政协会议上，有政协委员提出《加快大鹏半岛旅游开发，打造深港国际旅游圈》的提案，建议将大鹏半岛上的三个街道划分成行政新区。这个提案得到落实，2011年10月27日，深圳市委、市政府向媒体通报，将启动在宝安和龙岗新增两个功能新区，定名为“龙华新区”和“大鹏新区”。规划用未来10年至15年时间，把大鹏半岛建成一个旅游项目丰富、自然条件好、建设水平高的“国际化旅游度假区”。

历史在走过了七千多年以后，又把目光重新落在它的起点上——坝光村，咸头岭文化遗址就在大鹏新区范围内，被誉为“深圳最美客家村落”的坝光村也在大鹏新区范围内。

复原的“龙母世居”内景

坝光村原名坝岗村，村民都是客家人，相传是三百多年前从广东河源、紫金迁来这里的，逐渐形成了18个自然村，既有耕田的，也有捕鱼与晒盐的，现在还有一个自然村叫盐灶村。坝光村三面环山、一面朝海。密密层层的芭蕉树、银叶树、天竺桂、秋茄、桐花树、榕树、龙眼、荔枝、樟树和茂盛的灌木丛，环抱着村子，有如一片墨绿色之海。老牛在滩涂的树荫下睡觉，一群白鹭在树木上空盘旋。树海衔接着大海，薄雾缭绕的海面，波光起伏闪烁，远山浓淡不一，层层隐现，那边又是一片树海。

在十年前，坝光村曾被规划为坝光精细化工园区，但后来规划改了，要建旅游区。不少村民已经搬走。2012年一位游客来观光，在坝光社区产头村看到一张公告写着：本村有48座老屋要拆，其中11栋有人住、37栋无人住，还有一些小门店、小作坊、小餐厅、小招待所等，都是要拆的。一个自然村就要拆48座老屋，坝光社区有18个自然村，得拆多少老屋，可想而知。

坝光村最美之处，是海岸线上绵延不绝的银叶树林。银叶树是海岸红树林群落的一种，虽然面对大海，时时受着台风的摧残，但生命力极强。坝光村的银叶树据说有300多棵，百岁以上的有20多棵，大部分在300岁以上，有一棵接近500岁，而最老的一棵已超过500岁。它们枝干峥嵘，龙蟠虬结，“本身就好像一幅惊心动魄的巨大雕塑”。据村中老人说，这片银叶树林是他们的先辈漂洋过海，从东南亚带回种子种下的。“大跃进”大炼钢铁时，许多山林都被砍伐一空，有人也打起这片银叶树林的主意，但因为村民誓死保卫，银叶树林得以逃过一劫，现被政府列为“国家珍稀植物群落保护小区”重点保护对象。

每天都有许多游客从葵涌坐车，沿着水库和山麓的两车道盘山公路，奔向这个传说中的“世外桃源”。很多年轻人专程到这里拍摄婚纱照。随着城市的开发，坝光村也势必要变样的。有人感叹：“那么美的坝光村，我们再也回不去了！”有人以这样的文字标题形容自己的旅游心情：“凄凉而落魄的遗失——深圳消失的古村落坝光”。

在深圳，这类古村落还有很多，有些还保存着较完整的原生态，有些已被改造成光鲜亮丽的旅游景点。鹤湖新居、甘坑客家小镇、高岭古村、西丽麻磡村、半天云村、山美新村、南岭旧居、塘下涌村、钟屋村、罗田村、东坑村、木墩村、塘朗围村等，如果一一列出，那将是一份长长的名单。乡土的记忆，是不会消失的，有时候它好像消失无踪，其实只是潜藏在某个地方，就像冬天的野草埋在冻土之下，一旦春来，又将发芽。

在经过四十年的高速发展后，很多人开始反思，我们到底需要怎样的一种生活？为了城市的现代化，我们究竟需要付出怎样的代价？

民间的习俗节庆，是乡土记忆的最大载体。随着农耕社会的远去，文化的多元化发展，一些陈旧的岁时习俗已泯没无存，也有一些洋节日红红火火，备受年轻人喜爱。圣诞节、情人节隐隐已有驾乎春节和元宵节之上的趋势。

春节期间，深圳市民观看舞狮（图片来源：视觉中国）

2008年以后，传统文化开始复兴了。

春节，是中国人最大的节日。每年大寒过后，大地回春。弥漫在大街小巷中的喜庆气氛，让人有一种沉醉春风的心情。新年来到，处处张灯结彩，人人喜气洋洋；走在街上听到的是锣鼓声声，一队队的醒狮队，从这条村子舞到那条村子，从这个厂区舞到那个厂区，寄托着人们对新年的祝福。新桥、上寮、坐岗的醒狮队，都是威名远播的；沙井还有一支女子舞龙队巾帼不让须眉，逢年过节，就是他们大显身手的时候。

冬至百六是清明。对中国人来说，清明节具有特殊意义。祭祖、拜神是一年中的大事，修葺山坟，备三牲祭礼，香烛纸钱拜奠，广东人叫“拜山”，也叫“行清”。广府人清明前一天就在家门口插上柳枝，买好荞菜、豆腐干作清明祭祖之用。盖“荞”与“轿”同音，意思是用轿接先人回家，豆腐干则做轿板。祭祖的祭品除了不可缺少的三牲外，还有煎堆、松糕、糖豆等物。

农历五月初五端午节，又叫五月节，古人以单日为阳，五月五为首个重阳，所以又叫端阳节。家家包粽子，户户飘粽香。广府人家门前插艾叶，客家人则挂葛藤、菖蒲，驱除瘟疫，名为“挂青”。有些地方用雄黄、艾绒、苍术熏烟，或用三角小袋装香料挂在小孩身上，传有“辟邪”之效。不过，流传最广、最热闹的风俗，还是端午的划龙舟。观澜河的龙舟赛被央广网称为“深圳规模最大的端午龙舟赛”。2017年举办的“龙舟文化艺术节”，有56支海内外龙舟队、1456名运动员在观澜河上进行“激情竞渡”。“锦绣中华”民俗村也会举办吃粽子、看龙舟、放河灯、挂艾草、穿汉服、祭屈原、去五毒、斗立蛋等民俗活动。

农历八月十五中秋节，是传统三大节日（春节、端午、中秋）之一。中秋节以前是农村庆祝丰收的节日，也是合家团聚的节日。回娘家省亲的妇女都要回家与丈夫团聚，出嫁女要到第二天才能回娘家贺节，俗称“钻节罅”。月饼、芋仔、田螺、红柿、阳桃都是应节食品。亲朋好友间也以月饼互相馈赠。广府人有迎月、赏月、送月的习俗，横跨中秋前后三天；客家人则守月华，一直守到月亮最圆最亮时，他们认为这时天门大开，月光菩萨降临，见者求福得福，求财得财，因此人们往往守至深更半夜不眠。一家人围坐在溶溶月色下，炒田螺、煲鸡粥，分食月饼、水果。小孩子则提灯嬉戏，唱着“游园游耍碌（灯），唔游火烧屋”的童谣，其乐融融。莲花山公园、梧桐山、凤凰山、深圳大学校园、“锦绣中华”民俗村、小梅沙和市民广场等地，都是热门的赏月和游玩地点。

2015年第六届深圳“观澜杯”龙舟赛（图片来源：视觉中国）

重阳节是一个重要的传统节日。这一天，人们登高爬山，赏菊饮酒，在山上放风筝、转风车，所以又叫登高节，据说登高可避灾解难。登高之俗始于汉代，是从中原传来的。当年桓景跟费长房学道，费长房声称：九月九日有灾难降临，须赶快制绢囊，盛茱萸，挂在身上登高山，饮菊花酒，可以避难。桓景依言而行，带全家人登山，晚上回家时，看见遍地死鸡死狗，知其为代人受难。从此便有了重阳登高这个风俗。如今，重阳节以秋天赏菊这样一个美好良俗，衍生出“黄花晚节”之意，被赋予了敬老的意涵。

虽说“过了重阳无大节”，但在广东人生活中，冬至的重要性绝不亚于三大节。早在周朝，冬至就是天子举行郊祀典礼的大日子。后来，民间尊它为“亚岁”，甚至有“冬大过年”“冬肥年瘦”的说法。这天民间要举行拜祭始祖的仪式，称为“冬祭”。和其他节日的祭祖一样，分祠祭与家祭两种。祠祭结束后，均分胙肉，男丁人人有份。城里人虽不能亲到祠堂祭祖，也会举行家祭，用三牲、果品、糍糕、汤圆祭祖拜天地。

中国的传统节日，几乎都与大自然有关，这是很有趣的现象。春节赏花，清明踏青，端午戏水，中秋望月，重阳登山。在以农立国的传统文化中，人与自然的关系十分密切，天地化育，生生不息，万物皆有德行，充满价值，与人德相通。故《乐记》说：“春作夏长，仁也。秋敛冬藏，义也。”无论守岁、踏青、赏花、赏月、登山、观星、戏水，都是人对自然感恩的一种表示，所以《论语》曰：“仁者乐山，智者乐水。”

在深圳的民俗活动中，动物舞蹈是非常重要的角色，从不缺席。舞狮、舞龙、舞鱼灯、舞麒麟……直舞得地动山摇。问起任何一个老深圳人，他都会如数

观澜舞麒麟

家珍般地告诉你：沙头角的鱼灯舞，大船坑、坪山和坂田永胜堂的麒麟舞，福永、上川黄连胜的醒狮，龙岗的舞龙，再配上石岩的客家山歌、大鹏山歌、盐田山歌、龙岗山歌……即使只是想象一下，也已感觉到五彩缤纷，八音缭绕，极尽视听之娱了。松岗的七星狮与蛇共舞，更是一绝，别处难得一见。当七星狮出场，就像一团团的烈火踏着七点半鼓音，把人烧得血脉偾张。那种张扬，那种气派，那种翩若惊鸿、宛若游龙的身手，令人叹为观止。动物舞，也是表现人与自然关系的一种。

沙栏吓村鱼灯舞

地方文化可以产生一种凝聚力，而凝聚力是一个地区健康发展的必要条件。复兴传统，让一些久违的习俗和礼仪"古老当时兴"，重新进入生活之中，似乎成了近年的一股潮流。二月十三日沙井洪圣古庙的洪圣诞，二月十九日新桥观音天后古庙的观音诞，二月廿八日坐岗北帝庙的北帝诞，三月廿三日赤湾天后宫的天后诞，六月初六上寮村杨侯宫的杨侯诞，还有林林总总的神诞、佛诞和传统节庆，民间都会举办各种形式的祭祀和庆祝活动，趁机热闹几天。

2000年以来，下沙黄氏的祭祖仪式，愈来愈受到媒体的关注。下沙黄氏是"江夏黄"的一支，五代时从湖北辗转南迁，进入下沙定居，开基始祖黄先觉（字默堂）。南宋开庆元年（1259）已未科第三甲进士黄石，就是黄先觉的孙子。黄先觉去世后，葬于福田区莲花山莲花地，1998年，该墓被定为深圳市市级文物保护单位，2002年被定为广东省级文物保护单位。

黄氏后人谨遵先祖黄峭山遗诗"朝夕莫忘亲命语，晨昏须念祖宗香"的嘱咐，每年重阳都会扫墓拜祭。九世祖黄思铭时期，下沙黄氏子孙繁昌，家族兴旺。明朝末年，黄氏族人在村内兴建"黄思铭公世祠"，每年举行春、秋两祭。春祭在清明前，只拜祠堂不拜墓；秋祭则在重阳节后的农历九月十五日拜墓，九月十六日拜祠堂。海内外的黄氏后裔都会派代表回来参加，非常热闹。以前全族男丁都要参加祭祖，60岁以上男丁进祠堂拜祭，妇女不能参加。但现在已打破旧例，男女平等，都可以参加春、秋两祭了。

黄氏宗亲祭祖仪式由长房嫡孙主持，拜祠堂祭祖时，行三跪九叩礼，然后奉上

世界黄氏宗亲总会第十二届第三次恳亲大会下沙大盆菜宴（图片来源：视觉中国）

初献、亚献和三献礼，穆穆纯纯，一丝不苟。祠堂祭祖结束后，还要在祠堂外的广场上舞龙舞狮，举行传统的大盆菜宴。2002年的大盆菜宴，同开5319席，有6万余人参加，来宾遍及海内外，轰动一时，竟因此而列入吉尼斯世界纪录。

2016年11月13日，世界黄氏宗亲总会第十二届第三次恳亲大会在福田下沙文化广场举行。大盆菜宴同开3200席，赴宴宗亲多达3.2万人，来自全国各地和世界28个国家和地区，场面之浩大，令人印象深刻。2008年，“大盆菜”申报为国家注册商标，“下沙大盆菜宴习俗”被列入深圳市第二批市级非物质文化遗产。下沙黄氏祭祖仪式2007年入选广东省第二批非物质文化遗产名录，2011年入选第三批国家级非物质文化遗产名录。

深圳先后公布了四批非遗代表性项目名录以及项目保护单位、非遗代表性传承人。按深圳市2017年公布的数据，市级以上非遗项目有59个，其中省级非遗项目24个，国家级非遗项目7个。已发掘的非遗资源性项目240个，已列入各个区级保护的项目有近两百个。

经过数百年风霜磨洗，能够保存下来的老建筑、老民俗，还有多少呢？又有多少能列入保护名录？也许，相对于它们曾经拥有的数量而言，今天仅存的硕果已不会太多了。但从保护、传承传统文化的意义上说，无论保护的规模有多大，都是善莫大焉。它使得传统乡村的人文脉络在急速的现代化进程中至少有一个喘息的过渡期，一个心理上的缓冲期，不至突然断裂。

尽管今天的“民俗活动”大多经过了精致的“文化包装”，即所谓“文化搭台，经济唱戏”，真正意义上的乡土内涵已被稀释得所剩无几，但严格来说，无论是舞龙舞狮、祭祖吃大盆菜，还是唱客家山歌，都已变成城市文化活动的一部分。大家都明白，世界总是要前进的，老的东西总是要退出舞台的，再怎么保护，也终有完全消失的一天。

仅仅依赖于传统历史、族群和文化的类缘关系，社会将无从进步，文化也将趋于凝固而衰落，我们这个两千年的小农经济国，怎么样也迈不进“现代”的门槛。但现代与传统并不是天然对立的，它们之间有着一种传承关系、因果关系。弘扬地方文化，也绝非夜郎自大、自我封闭，而是要在与世界文明互相融摄的同时，保持高度的警觉。全球化的浪潮越是来势汹汹，文化的匀质化越是明显，保护传统历史、弘扬地方文化，就越是刻不容缓。我们所能做的，就是尽可能地把历史的记忆延长一点，再延长一点。

我们站在平安国际金融中心顶层，望着不断刷高的天际线，一幢一幢高楼拔地而起，周围还有更多耸入云端的吊臂，正夜以继日地紧张施工，那些喧嚣，如海浪般层层翻卷而来。然而，当我们把目光重新投向田野、山冈、荔枝林的那一边，在宁静、安详的古老村庄里，那些宗祠、书院、碉楼，那些青砖瓦房、镬耳山墙、灰塑屋脊、石虾弓梁，让我们可以重温昨天的生活，找到祖辈走过的历史足印。

万丰模式成与败

深圳是一个新观念的孵化器。政治、经济、文化，需要不断探索、不断创新，才能保持活力。20世纪80年代初，当人们还哼着“越穷越光荣”的老调时，深圳人已喊出“劳动致富光荣”的口号；当许多人还吃着大锅饭，干也三十六、不干也三十六时，深圳人已推行超计划利润提成奖，把奖金与经济效益直接挂钩。龚自珍在一百多年前发出的“我劝天公重抖擞，不拘一格降人才”的呼吁，

深圳最早的农村股份制合作企业沙头角群利股份公司的生产设备

在蛇口率先实现了，人才招聘制度为全国性的人才流动开辟了广阔的天地。当许多地方的机关部门还是一份报纸、一杯清茶打发每天的上班时间时，深圳人却用“时间就是金钱，效率就是生命”激励自己，创造了轰动全国的“深圳速度”。市场、法制、人才、竞争、诚信、契约、效率、效益、分配，种种观念，都在这里得到全面更新。“创新”几乎成了深圳的同义词，成了特区的同义词，成了广东的同义词。

在深圳五花八门的新观念中，“社会主义共有制”横空出世，震动了全国。理论界对它的关注与讨论，一直持续到21世纪初。它的发明者是宝安区沙井镇万丰村土生土长的党支部书记潘强恩。潘书记只有中专文化程度，当过农村赤脚医生。《民主与法制时报》写道：“他的自我期许是‘做中国的欧文’，希望能在万丰村建立一个‘乌托邦’（微型的共产主义社会）。”万丰村全村总面积3.62平方千米，有五个村民小组，本村人口2000多人，九成以上村民都姓潘。相传万丰村曾经叫邓家蓢村，但不是因为村民姓邓，而是因为它最初叫“疍家蓢”，很可能是疍民的村落，后来嫌“疍”字低贱，改为“邓”字。

1984年，万丰村在全国农村率先推行股份制，成立万丰股份公司，由部分党员带头，每人投资5000元入股，村民效仿，共62户筹集资金25万元，建立起第一个股份企业。1985年，万丰股份公司将辖区两家工厂折价600万元（即600万股），向全村发行内部股票300万股。万丰村当年第一次向股东分红，利润高达20%。全村皆大欢喜。

万丰投资创建了三个工业区，陆续有145家企业进驻万丰村，聚集了十几万名打工者。潘强恩偏爱文化事业，万丰村有钱了，便建起了全国第一座村级农民公园“万丰公园”，兴建了全国第一家具有省级档次的村级影院“万丰影剧院”，开办了两所学校、两间图书馆，创立了一个粤剧团。除此以外，万丰村还有佳华、天虹、华润万家三家超市，建起了拥有两百多张病床和核磁共振、CT、超声波等设备的万丰医院。1987年，万丰全民公司成立，贷款400万元给没有参股的村民投资入股，使万丰村全体村民都成为万丰股份公司的股东。从此农民收入不按工分分配、不按工资分配，按股份分配。

1990年1月28日，北京人民大会堂举行了“万丰模式研讨会”。潘强恩作为一个农村支书，意气风发地登台演讲。10月12日，《深圳特区报》发表了潘强恩的文章《共有制是深化改革的最佳选择》，宣称共有制是公有制的新发展，“万丰模式”就是人人占有生产资料、人人是股东、共同富裕的“共产主义股份制”模式。他把公有制比作一杯“清茶”，而共有制就是一杯“有着更多营养成分的奶茶”。

一个承诺要向人们提供奶茶而不是清茶的“时代英雄”诞生了。

不管“共产主义股份制”在实践中能否成功，也不管万丰模式是否具有可持续发展的生命力，就算最后它失败了，也不失为一次重要的尝试。当大家对改革前景深感困惑之际，万丰模式向人们提出了一个可供讨论的话题，为改革留下了一个极具参考价值的样本。

就在邓小平视察深圳将近一年之际，1992年12月25日，“邓小平改革开放理论与中国农村及万丰实践研讨会”在北京人民大会堂举行。邓小平在会前接见了潘强恩。来自全国的七十多位专家学者出席了会议。

1994年1月中旬，深圳市人大召开“股份合作经济与法律调整研讨会”，从理论与立法的角度，探讨深圳市实行农村股份合作制的实践经验，万丰模式是研讨会的一个重要参照样本。与会者畅所欲言，形成了四点共识：一、股份合作制是我国农村产权制度改革的最佳选择；二、股份合作经济是一种不同于传统的集体经济、经典的合作经济和股份经济的经济形式；三、明确产权关系是进行法律调整的基础；四、股份合作公司是一种具有中国特色的公司形态。但理论是否正确，还要实践证明。4月，深圳市第一届人民代表大会通过了《深圳经济特区股份合作公司条例》，为股份合作制企业的经营运作提供了法律依据。

据官方公布的数据，2002年年底，万丰村总资产达18.23亿元，人均资产86万元，人均年收入3.5万元，加工出口额5.9亿美元，解决了近10万人口的就业问题。村办企业销售额3亿元，在银行存款5亿元，为社会创造的财富达25亿元，为国家创汇累计达60亿港元。明光烁亮的数据，把万丰推上九万尺高空，万丰村号称“南国第一村”。

然而，人怕出名猪怕壮。万丰名气愈大，围绕万丰模式、万丰集团的争议也愈多。对万丰模式的评价，呈现两极分化。有一些理论家认为，万丰经验有很高的参考价值，是农村改革的一个方向；但也有另一种声音宣称，万丰的管理模式依然跳不出“家天下”的老套套，最后必然以败局收场。也许，在改革起步时，万丰村的领头人确实真诚地怀有带领农民共同富裕的美好理想，但因为没有完善的制度保障，没有民主监督和制约，最终使得他们开创的改革事业陷入后继乏力的困境。万丰模式虽然曾经为农村改革提供过一种模式，但最终被实践证明行不通，因此其衰落也成为不可避免的结局了。

事实告诉人们，改革开放不能靠某个能人、强人，必须有完善的制度保障，好的制度才是过河的桥梁。万丰模式的兴衰，让许多人有所触动、有所醒悟。《第一财经日报》的文章写道：“随着社会的发展，能人治理必然要向新的治理形式转换，这种新的治理形式的核心是民主化基础上的法制化。万丰村是否能借此契机，真正走上基层民主之路，仍有待观察。”历史不应以成败论英雄，正是一批批像万丰这样的率先渡河者，摸着石头探路，以他们的成与毁、荣与辱为代价，留下了一笔丰厚的财富，为将来的改革提供理论资源与实践样本，为制度的桥梁打下第一根桥桩、第二根桥桩、第三根桥桩……

路应该怎么走，河应该怎么过，深圳人仍在苦苦求索。在这幕宏大的历史剧中，注定会有很多成败兴衰的故事牵动人心。英雄的诞生，英雄的消隐，千古风流，大浪淘沙，一切都要留给历史去解读了。

你投票了吗

深圳在四十年的改革开放路上，创造过不少带有试验性质的模式。从20世纪80年代的“蛇口模式”，到90年代的“万丰模式”，再到21世纪初的“盐田模式”“南山模式”“蛇口模式2.0版”，反映了人们在政治、经济、社会等各个领域的不断探索、不断尝试。

2006年6月10日至11日，来自中共中央党校、中共中央编译局、国家行政学院、中国社会科学院、北京大学、清华大学、中国人民大学、中国政法大学、武汉大学、华中师范大学、上海师范大学、深圳大学、深圳市社会科学院等高校和

新型居委会盐田直选产生

“中英街”等9个社区投票选举出的新一届社区居委会，不再担负政府职能

飞鹤线缆杯

全国副省级城市党报 短新闻竞赛

盐田直选产生新型居委会

研究机构的四十余名专家学者在大梅沙参加第三届中国政府创新论坛。这次论坛的主要议题是：深圳市社区治理体制的变革和发展。“盐田模式”成为人们讨论的重要样本。

1997年，经国务院批准，1998年3月30日正式成立深圳市盐田区。这是深圳市最年轻的一个行政区，辖沙头角镇、盐田街道办事处、梅沙街道办事处和21个居委会。改革开放前，盐田人口不足3万，2005年已逾23万。尽管它的经济一直位于各区前列，但它的名字却是以建构新型社区的“盐田模式”在全国打响的。

2002年2月，中兴街、沙栏吓居委会合并成的中英街社区居委会正式挂牌，由社区选民选举产生了首届中英街社区居委会。2005年的社区居委会换届选举，实行直选。盐田模式的试验，迈出了第一步。所谓盐田模式，主要是指实行“居站分设”，居委会作为居民自治组织存在，实行直选，政府交办的事项则由社区工作站承担。

广东在历史上是一个移民大省，几乎历朝历代都有新移民的到来，也不断有广东人移居海外。祠堂、会馆、同乡会一类民间组织机构，用来维系社群内部的团结，协调内外关系，解决纷争，扶危济困，乃至办私塾、义塾，培养族内子弟，男婚女嫁、生老病死，莫不出面协助，以补政府之短板。老一辈的人在遇上纠纷时，很少说“找政府去”，都说“上祠堂去”，祠堂是评理的地方。宗族内的大部分事务都可以在祠堂解决，族内长老具有很高的权威，祠堂实际上是一个小型的乡村自治单位。这些民间机构是国家与个人之间的润滑剂，是十分必要的“缓冲阀”，使社会的张力得以有效释放，和谐稳定。

广东在历史上是商业发达地区，清代的十三行、七十二行商总商会、善堂、广东自治会等，都是很有影响力的商人组织。有学者把盐田模式的文化起源追溯到清代沙头角曾有过的自治组织“十约”（其实是“十一约”，人们叫“十约”叫顺口了）。这十约于清道光九年（1829）由沙鱼涌一位潘姓乡绅发起，把沙头角的盐田、梅沙、沙鱼涌等地和新界沙头角各村联合起来，组成十一约，共建东和圩。这十一约组成了一个代表会，定期开会，商议区内事务，有很高的权威性，成为维系沙头角地区数十个村密切联系的社团组织，时间长达百余年。

现在这种国家与社会之间的缓冲地带没有了，所有问题立时浮现到社会表层，纤毫毕现，一点转圜余地都没有。于是，欠薪要政府出面，黑中介要政府出面，工伤要政府出面，甚至回乡买不到车票也要政府出面。在土地征用、征地拆迁、干部作风、依法行政等方面，政府更是成了矛盾的焦点。管理者疲于应付，就算有三头六臂也顾不过来，问题愈积愈多，于是危机出现了。

1994年，深圳首次提出物业管理概念，并出台了国内第一部物业管理条例，确立以业主为主体、以产权为纽带，以业主大会、业主管理委员会实现业主自治。“自治”这个概念，第一次如此鲜明、如此强烈地介入普通人的生活之中。

而盐田的“居站分设”实验，把居委会变成基层自治单位，培育优质的公民社会，社会与国家产生良性的互动，发挥其加强而不是削弱国家能力的作用，最终建立一个既不是“强国家—弱社会”，也不是“弱国家—强社会”，而是学者们后来总结出来的“强国家—强社会”模式。曾任盐田区民政局局长的北京大学政治学博士侯伊莎在《激活和谐社会的细胞》一书中写道：“从清朝的‘十约’制度到改革开放后农村城市化进程中的股份制企业制度，分别是由盐田地区的民众自发组成的自治组织和按照政府的制度设计进行自治的两次公民社会的实践。”

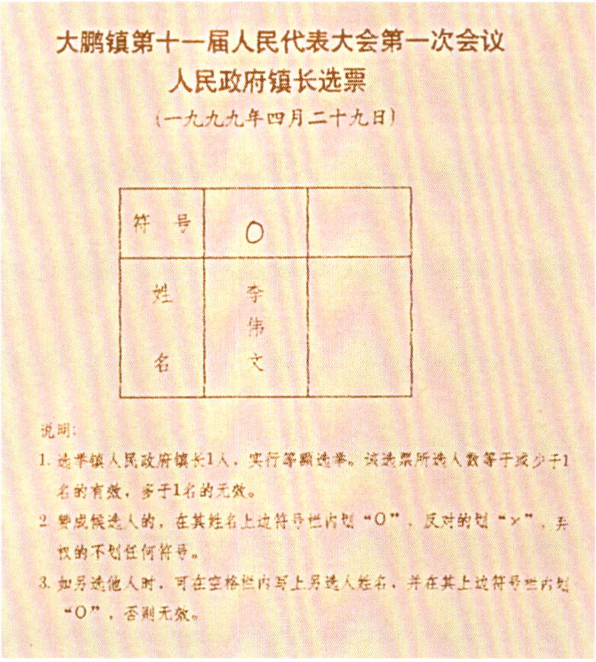
大鹏镇第十一届人民代表大会第一次会议
人民政府镇长选票
（一九九九年四月二十九日）

符号	O	
姓名	李伟文	

说明：
1. 选举镇人民政府镇长1人，实行等额选举。该选票所选人数等于或少于1名的有效，多于1名的无效。
2. 赞成候选人的，在其姓名上边符号栏内划“O”，反对的划“×”，弃权的不划任何符号。
3. 如另选他人时，可在空格栏内写上另选人姓名，并在其上边符号栏内划“O”，否则无效。

大鹏镇选举镇长选票

其实，盐田直选居委会并非首创，早在1999年，大鹏镇就进行过一场基层民主改革，用直选方式选举镇长，当地人李伟文成功当选为第一位直选镇长。但可惜虎头蛇尾，三年后，李伟文离任，继任的历任镇长又恢复了

党员认真了解候选人情况

旧有的组织方式，原因是“上级领导”认为直选没有法律依据。而盐田改革则希望在“上级领导”的指导下，形成有法律依据的制度。经过广泛的宣传和严谨的部署，2005年的居委会选举，规则已显得比1999年大鹏镇直选更加完备，过程更加从容，参选者与选民更加成熟。

4月7日，盐田召开全社区居委会换届选举工作培训和动员大会，标志着换届选举的正式启动。深圳大学派出专家对选举工作进行培训。4月10日，中英街社区居委会由户代表采取无记名投票方式，选出新一届社区居委会选举委员会。随后，选委会向全区派发《致全体居民的一封信》，设立选举专栏，进行宣传预热。4月11日开始进行选民登记。

最初居民都不太相信会有真正的选举，任工作人员唇焦舌敝，反应依然平平。4月30日，797位符合资格要求的选民登记完毕。5月10日，公布初步候选人名单。经280名选民参与提名，根据得票多少确定了9位候选人。各候选人随即开展了竞选宣传活动。每一步都很紧凑，选举的温度也逐日提高，成为街谈巷议的话题。

5月16日晚上，中英街社区居委会直选进入候选人演说、问答阶段。这是一件非常新鲜的事情。《南方日报》以“盐田社区居委会直选火爆开锣”为题作了报道。演讲台下早早坐满了前来“观战”的居民，9位候选人先后登台，气氛相当热烈。

竞选居委会主任的沙锦涛年近花甲，是中英街的老居民，当过国有企业经理和私企老板，人称“九叔”，是候选人中的“元老派”代表。他用客家话对大家说，他上台后的第一件事，就是要做好桥头的管理工作。现在中英街居民出入很不方便，提点水果寻亲访友无法通过，买个麻将台要科长批，家里装修的垃圾想找车运出去，也要跑七八天，找这个批那个批。边防管理一点也不人性化，居民进出边防管理站太不方便。他说：“现在居委会是自治组织，我们居委会必须团结居民，争取各方支持，大力解决边防管理站口居民进出难的问题。”

有选民提问：为了防止走私，有关部门规定不能骑自行车进出中英街边防管理站口，给居民造成不便。你当选后怎么解决？沙锦涛以老成持重的语气回答："我当选后将代表居民向政府提意见，采用和平和理性的手段表达居民意愿。"

沙井镇依法实行"一张白纸选村干"

接着是另一位候选人吴伟彬上台，他45岁，被视为"少壮派"的代表。他的演讲也是以解决中英街出入难为主要内容。"这条不够百米的一段路，好像越走越长，涉及的问题太多。"有选民问他：现在中英街关卡多，对居民携带商品进出管得很严，很不方便。这个问题如何解决？吴伟彬的回答比九叔更明朗："我会代表居民去提意见。如果居民遭到粗暴对待受了伤，居委会一定会坚决为居民讨回公道。"

在提问阶段，有选民把相同的问题再次问沙锦涛，这时九叔的回答一改先前的婉转语气，直截了当地回答："视粗暴对待情况不同，采取不同措施。如果居民没有受伤，会找相关部门沟通协商；如果居民受伤会要求相关部门做出处理。我会坚决地为居民说话，哪怕摘掉头上'主任'的帽子。"他的回答博得现场一片掌声。

尽管居民提问大多很尖锐，但在一些不那么尖锐的问题上，候选人也有机会展现其幽默风趣和文化涵养的一面。一位75岁高龄的老伯也是候选人，他上台演讲时自称是被居民推上台的，他不想竞选主任，但让他竞选个委员，"我还是欣然接受的"。他的五分钟演讲，被掌声、笑声打断了三次。而吴伟彬说他当选后最大的心愿，是把中英街的历史文化和沙栏吓村的鱼灯舞等传统民间艺术挖掘整理、发扬光大，建设一个美好的"活力社区"。他还说，希望振兴衰落中的中英街商业，同时希望能够建立困难家庭档案，以便及时提供援助。

5月21日是中英街社区居委会选举投票日，投票从上午7时30分开始，到16时截止。选民纷纷前往设在社区居委会一楼的中心投票点投下自己的一票，有些在香港工作的选民也专程赶回来投票。到上午11时，中英街700多名选民中，已有500多人投了票。到结束时统计，发放选票797张，收回选票790张，投票率达到

99.12%。所有到场观看选举的专家、记者，无不为之惊讶。

16时20分，唱票开始。主任一职，是沙锦涛与吴伟彬之间的竞争。在小黑板的两个名字下，随着唱票声，不断出现新的“正”字。16时45分，沙锦涛已经有近60票，吴伟彬只有不足10票。他的拥护者开始失望离场。但原居委会主任刘伟强却说：“还有一些投票点的票没唱到，我已经闻到追赶的味道。”

果然，17时30分，沙锦涛150票，而吴伟彬为135票，两人的票数十分接近。17时35分，唱票现场爆发出一阵惊呼声：沙、吴二人的票数都是160票！追平了！人们屏息静气，盯着小黑板。沙锦涛也停止了聊天，神情紧张地听着唱票。两人的票数咬得很紧，你追我赶。到吃饭时间，已经离开的居民又回来了，把门外围了个水泄不通。直到17时55分，点票已经过大半，沙锦涛领先了50多票。沙锦涛感到胜券在握，这才长长地松了一口气。19时20分，结果出来了：沙锦涛504票，比吴伟彬多245票，当选为新一届中英街社区居委会主任。很快，副主任、委员也选出来了。沙锦涛激动地向选民们连连鞠躬：“感谢社区居民为我投上信任的一票，你们的信任是我最大的光荣！”

海涛社区在5月16日举行候选人竞选演讲。一位口才显然不太好的候选人在演说中处于劣势，过后他给全体选民写公开信，以文字宣示他的承诺：“努力创建文明、安全、祥和、宁静的社区环境”“保证社区财务管理公开、透明”“努力提升居民就业率”等。另一位候选人不甘落后，马上也写了一封公开信，并连夜冒雨送给每一位选民，信中承诺“居民投诉都有着落，将设立七条24小时热线”“做业主权益的维护者”“关心残疾人，保障居民的基本生活”等。这位候选人承认，是“对手的强大激发了我的积极性”。海涛社区在5月21日举行投票，登记选民1353人，投票率为75.66%。

小梅沙社区本地原住民占了绝大多数，选举显得相对平淡，没有举行竞选演说，宣传活动仅限于政府统一印制的候选人宣传栏。主任人选袁碧元，由于提名时的投票

1990年10月，招商局蛇口工业区有限公司举行第二届董事会董事候选人演讲答辩会

人数已超过有效选民总数一半，得到赞成票也超过投票数一半，所以不必经过竞选，直接当选。只有副主任和委员要由选民投票选出。投票日是5月28日，登记选民291人，投票率达到100%。能出现这么高的投票率，也与选举委员会安排了流动投票箱，上门让选民投票有关。

盐田区举办的居委会直选具有石破天惊的意义，它是一次基层自治的大胆尝试。地方政府、候选人和选民的成熟表现，显示出很高的民主素养，用事实击碎了所谓中国人素质低、不能实行民主选举的荒谬说法。

深圳大学当代中国政治研究所一位研究生在调查了海涛社区的选举后，发出这样的感叹："什么时候在我们的身边出现了具有如此成熟政治品质的人呢？"其实在现实生活中，这种具有公共品质的人物数不胜数，以前看不到，是因为现实没有给他们机会冒出来。这位研究生说："人们可以通过这种社区范围内的政治活动来获得对政治参与的体验，这种政治的广泛参与能够导向民主。民主就存在于日常生活之中。"

2006年1月14日，中共中央编译局比较政治与经济研究中心、中共中央党校世界政党比较研究中心和北京大学中国政府创新研究中心联合主办的"中国地方政府创新奖"在北京人民大会堂举行第三届颁奖典礼，盐田区社区治理体制改革项目脱颖而出，成为广东省唯一的获奖项目。

在2006年的中国政府创新论坛上，北京大学中国政府创新研究中心主任俞可平在做总结性发言时，把"盐田模式"归纳为三个方面的创新：第一，新的社区治理理念，重点突出基层自治组

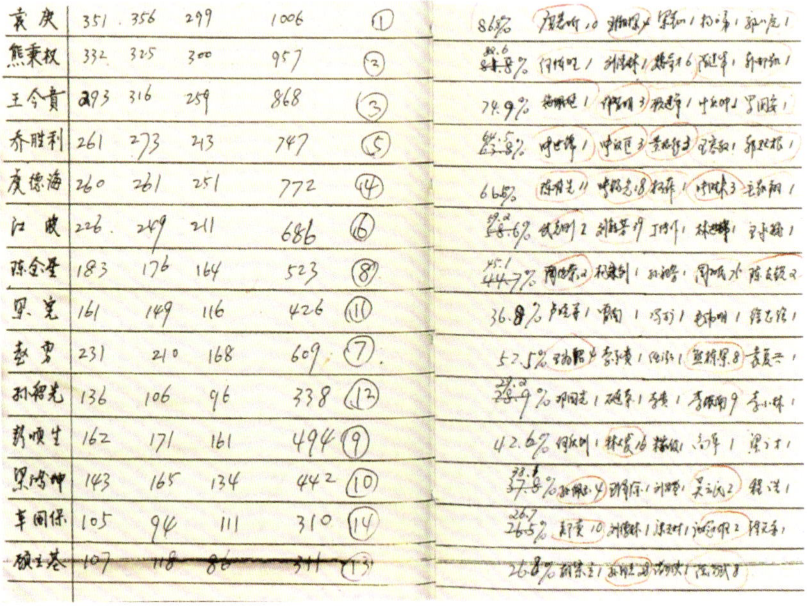

袁庚	351	356	299	1006	①	86%
熊秉权	332	325	300	957	②	[illegible]
王今贵	293	316	259	868	③	74.9%
乔胜利	261	273	213	747	⑤	[illegible]
虞德海	260	261	251	772	④	66%
江波	226	249	211	686	⑥	[illegible]
陈金星	183	176	164	523	⑧	44.7%
梁宪	161	149	116	426	⑪	36.8%
[illegible]	231	210	168	609	⑦	57.5%
孙绍先	136	106	96	338	⑬	[illegible]
郭顺生	162	171	161	494	⑨	42.6%
梁鸿坤	143	165	134	442	⑩	[illegible]
车国保	105	94	111	310	⑭	26.5%
~~顾立基~~	~~107~~	~~118~~	~~86~~	~~311~~	~~⑬~~	26.8%

招商局蛇口工业区有限公司第二届董事会选举票数统计表，选举结果公布在《蛇口消息报》上

织的自治功能，淡化政府管理色彩；第二，新的社区治理结构，政府部门、居民组织、服务机构都积极地参与社区治理之中；第三，新的社区治理体制和机制，如一系列新的社区选举机制、社区管理机制、社区服务机制、养老扶贫机制、后勤供给机制等。他说：“盐田社区治理体制创建之所以获得了政府改革创新奖，很重要的一个原因，就在于它在培育积极、健康的公民社会方面做出了有益的尝试。”

然而，迄今为止，不少民间组织还没学会怎样扮演“民间”的角色。不少企业还没建立工会，已有的工会不为工人说话，反而甘附资方骥尾，行业协会俨然成了行政机构，业主委员会或难以成立，或与开发商互相勾结，有时这些组织还可能成为精英阶层与权力结合的机关。民间要真正自治，做到以合法的方式确保公民的利益不被忽略和侵犯，培育公民的参与意识，并实际参与各种公共事务，影响公共政策，还有漫漫长路要走。

“盐田模式”为社区注入了活力，并且建立起自己的社工队伍，把服务逐步延伸到养老、环保等领域。2007年7月，盐田区被国家确定为全国社工队伍建设试点区。在没有现成经验可借鉴的情况下，盐田找到了香港社会服务发展研究中心，引入香港成熟的社工组织管理和标准，并出台了《盐田区社会工作者队伍建设试点方案》，率先成立了社会工作者协会、社工服务中心，搭起全国第一个社工职业平台。“义工”这一概念，正日益为市民所熟悉，“送人玫瑰，手有余香”，这一深圳义工所信奉的理念，在2010年的“深圳最有影响力十大观念”评选活动中入选。

2015年，盐田区获2014年度“中国人居环境范例奖”。2017年，盐田区获环保部颁发的第一批“国家生态文明建设示范区”荣誉称号，这是深圳市唯一获此殊荣的行政区。同时又获得“全国平安建设先进区”称号，成为广东省五个获此殊荣的行政区县之一，也是深圳市唯一一个获奖区。

经过四十年的改革开放，原来的社会结构已发生重大变化，决定改革前途的，已不再是“改革派”与“保守派”之争了，而是规则之争、制度之争。20世纪80年代的改革动力是自下而上的；从90年代开始，改革是自上而下的。顶层设计的改革，为制度创新提供了可能性。如果没有制度的改革创新，则一切改革都难以健康发展。中国的未来，社会的文明、和谐，国家的兴衰，全系于此。

腾笼换鸟

1983年，距离香港回归还有14年。虽然中英两国已就香港前途问题开始了历史性的谈判，但在民间，还没有多少人认真想过，14年后香港回归，会开创怎样的一种局面。这时广东省已向中央提出了一个超前的设想：建立大、中、小珠江三角洲经济区。大三角是结合香港、澳门回归以后，以广州为中心，以深圳、珠海为前沿，包括省、港、澳在内的三市二十四县；小三角是以广州、深圳、珠海等开放城市为中心的三市十三县。其基本的战略构想是：把广东经济的重心从深圳移到广州，使之成为广东省政治、经济、文化的中心。

省、港、澳三地抱团，在金融、交通、运输、国际贸易、信息、家用电器、电子等方面，都有独占鳌头的优势。珠三角不仅可以促进华南的发展，而且应该辐射到大西南以及促进全国的发展。1984年1月，广东省正式向中央上报了《关于珠江三角洲经济发展情况的报告》。那时，中英就香港前途问题正在进行谈判，还没有最终结果。因此，几经酝酿，最后中央批复：先搞好“小三角”，取得经验，再搞“大三角”。

尽管人们对未来抱有各种不同的心态，也有各自不同的期许，但时间并没有为人们停留一分一秒。1997年7月1日，香港这个百年游子终于回归，成为中华人民共和国特别行政区。香港曾经是新安县辖地，两地民众唇齿相依、血肉相连。现在，它是深圳的邻居与伙伴了。

然而，香港回归之日，泰国货币

深圳软件园

遭到美资国际对冲基金的狙击，泰国、韩国、印度尼西亚、马来西亚及新加坡等地的货币均受到国际炒家的袭击。一时风起云涌，形成了破坏力极强的“亚洲金融风暴”，锋面所至，满目疮痍。8月以后，香港亦受波及，恒生指数从8月7日开始，一路急挫，到8月底跌幅达15.2%。

警号闪电般传遍整个珠三角。以“三来一补”和贴牌生产为支柱产业的地区首当其冲，暴露出缺乏抵御风险能力的致命弱点。只要外围经济出现波动，多米诺骨牌效应便会瞬间形成。深圳不可避免地受到影响，投资急剧下降，部分企业开工不足，经济效益下滑，产量减少，库存增加，市场低迷。火车站外坐满了背着行李准备返乡的打工者，满身风尘，一脸茫然。这种情形一直持续到1998年。一份研究报告甚至悲观地预测：“深圳市当前社会总供给略大于社会总需求的宏观经济基本态势，将延续到1998年上半年，总需求结构中消费领域的有效需求明显不足问题，将会持续到明年（1999年）春季。”

危机不是一朝一夕形成的。早在20世纪90年代初，不少先知先觉者已提出深圳经济的转型问题。“三来一补”这种经济形式虽然为农民带来了丰厚财富，积累了第一桶金，但受先天条件的局限，难以持久。当它越过了黄金巅峰之后，便不可避免地进入风水尾了。深圳经济必须转型，主动也罢，被动也罢，已势不可当。你不向山走去，山就向你走来了。

1994年11月，广东再次把“珠三角经济区”的概念提出来做实体规划，但深圳的定位依然模糊不清。它到底是区域重心还是区域前沿，是物流枢纽还是制造业中心？它要发展重工业、轻工业，还是金融业、服务业？早在1988年，深圳就曾经制定了《深圳经济特区加快高新技术及其产业发展暂行规定》，当时所称的高新技术及其产业，主要指微电子、计算机及软件、通信、信息技术、新型材料、机电一体化、新能源与节能新技术等。而1996年年底完成的《深

深圳高新技术产业园区

圳市城市总体规划（1996—2010）》给自己的定位是：具有全国意义的综合性经济特区；区域综合交通枢纽；以集装箱运输为主的港口城市；与香港功能互补的区域中心城市；以高新技术为先导的区域制造业生产基地和具有亚热带滨海特色的现代历史文化名城。

在这个规划中，深圳仍然是一个制造业生产基地，只不过加入了“高新技术”作为制造业的“先导”，而不是以低端加工业的流水线为先导。高新技术在规划中还没有独立成章的位置，但已有一批创业者清醒地意识到，深圳经济要翻页了。他们开始把目光转向更高处，试水高新技术领域了。

1996年9月，深圳市在南山区划出了11.5平方千米的地方，用来兴办高新技术产业园，以发展电子信息、生物工程、新材料、光机电一体化四大产业为主，预计就业人口可达12.03万人。这是国家“建设世界一流高科技园区”的六家试点园区之一，也是“国家知识产权试点园区”和“国家高新技术产业标准化示范区”。当时还是“三来一补”的全盛时期，工厂达5000多家。但亚洲金融风暴一下子使更多人的脑子霍然清醒，意识到产业升级转移的迫切性。

赛格电子市场

1991年，深圳全市高新技术产品产值是22.9亿元，亚洲金融风暴肆虐的1998年，上升到655.18亿元，产值年均递增54.2%，占工业总产值的比重由8.1%提高到35%，成为深圳经济发展的第一增长点。而“三来一补”则江河日下，不少工厂大门紧闭，挂起了“本栋厂房出租”的横幅。曾经炙手可热的厂房，现在无人问津，招租广告沦为“牛皮癣”，贴满大街小巷。

2001年12月中国加入世贸组织（WTO）后，珠三角产业升级的压力陡然增大，变得迫在眉睫。2003

年6月，内地与香港、澳门签署《内地与香港关于建立更紧密经贸关系的安排》（CEPA）；8月，广东省又提出推进“大珠三角”经济合作新动议，决定海陆空并进，打造从一小时到三小时内通达的经济圈。2004年再发文《泛珠江三角洲区域科技创新合作框架协议》（9+2）。所谓“9+2”泛珠三角，乃指粤、闽、赣、桂、琼、湘、川、滇、贵九省加上港、澳两个特区。从自然地理上看，泛珠三角的概念大而不当，引起了一些学者的疑问：一个约4万平方千米面积、4000多万人口的珠三角，怎么可以“泛”到近200万平方千米、4亿多人口的地方去呢？

有人认为，CEPA是为了拯救在金融风暴中七损八伤的香港，“9+2”是为了拯救珠三角。用“拯救”这个词，虽不完全贴切，但也并非毫无道理。2002年深圳的“三来一补”工厂只剩下3607家，到2006年还有2960家勉强维持着。“拯救”的办法，就是产业的转型升级。2008年世界再次爆发“金融海啸”，本来已日薄西山的“三来一补”，屋漏偏逢连夜雨，加快了没落的速度。在深南大道上，出现了一块巨大的公益广告牌，上面赫然写着“同舟共济，共度时艰”八个触目惊心的大字。一位在深圳打工的年轻人，每天从这块广告牌下经过，他在网上留言说：“11月的时候，我看见它，觉得很搞笑：金融风暴哪有那么夸张？12月的时候，我看见它，心里想：这个，真的可以有。”

“金融海啸侵袭下的深圳显现出从未有过的荒凉，大批企业倒闭，企业老板欠薪逃跑的事时有发生。”在南山区南油第三工业区，午饭时间却冷冷清清，只有两三个工人蹲在路边吃饭。一位打工者写道：“曾经吃饭时间摩肩接踵的景象不复存在，整个登良路显得空荡荡的。”南山学府路的花园商厦交楼近半年，临街一间间宽敞的铺面依然闲置，无人承租。这里的住户都说：就算是附近那间老商场，楼下的商铺也是时开时关，租户像走马灯一样转，从未间断。生意之难做，人气之清淡，近年少见，可见危机来势之凶、之猛、之迅。

有能力转型的纷纷转型了，没能力转型的、产值小的、经济效益差的、污染性大的，面临着被淘汰的命运。福田有一家皮具厂，以前接法国的订单，做也做不完，鼎盛时有700多员工，现在只剩下100多人，老板唉声叹气：“我不知道能不能挨过这个冬天。”

许多人身家大幅缩水，连上酒楼吃饭都减少了。往日人头攒动、排队轮位的酒楼，现在门可罗雀。

海啸横扫之下，深圳的“三来一补”飘篷梗断，“死”剩1906家还在苦苦挣扎；到2009年，只剩下1600家。现实摆在人们面前：土地已基本消耗殆尽，能源严重不足；市场化程度愈来愈高，地方政府的经济保护逐渐淡化；资本外流；产业开始向低成本地区转移。凡此种种，都是倒逼经济转型的原因。

当长城计算机深圳公司、长城国际公司、长科公司、海量存储公司、华为公司、中兴新公司、深圳市通讯工业公司、泰丰电子公司、科兴公司等企业在贺喜的花团锦簇中舞着龙狮、燃着鞭炮进驻高新技术产业园的同时，“三来一补”企业则逐步黯然退场。2011年以前，政府以各种政策推动“三来一补”企业转型；在此之后，政府提出了五年淘汰6000家企业的目标。“三来一补”的大限，终于降临。2012年宝安区还有847家“三来一补”企业；到2015年年底，因有效期满自动消亡702家。2017年，剩下的“三来一补”企业已不足100家。

在2008年《中共广东省委、广东省人民政府关于推进产业转移和劳动力转移的决定》中，“腾笼换鸟”的发展战略正式出台，该战略也称为“双转移战略”，即珠三角劳动密集型产业向东西两翼、粤北山区转移；东西两翼、粤北山区的劳动力，一方面向当地第二、第三产业转移，另一方面其中的一些较高素质的劳动力，向发达的珠三角地区转移。

芳林新叶催陈叶，流水前波让后波。一个时代就这么终结了。这是一个群雄并起的时代、创世纪的时代，一个令人长久缅怀的时代。它的下一章，将更加波澜壮阔，对世界的影响更加深远。

深圳沃尔玛购物广场开业典礼

现在轮到高新技术唱主角了。虽然2008年金融海啸肆虐全球，但是深圳高新区在占全市不到0.6%的土地上，实现工业总

国内首创的虚拟大学园

产值2249.78亿元，同比增长17.60%，占全市工业总产值的14.19%；高新技术产品产值2134.07亿元，同比增长17.51%，占全市高新技术产品产值的23.36%；工业增加值490.33亿元，同比增长22.99%，占全市工业增加值的13.55%；出口112.31亿美元；实现税收119.78亿元。

1999年，海内外58所著名院校，包括清华大学、北京大学等42所中国内地院校，香港大学、香港中文大学等6所香港院校，乔治亚理工学院等7所国外院校以及中国科学院、中国工程院院士活动基地和中国社会科学院研究生院组成的深圳虚拟大学园落户高新区，打造一个高层次人才培养、大学成果转化和产业化基地。由各院校91个国家级重点实验室、工程中心组成的“深圳虚拟大学园重点实验室平台”亦已启动，有数十家在深圳设立了分中心。

《深圳高新技术产业园区发展专项规划（2009—2015年）》为深圳高新区描绘了一幅更为宏大的图景，园区的空间覆盖了深圳湾、留仙洞、大学城、福永北—沙井南、光明、石岩、观澜、龙华、坂雪岗、宝龙、碧岭、坪山（深圳出口加工区）、葵涌、大鹏等园区以及市政府划定的其他高新技术产业发展区域，面积达185.6平方千米，其中高新技术产业用地76.1平方千米。

2014年3月6日，习近平总书记参加十二届全国人大二次会议广东代表团的审议，在谈到全面深化改革、促进结构调整问题时，他用了“腾笼换鸟、凤凰涅槃”八个字。习近平说，腾笼不是空笼，要先立后破，还要研究“新鸟”进笼，

深圳科技园

“老鸟”去哪。要着力推动产业优化升级，充分发挥创新驱动作用，走绿色发展之路，努力实现凤凰涅槃。新华网引用了习近平的话：“我们生长的时代是一个令人激动的时代。面临改革大潮，我们要做改革的弄潮儿，要有强烈的历史担当精神。”

时任深圳市市长的许勤说，作为首个国家创新型城市，深圳要瞄准下一轮世界经济恢复和增长期的产业与技术，打造一个融合技术创新、产业创新、金融创新等各领域创新的综合创新生态体系。深圳已制订自己的“凤凰涅槃”计划了，早在2011年，市政府就下发《关于加快产业转型升级的指导意见》，要求通过综合整治、环境营造、设施完善等手段，改造提升低端落后的社区产业载体，将旧工业园区改造为新兴产业园区和现代服务业集聚区；引导以低端制造业为主的工业园区向高端化、专业化发展。

按照市政府的设想，各个区都有自己的发展侧重点。南山是科技强区，产业比较全面；宝安以制造业为主；龙岗土地多，空间大，布局未来产业、新能源产业；罗湖是传统老区，空间有限，以珠宝产业、文化创意产业为主。

十年前，大学毕业生、硕士研究生、博士研究生能进“三资企业”的设计室工作，已觉得是凤凰栖高枝，心满意足了，但现在，高新园才是他们的最佳创业平台，是他们心中充满希望和阳光的地方。

第八章　世纪之都

让小企鹅飞上天

11月11日，对很多年轻人来说，也许就是一年一度的“光棍节”——一个聚会、狂欢、购物、相亲或者结婚的好日子。但对腾讯公司来说，这一天却意义非凡，因为1998年的这一天，“深圳市腾讯计算机系统有限公司（Tencent）”注册成立，那只风靡全国的小企鹅呱呱坠地了。

腾讯公司成立之初，业务方向是拓展无线网络寻呼系统，为寻呼台建立网上寻呼系统。在那个IT业风起云涌的年代，深圳的电脑公司、网络公司就有逾百家，别说脱颖而出了，就是生存下去，也非易事。网页开发、编程、系统集成，只要是与IT有关的、能赚钱的业务，公司统统都接，只为了在深圳这个充满竞争的地方站稳脚跟。

腾讯公司成立三个月后，第一款免费即时通信软件OICQ，就在深圳的一间

即时通信软件OICQ

腾讯图标

简陋民居里诞生了。当时在国外已有一款以色列人设计的ICQ，I代表我，C代表寻找（与SEEK发音近），Q代表你（与YOU发音近），意思是我找你，可以在网上聊天、发送消息、传递文件。ICQ一经推出，立即风靡全球。1998年，拥有用户数超过1000万的ICQ被"美国在线"以4.07亿美元收购。1999年腾讯从ICQ看到了即时通信的广阔市场，与深圳电信联合立项，由深圳电信投资60万元，腾讯出技术，联合开发出中文界面的OICQ，O代表OPEN（开放）。从这时起，一只可爱的小企鹅就以惊人的速度在愈来愈多的用户电脑屏上一闪一闪地登录了。

这是一款免费即时通信服务软件，与无线寻呼、GSM短消息、IP电话网互联。从表面上看，好像只是ICQ的汉化版，因此有人轻蔑地说腾讯只会抄袭；但从软件的一些功能细节上看，设计者并不满足于一般的汉化，而是加入了很多创新元素，使这款软件从一开始就以强劲的势头，表现出超越其"母体"的潜力。

深圳腾讯大厦外观（图片来源：视觉中国）

ICQ的全部信息都是存储在用户端的，如果用户更换电脑登录，原来添加的好友全都无影无踪了，只能重新逐一添加。而OICQ的用户资料存储于云服务器，用户在任何终端都可以登录，找到原来的好友聊天。ICQ只能在好友在线时才能对话，而OICQ首创离线消息发送功能、隐身登录功能，可以随意选择聊天对象，可以有自己的个性化头像。仅此两项创新功能，已经使许多人毫不犹豫地弃ICQ而投向OICQ了。

到1999年11月，OICQ的注册用户数已多达100万；2000年4月，激增至500万。一款软件的用户数以这样的速度增长，在中国是前所未有的，腾讯创造了一个业界的神话。由于涉及知识产权问题，美国在线在2000年时要求腾讯OICQ改名。腾讯的决策者灵机一动，为这款软件改了一个更有趣、更易于记忆和朗朗上口的名字——QQ。

在此之前，很多电脑软件都是公司名称或者以软件功能命名，听起来正儿八经、枯燥乏味，不能给用户留下深刻印象，但Q这个字母的发音与英语单词“cute”相近，含有可爱、聪明、伶俐、漂亮的意思，与小企鹅的形象非常吻合。QQ一改以往电脑软件那种高冷、古板的面孔，大批平时不怎么用电脑的女孩子也喜欢上了QQ。

真是因祸得福，一个好听易记的名字使QQ的知名度暴涨。“不怕你不喜欢，就怕你不去试”，很多人一试用QQ，就再也离不开它了。2002年8月发布的新版本增加了QQ群功能，好友手机绑定，摄像头绑定，手机通讯录保存在云服务器，手机资料中新增好友手机类别、品牌、型号等信息。从此，QQ不再是一个在虚拟空间的聊天工具，而是与现实世界融为一体的真实社交网络平台，QQ号被视为人们的网络身份证。人们每天打开电脑的第一件事就是登录QQ，年轻人在饭桌上忙着交换各自的QQ号，还把QQ号印在名片上，取代了原来的传呼机号。没有QQ的，简直好像是外星人一样。

深圳腾讯大厦（图片来源：视觉中国）

由于市场需求庞大，QQ号和车牌号、电话号码等一样，也有自己的身价，一个珍稀的号码竟能够成为身份的象征。收藏、转让、买卖QQ号，甚至形成了一个庞大的地下市场。五位数、六位数，或者数字吉利的号码，价值不菲。一位拥有五位数号码的网友诉苦，他平均每天会收到两次以上的木马网站链接；收到三次陌生人发来的病毒文件请他接收；平均两天会有一个人加他QQ，说是中奖或者是系统，请他回复密码；平均三天会有一个人问他的号卖不卖；十个网友中会有两个认为他是黑客，会盗号；十个网友中会有一个认为他和QQ公司有关系。QQ的火热程度，不仅惊动了IT行业，而且惊动了经济学家、营销专家，甚至社会学家、心理学家、教育专家，他们纷纷对这一现象进行剖析研究。

2000年6月，QQ注册用户数突破千万大关，“移动QQ”成功进入联通“移动新生活”。2001年1月31日，NetValue公布亚洲五个国家和地区的互联网网站及实体的排名，包括中国内地、中国香港特别行政区、中国台湾地区以及韩国、新

微信图标

加坡的数据，腾讯在中国排名第六。但这远远不是它的顶峰，真正的高潮还没到来呢。

2003年，QQ推出休闲游戏平台“QQ游戏”。最初只有打牌升级、四国军棋、象棋三个游戏，继而又推出综合门户网站腾讯网。其后又陆续推出QQ音乐、腾讯视频等，显示出腾讯未来的蓝图已不局限于即时通讯概念了，它将涵盖更广泛的领域。腾讯宣称，它的产品和服务，将“像水和电融入人们的生活，为人们带来便捷和愉悦”。

2004年，腾讯在香港主板上市。选择在香港上市的理由之一，是上市地点越贴近本土市场，上市后未来回归内地资本市场的可能性更大。四年后，它被纳入香港恒生指数成分股。公司上市后，开启了一个更大规模的多元化发展时代，目标锁定在门户、网游、搜索、电商四大领域。有人曾担心，腾讯什么都想做，会不会把小企鹅撑坏了？但事实告诉人们，小企鹅大肚能容，胃口好得很呢。腾讯终于盈利了，它成为中国第一家赚钱的互联网企业。

随着QQ、QQ游戏、腾讯网和拍拍网四大旗舰品牌的逐步成型，它们确实和水、电一样，几乎成了人们每天生活都离不开的东西了。对许多人来说，停电的最大痛苦不是风扇不转、空调不冷，而是登录不上QQ和QQ游戏。没了QQ，就好像与世界失联了一样。

2009年，成都腾讯大厦和上海腾讯大厦先后正式启用。腾讯第一座自建的办公楼——腾讯大厦，亦于同年8月在深圳市南山区高新科技园北区落成，楼高193米，42层（地面39层，地下3层），建筑总面积超过8.8万平方米，是深圳的标志性建筑之一。腾讯总部入驻办公之日，上海世博局因它是中国2010年上海世博会唯一互联网高级赞助商，专门发来贺电表示：“深圳腾讯大厦已于近日正式落成，这标志着腾讯作为最优秀的中国互联网企业之一，在快速发展的道路上又迈出了坚实的一步。”

2010年，QQ创造了同时在线超过1亿人的纪录；2014年创下了同时在线两亿人的纪录。从零用户到1亿人同时在线，用了11年时间；从1亿人到2亿人同时在线，只用了四年时间。至2017年第一季度，QQ的月活跃账户数达8.61亿，最高同时在线账户达到2.66亿。它的成长，确实是一个令人惊叹的传奇。

世界无限，创新无限，前途无限。2011年，对于腾讯来说，又是一个创世纪之年。一轮巨大的皓月，在人们生活中缓缓升起：微信诞生了。

这个产品一面世，便以狂飙突进之势横扫天下。仅两年时间，微信和WeChat（微信海外版）的总注册用户数便突破了3亿，从海内到海外，从八旬老人到小学生，不分远近，不分男女，只要是有华人的地区，均可见微信的影响。至2017年第一季度，微信和WeChat的合并月活跃账户数达到9.38亿，其中有过半用户每天在微信上花费超过90分钟时间。微信公众平台汇聚了超过2000万个公众账号。微信以一种纯粹的创新理念，为数以亿计用户的生活带来改变。腾讯公司宣称："微信，是一种生活方式。"

确实，已经有愈来愈多的人在日常生活中离不开微信支付了。上酒楼吃饭、饮茶，缴付电费、水费、电话费，都使用微信支付。甚至在街边的水果店、烧腊店、快餐店，也常看见顾客拿着手机问："微信支付，是你扫我，还是我扫你？"腾讯移动支付月活跃账户及日均支付交易笔数均超过6亿次。除了移动支付之外，腾讯所提供的金融服务还包括理财、保险以及面向消费者和中小企业的贷款。这一切，正不知不觉地改变着人们的生活习惯和传统消费观念。

腾讯对整个产业秉持一种开放、共赢的理念。2011年，腾讯成立了产业共赢基金，旨在从整个互联网价值链上发现和扶持互联网及相关行业的优秀创新企

腾讯旗下产品涉及各个领域

业，一年内就投资扶持40多家公司。2017年，腾讯全年投资案120例以上，令众多一线的投资机构瞠乎其后。在“2017年深圳企业100强”公示名单中，腾讯位列第五。

从一家只有三五个人的小公司，到跻身世界500强之列，并一度以超过5000亿美元的市值，成为全球第五大公司，这中间，得跨越多少座山峰，蹚过多少条巨河？腾讯只用了20年时间就做到了。

2012年12月7日，习近平总书记亲临深圳腾讯大厦考察。他对腾讯开发的QQ、微信、街景地图和微型互动投影（Q影）等产品兴趣盎然，不断询问有关问题，并寄语腾讯：“现在人类已进入互联网时代这样一个历史阶段，这是一个世界潮流，而且这个互联网时代对人类的生活、生产、生产力的发展都具有很大的进步推动作用。今后在互联网的发展与建设中，从法规建立完善到技术的发展各方面，你们的意见都很重要，希望你们今后在这方面更多地建言献策。”临别时，习总书记对腾讯所付出的努力、取得的成绩、做出的贡献，表达了衷心的感谢。

当腾讯的小企鹅在世界舞台骄傲飞翔、愈飞愈高时，还有多少人记得那个曾经想告腾讯侵权的ICQ呢？虽然后来它也不得不步QQ后尘，推出了中文版，但在中文世界里，有多少人在使用它呢？那些曾经嘲笑腾讯只会抄袭模仿的人，现在都沉默不语了。回顾历史，腾讯所走的每一步，都是以创新为动力的，它的巨大成功，也是靠创新。创新就是自己革自己的命。在深圳的成功企业，都是善于自己革自己的命，都是英雄干掉英雄的高手。创新发展，可以说是深圳精神的核心价值之一，腾讯得其精髓，得市场矣。

华为，大有可为

1987年10月，深圳举行了一场中外经济技术合作洽谈会暨国际金融与投资展览会，共有3000多名深圳和其他地区企业代表以及1000多名客商参加，共签订合同68项，协议投资总额达2.1386亿元人民币、5435万港元和9265万美元。洽谈会气氛热烈，媒体纷纷进行报道。

几乎没有人留意到，会场之外，一家名为“深圳华为技术有限公司”的企业悄然挂牌成立了。这名字听上去很响亮，但只有6个人，充其量就是一家小作坊，它主要经营小型程控交换机、火灾警报器、气浮仪开发生产及有关的工程承包咨询。这些老掉牙的生意门槛低，竞争者众，大多是赚不到钱的，真正能带来利润的，就是靠代销香港生产的一种HAX交换机，将它进口到内地，再赚取差价。当时在深圳凭着特区的天时、地利，靠赚差价为生的公司成百上千，多一家不多，少一家不少。谁也不会想到，这家作坊式的小公司，30年后，会发展成全球领先的信息与通信技术（ICT）解决方案供应商。

尽管这类作坊式的小公司在深圳多如牛毛，但华为从开张的那一天起，就表现出与众不同的进取心。当许多人以为在大城市才有机会时，华为却在1992年把目光转向农村，为农村提供数字交换解决方案。这种“农村包围城市”战略非常成功，1995年，公司销售额达15亿元，主要就是来自农村市场。直到1998年以后，华为才逐步把市场拓展到城市。

走到这一步，对很多小公司来说，已经是麻雀变凤凰，可以回乡下盖大屋了。但对华为来说，这只是一条起跑线而已。从1998年起，华为投入巨资，系统性、大规模地引入国外管理咨询公司，逐步将国际巨头的先进管理模式移植到华为，重新构建世界级管理体系，显示出问鼎国际市场的雄心壮志。

为了实现这一目标，华为不断试水俄罗斯、南非、印度，但初时的成绩不尽如人意。1999年，在印度班加罗尔设立研发中心；2000年，在瑞典首都斯德哥尔摩设立研发中心；2001年，在美国设立四个研发中心，并加入国际电信联盟

华为技术有限公司

华为手机专卖店

（ITU）。在国际市场上，华为还是坚持在国内行之有效的“以农村包围城市”战略，以非洲、中东和东南亚作为跳板，逐步扩展至欧美等发达国家。2004年，这个战略初见成效，华为获得荷兰运营商Telfort价值超过2500万美元的合同，首次实现在欧洲的重大突破。

2005年，华为成为英国电信首选的21世纪八家网络供应商之一，提供多业务网络接入部件和传输设备。英国电信对供应商的选择以苛刻著称，年轻的华为被其相中，而且还是一个似乎不太知名的中国企业，令许多老牌跨国企业都为之吃惊，当他们开始警觉时，一个强大的“竞争对手”，已在地平线上冉冉升起了。

华为智慧城市解决方案已应用于全球40多个国家的100多个城市，在金融领域，华为全渠道银行解决方案已服务于全球300多家金融机构，包括全球十大银行中的6家；在能源领域，华为的全联接电网解决方案，已应用于全球65个国家，服务170多个电力客户；在交通领域，华为提供的数字城轨、智慧机场等解决方案，已服务于全球超过22万千米的铁路和高速公路、15家以上客流量超3000万的机场。然而，一般消费者之所以记住华为，并不是因为它在这些领域的骄人成绩，而是因为它所生产的手机。

华为技术有限公司设立手机业务部，厉兵秣马，开始进军手机行业，是在

2003年7月。那是手机进入彩屏时代的元年，中国移动用户总数已突破两亿大关，市场竞争更趋激烈。国内的手机市场，仅诺基亚、摩托罗拉这两个外国品牌已占超过46%的份额，直到2002年年底，中国品牌仍然在25%的市场份额上拼死拼活、苦苦鏖战。华为的杀入，为中国品牌增添了一支强劲的生力军。

2004年，“华为”的名字首次出现在法国戛纳的3GSM（第三代移动通信技术）大会上，华为推出中国第一款WCDMA（宽带码分多地）手机，并在大会现场做了精彩的业务演示。

2005年，在亚洲3GSM世界大会上，华为以豪华阵容亮相，展出全新系列的WCDMA、百万像素3G手机新品U636和荣获查尔顿媒体集团“最佳3G手机奖”的U526，其出众的技术实力与时尚气息，给所有人留下了深刻印象。

2006年，华为推出第一款具备音乐特性、手写和隐形功能的CDMA（码分多地）手机，全面整合娱乐与商务功能。

2009年，华为首款自主研发的安卓智能手机在西班牙的世界移动通信大会上面世，令人眼前一亮。智能手机的时代来临了。各款新型智能手机、终端源源不绝地上市，尽管手机市场百花齐放，发展日新月异，但许多年后，人们对华为那些曾经风靡一时的经典机型依然记忆犹新，津津乐道。

2010年，华为在德国、英国同步发行全球首款With Google的安卓2.2普及型智能手机IDEOS，从此普通消费者也能使用高端智能手机了。“IDEOS”寓意创意、灵感，“ID”代表以工业设计为核心的硬件平台，寓意领先的设计理念和高超的工艺水准；“E”是互联网从个人电脑终端向移动终端演进的一个符号；“OS”代表以操作系统为核心的软件平台，寓意华为对智能终端的战略布局。

2011年，华为C8500成为国内第一款销量破

中国软件产业博览会上华为云技术展台

百万的安卓智能手机，而且是在半年内破百万的国产智能3G手机，创造了一个业界神话。

2012年，华为智能手机AscendP1S在美国CES展惊艳登场，创下6.68毫米全球最薄和在4.3英寸屏幕智能手机中速度最快的两项世界之最。“Ascend”是攀登、上升之意，作为新型智能手机的系列名称，代表了华为勇于进取的精神。

2013年，华为在MWC上发布了Ascend P2。这一款机型最大的亮点是放弃了之前采用的德州仪器处理器，改为使用自行开发的海思处理器。这个小小的改变，代表着华为手机的核心技术向自主研发迈出了坚实的一大步。

仅仅用了四五年的时间，华为已稳稳站在了国产手机的龙头位置。除了P系列，华为的全能大屏旗舰Mate系列、青年人专属的麦芒系列，无不在市场刮起阵阵旋风。2016年，华为全年智能手机发货量达1.39亿台；全球市场份额提升至11.9%，居全球前三。

华为号称是一家“百分之百的民营企业，二十多年来生存不是靠政府、不是靠银行，完全是靠顾客、靠市场”，它是怎么做到的？也许，最令华为人自豪的，是他们有一批在市场上像“狼”一样的员工，嗅觉敏锐，不屈不挠，奋不顾身，进攻不止，而且有非常强的团体奋斗意识。为了让这批“狼”时刻保持最旺盛的斗志，公司也毫不吝啬，采取了在中国企业闻所未闻的奖酬分红制度，98.6%的股票归员工所有，总裁所持有的股票只占1.4%。2010年，华为净利润达到238亿元，配出了一股2.98元的股息。一名在华为工作10年绩效优良的资深主管，配股可达40万股，这一年仅股利就有将近120万元的

华为南京研究所

收入。试问，国内有几家公司做得到？

和深圳所有成功企业一样，在华为的成功经验中，有一条是必不可少的，那就是“创新”。2010年，华为的集成Femtocell（毫微微蜂窝基站）的家庭媒体中心设备，获得2010年“家庭接入产品设计与技术创新”行业大奖；英国著名杂志《经济学人》也把享有盛誉的2010年度公司创新大奖授予华为；2012年在上海举行的“2011中国增长、创新与领导力峰会”上，华为被全球著名增长咨询公司Frost & Sullivan授予全球管理服务领域唯一奖项“年度全球电信管理服务增长与创新奖”；2013年Frost & Sullivan再把“2013年度云基础设施产品创新奖”授予华为；在2015年LTE/5G全球峰会上，组委会给华为颁发了“NFV创新奖”和“5G最杰出贡献奖”，肯定了华为在网络功能虚拟化、云化以及推动5G标准化及商用方面做出的巨大贡献。

2013年，华为首超全球第一大电信设备商爱立信，排名《财富》世界500强第315位。2016年，全国工商联发布“2016中国民营企业500强”榜单，华为以3950.09亿元的年营业收入成为500强榜首。在“2016中国企业500强”中，华为排名第27位；在“2017年深圳企业100强”公示名单中，华为位列第二。2017年美国《财富》杂志发布了最新一期的世界500强名单。华为以785.108亿美元的营业收入首次打入前百强，排名第83位。这有赖于华为在创新方面持续而强力的投入。2016年，华为研发投入达110亿美元，研发占比14.65%，超过了美国的苹果公司。华为在本行业内，已逐步攻入了无人区。

华为的总部设在龙岗坂田街道，这里是它的发祥地，是它成长的摇篮。无论以后华为的版图扩张到哪里，不管它的工厂和研发机构设到哪里，这里永远是华为这个巨人牙牙学语、蹒跚学步的地方。

今天的华为，已经瞄准了一个新的领域，那就是共建一个“全联接世界”。从古至今，从手势、符号，到语言、文字，再发展至今天的数字化沟通，无论沟通方式如何变化，人类不断追求通过联接表达关怀与分享却从未改变。华为心系共建更美好的全联接世界，以科技丰富人类的沟通和生活。

在未来，高速联接将像空气一样无处不在。人与人、人与物、物与物会时时刻刻基于联接进行实时智能数据分析和沟通，及时满足人们的各种需要。使用联接会变得像呼吸一样自然，甚至完全忘记它的存在，各种贴心的应用及服务与人们的日常生活完全融为一体。这就是华为的愿景。

创新高地

1999年10月5日，首届中国国际高新技术成果交易会（高交会）在深圳新建成的高交会展览中心开幕。这是继中国出口商品交易会（广州）、中国投资贸易洽谈会（厦门）之后的又一个国家级交易盛会。中国高新技术成果实现产业化，有了一个广阔的转化平台。首届高交会由中国对外贸易经济合作部、科学技术部、信息产业部、中国科学院、深圳市人民政府共同主办，由高新技术成果交易、以“国际计算机、通信、网络产品展”为主题的高新技术产品展示交易、高新技术论坛三大部分内容构成。

首届高交会人气旺盛，参展企业2856家，参展项目4150个，到会投资商955家，5个外国政府团组，26个国家和地区的86个代表团，32家世界著名的高科技跨国公司，全国31个省、自治区、直辖市和港澳台地区及22所著名高校、4个国家部（院）组团参加了展示交易洽谈，成交额64.94亿美元。

从此以后，高交会每年举办一届，跃居中国规模最大、最具影响力的科技类展会，有“中国科技第一展”之称。2015年11月16日，第十七届高交会开幕，以“创新创业，跨界融合”为主题。当来自90个国家和地区的58.3万人次观众如潮水般涌入高交会的主会场和各个分会场参观时，南方科技大学（南科大）通过微信公众号发布了一则消息：诺贝尔化学奖获得者罗伯特·格拉布斯（Robert H. Grubbs）

高新技术成果交易会原场馆（模型）

11月18日将来校作报告。消息在校园内引起了轰动。南科大是一所2011年才在深圳创办的大学，在这么短时间内就把如此重量级的科学家请来学校演讲，让学生们好一阵激动。

格拉布斯因为在烯烃复分解领域的卓越贡献，于2005年荣获诺贝尔化学奖。他在世界各地创建了多家高竞争力、快速发展的高新技术企业，涵盖新材料、新能源、医用材料、绿色化工领域，并获得2010年美国化学会总统化学企业创新动力奖。演讲那天，南科大第一科研楼一楼报告厅里座无虚席。格拉布斯在报告会后对记者表示："深圳的发展速度令人惊叹，短短三十多年时间已经发展成为一个现代化都市。"

这时，在塘朗山的另一边，高交会首次设立在市民中心和大运中心的无人系统分会场和机器人分会场里，五花八门的无人机、无人车、无人船、飞艇和小型机器人，激起参观者阵阵惊叹声。

中兴通讯股份有限公司

几乎没有哪个参观者能够一口气走完国家高新技术成果展、省市及港澳台高新技术成果展、高校高新技术成果展、信息技术与产品展、节能环保展、新能源展、智慧城市展、电子展、光电显示触控展等一系列展区。

交易商们都是直奔自己感兴趣的展区，全球像素分辨率最高、靶面最大的图像传感器，全球最薄的柔性显示屏，全球最大尺寸8K显示屏，全球最快速桌面式3D打印机，全球首款商业个人立式飞行器，全球首款量产2K虚拟现实头盔，全球首个生物工程角膜，全球最小的医用重离子加速器，全球首创的直线双缸压缩机等原创高科技产品纷纷惊艳亮相，令人眼花缭乱。这是一个科技改变生活的时代。

格拉布斯来南科大演讲一年后，由南科大与格拉布斯合作建立的深圳格拉布斯研究院在市民中心揭牌了。这是中国内地首个以诺贝尔奖得主命名的研究机构，它的目标是建成世界领先的新医药、新材料、新能源领域的科研中心。格拉布斯说：高等教育的发展会为产业和经济发展提供强有力的支撑，对于深圳这座年轻城市的作用尤为重要。他相信深圳能吸引到更多优秀的人才，为高等教育发展提供人才资源。他对研究院充满期待，“期待着年轻人的成长，也期待着研究院的成功”。

“深圳速度”2.0版开始爆发出惊人的驱动力。2016年12月，2014年诺贝尔物理学奖得主中村修二也在深圳组建了激光照明实验室。今天许多家庭都在使用LED灯，但知道蓝光LED的发明者就是中村修二的人并不多。瑞典皇家学院把他誉为“21世纪的爱迪生”。诺贝尔奖评选委员会在颁奖词中赞扬：“白炽灯点亮了20世纪，21世纪将由LED灯点亮。”中村修二的到来，据说是被深圳市光峰光电技术有限公司创始人李屹的一句话打动，李屹对他说：“想再获一次诺贝尔奖吗？来广东吧，让深圳速度给你加速！”

2017年4月，由2013年诺贝尔化学奖得主阿里耶·瓦谢尔（Arieh Warshel）教授领衔的香港中文大学（深圳）瓦谢尔计算生物研究院和由2012年诺贝尔化学奖得主布莱恩·科比尔卡（Brian K. Kobilka）教授领衔的香港中文大学（深圳）科比尔卡创新药物与转化医学研究院同时在香港中文大学（深圳）成立。瓦谢尔在接受采访时兴奋地表示：“深圳快节奏的发展让我惊讶，我们的想法可以在很短的时间内就实现，我很高兴能在这快速发展中扮演一个角色。”

至此，深圳拥有四所以诺贝尔科学家命名的实验室。截至2017年10月，随着国家基因库建成，有1578个国家、省、市级重点实验室、工程实验室等创新载体在深圳落户，覆盖了经济社会发展主要领域。深圳这种规模与档次，是国内其他城市无可比肩的。

深圳国际技术创新研究院

为了给这些科技精

中国深圳石岩湖国际院士村启动仪式

英一个良好的生活环境，2017年5月3日，中国深圳石岩湖国际院士村正式启动。2006年诺贝尔化学奖得主罗杰·科恩伯格，2001年诺贝尔化学奖得主巴瑞·夏普莱斯，中国科学院院士饶子和、吴岳良、王佛松、汪集旸以及中国工程院院士郭位成为首批入驻“村民”。

人才就像被一块巨大的磁铁所吸引，源源不绝地向深圳汇聚。美国纽约大学电子工程博士宁晓然从小在广州长大，他的父母都在广州，他回国创业时，许多亲友都劝他留在广州，但他最终却选择了深圳。他向其他同行咨询时，大家异口同声建议他去深圳，因为那里有更好的创业环境，更容易招到IT类的高科技人才。电子、信息工程等行业在深圳已经发展多年，从电子元件、电路板到软件开发再到系统集成，最后到销售，每一个环节都有很多很成熟的大、中、小型企业，产业链非常完整。宁晓然说：“这样对初创企业来说，可以很轻易找到产业链上下游的伙伴，更容易立足和发展。”

深圳的人才资助计划，也是吸引人才到深圳发展的原因。针对“海归”，2011年深圳市委、市政府推出了引进海外高层次人才（团队）来深圳创业创新的“孔雀计划”，目的是“推动支柱产业和战略性新兴产业领域的人才队伍结构优化和自主创新能力提升，实现人才资源配置和产业优化升级的高端化、高匹配，推动经济发展方式进入创新驱动发展轨道”。

在深圳市政府各项优惠政策的助推下，改革开放以来的第二波“孔雀东南飞”已形成“百鸟归巢”之势。第一波是20世纪80年代的南下民工和大学毕业生大潮，他们的主要目标是建筑工地和“三资企业”；现在第二波大潮已席卷而来，来的都是高端人才，他们直奔互联网、生物、新能源、新材料、新一代信息技术、节能环保、海洋、航空航天、生命健康、机器人、可穿戴设备、智能装备等新兴产业的制高点。

“孔雀计划”的资助对象分为团队与个人两种。对“孔雀团队”的资助，只要经过审核批准，单个团队项目平均资助强度可以达到2000万元，最高1亿元。海外高层次人才创新创业专项资金技术创新项目，审核批准后平均可以获得100万元的资助。这种资助力度，让许多城市望尘莫及。

海外高层次人才翩然来归，不仅可以得到市一级政府的资金资助，而且地方区政府也有配套的人才政策，同样有资金补助，还有住房补贴、配偶优先安排工作、子女优先入学等优惠政策。对于初创企业，政府还提供了税收和场地使用方面的各项优惠政策。

2014年12月，由前海管理局、深圳青年联合会和香港青年协会三方发起，在前海成立深港青年梦工场，专门服务深港及世界青年创新创业，帮助青年实现创业梦想。2015年，从英国留学归来的香港青年陈升及其团队，成为第一批进驻前海梦工场的香港创业团队。他注册成立学学科技有限公司，主营业务是解决物流配送的“最后一公里”以及打造进口零食电商平台。创业不到一年，学学科技就成功获得首轮融资5000万元人民币。陈升说：“其实我希望自己能给香港青年做一个榜样，让更多香港青年到这里来创业、发展。”他担任了香港青年专业联盟前海众创空间的运营总监，为香港青年到前海创业提供导航服务。一年时间，众创空间就吸引了26个香港创业团队入驻。

前海深港青年梦工场

为了吸引更多的优秀毕业生，深圳在2015年针对毕业生又推出了一项租房补贴政策，安居政策已惠及数十万人才。2016年，深圳成立了1000亿元资金的市人才安居集团，未来五年将筹集建设人才住房和保障性住房40万套，其中人才住房不少于30万套。深圳还制定了《关于促进人才优先发展的若干措施》《深圳市出国留学人员创业前期补贴资金管理办法》和《深圳海外高层次人才认定标准（2016年）》等一系列政策，举办了八期“海归人才智路演”“创业大讲堂”等一系列公益活动，目的就是进一步吸引人才。在这拳拳盛意的召唤下，大批有志之士想不心动都挺难。有一篇文章戏称：现在深圳的年轻人，谈得最多的不是泡吧、打游戏，而是创业。

按一般人的想象，申请“孔雀计划”也许要经过烦琐复杂的程序，但已经获得“孔雀计划”资助的宁晓然却告诉大家并没有那么困难，深圳各级政府对申请者“基本都做到了要求明确，流程合理，态度友善，各项政策的申请也都相对轻松”。所以，他对政府的办事效率“个人来说非常满意”，选择在深圳创业，毫不后悔，而且是“明智之举”。

2016年的深圳，有一组令人怦然心动的数据：新增国家级高新技术企业2513家，累计达8037家；累计培育了66家创客服务平台、237家创业孵化载体、17家国家级孵化器；累计引进广东省“珠江人才计划”团队44个、“孔雀计划”创新团队87个，海归人才7万多人。深圳市人力资源和社会保障局的数据显示，引进留学人员“连续三年增幅超40%，呈直线上升趋势”。有人形容：“这是一个不断催生创新活力的生态群落，拥有独特的创新生态链和生态体系。”

深圳市政府发展研究中心一位官员说：“在全球新一轮科技革命潮流面前，深圳正努力抢占先机、勇当尖兵。”这种豪言壮语，在20世纪80年代的深圳官员口中时有所闻，在现实中也处处可见。四十年过去了，“招商引资”“三来一补”一类概念已被“科技革命”“创新高地”所取代，但深圳作为改革“排头兵”“突击队”的位置却没有改变。人们不禁感叹，在深圳的文化基因中，是否真有某种与众不同之处，使它能够长久地保持进取态势，不断走在其他城市的前面？

把深圳比喻为“创客好莱坞”并不为过，深圳的高科技

研祥智能股份有限公司

发展确实让人有点观看好莱坞科幻大片的感觉，其背景之宏大，阵容之鼎盛，各种高科技之层出叠现，精彩纷呈，令人叹为观止——

深圳创达云睿智能科技有限公司宣称，他们发明了用意念控制无人机的起飞。脑电技术与VR（虚拟现实）结合，应用的前景无限，“可以在用户心情沮丧的时候，让他们眼前展现出一片美丽的星空；也可以让用户在玩VR飞行类游戏时摆脱手柄，想往哪里飞就往哪里飞”，武侠小说中的“隔空取物”，似乎正变成现实。

妙智科技（深圳）有限公司则成功地把VR技术从游戏领域引入了医学领域。中山大学附属第二医院利用他们研发的综合医学影像平台，为一名踝关节粉碎性骨折的患者诊治，骨头碎片一览无遗，手术前模拟骨头复位，设计个性化钢板，进行精准治疗。

在建筑界，以“把帐篷变成建筑”为卖点的气膜建筑，是最有前景的环保产品之一，常用来做运动场、游乐场、展览场、音乐会场等。深圳市光启高科技实验室基地的气膜建筑，面积达1.1万平方米，高42米，可以同时容纳两个大型飞艇在室内飞翔。以往的气膜建筑最怕强风和重压，各地不时有气膜场馆因强风而坍塌的新闻，而深圳市博德维环境技术股份有限公司推出的“斜向正交网状钢缆”结构气膜建筑，可抵御16级强台风及承重超过260千克/平方米，成为第三代核心技术。

2006年，香港科技大学的几位毕业生在深圳创办大疆创新科技有限公司，专注于为无人机工业、行业用户和专业航拍应用，提供性能最强、体验最佳的智能飞控产品和解决方案。公司发展之快，令行内人士为之震惊。2015年2月，美国权威商业杂志《快公司》评选出2015年十大消费类电子产品创新型公司，大疆创新科技有限公司是唯一一家中国本土企业，在谷歌、特斯拉

比亚迪F6汽车在深圳闪亮下线

大族激光科技股份有限公司

之后位列第三。2015年12月，大疆推出第一款智能农业喷洒防治无人机——大疆MG-1农业植保机，一举进入农业无人机领域，在防尘、防水、防腐蚀方面，都已达到顶尖水平。截至2016年，大疆创新在全球已提交专利申请超过1500项，获得专利授权400多项，涉及领域包括无人机各部分结构设计、电路系统、飞行稳定、无线通信及控制系统等。2017年6月，大疆入选《麻省理工科技评论》的“2017年度全球50大最聪明公司”榜单。2017年6月30日，再获中国商标金奖的商标创新奖。

近十年智能手机技术发展之快，让人有“山中方七日，世上已千年”之感，不断地升级换代，不断地挑战极限。从2015年开始，可弯曲的柔性手机成为一个世界性的时髦概念。深圳市柔宇科技有限公司发布了号称“全球最薄的柔性屏幕”，厚度仅约0.01毫米，堪称薄如蝉翼，不仅可以自由蜷曲伸缩，而且清晰度和亮度与普通显示屏无异，可以直接应用于智能手机领域。

华为、中兴、腾讯、比亚迪、大疆等一批竞争力超强的创新型企业，成为全国创新发展的前驱。深圳拥有国家高新技术企业累计已达8000多家，PCT（专利合作协定）国际专利申请量全球第二；2016年，新兴产业对于GDP（国内生产总值）增长的贡献率达到53%，先进制造业占工业比重超过75%。数字虽然枯燥，意义却非同一般。还有几个数字也值得一提：深圳有90%以上的研发机构设立于企业，90%以上的研发人员集中在企业，90%以上的研发资金来源于企业，90%以上的职务发明专利出自企业。“四个‘90%’是广为人知的”，《深圳商报》直言，“深圳的‘颜值’主要靠民企拉升”。

1992年邓小平的“南方谈话”实际上对深圳提出了三个目标：一是在广东赶超“四小龙”的进程中，起骨干作用和带头作用，做出更大贡献，深圳不但要带领广东赶超“四小龙”，而且自己作为一个城市也要赶超“四小龙”；二是深圳要加快发展步伐，拉近跟香港的差距，尽快与香港市场经济体制和运行机制对接；三是深圳要发展高科技，高科技领域的一个突破，能带动一批产业的发展。

深圳的历届政府正是朝着这个方向前进，以各种强有力的政策措施推动高科技。深圳先后出台了《深圳市生命健康产业发展规划（2013—2020年）》《深圳市海洋产业发展规划（2013—2020年）》《深圳市航空航天产业发展规划（2013—2020年）》和《深圳市未来产业发展政策》等一系列规划、政策。2008年以来，深圳更是先后出台了自主创新“33条”、创新驱动发展“1+10”文件等一系列支持自主创新的政策，希望通过强有力的政策“组合拳”，继续保持和扩大深圳在创新政策领域的优势。

内地不少地方的经济发展模式，都是依靠政府政策扶持，从粗放型的劳动密集型加工业起步，深圳也是循此模式得以大力发展。很多地方在向高科技高增值服务业的经济转型中，却失去动能，裹足不前，变成过度依赖房地产业的畸形发展模式。而深圳则是率先成功转型，高科技成为新增长的动力，带动其他产业发展。

深圳在2017年对高科技的投入达到900亿元人民币，筹建8个重点科技基础设施，吸引了众多高新科技研发机构和创新载体等落户，新兴行业已凝聚足够的临界质量，井喷式发展高潮的出现指日可待。同时，深圳锐意发展金融业，有足够多的创投风险基金进驻，寻觅有创意的潜在发展企业投资，进一步鼓励创意产业的发展，形成良性发展。

今天的深圳，已告别了20世纪八九十年代那种粗放型的“野蛮生长期”了，对此几乎没有谁会提出异议。但告别“野蛮生长”，并不意味着回归计划经济。政府要做的，就是搭建一个公平竞争、良性发展的平台，提供完善的制度和法律保障，让发展来得更精致一点。《经济观察报》用了这样一个文章标

IBM在中国投资最大的软件企业万园软件开发（深圳）有限公司

深圳科技园软件产业基地（图片来源：视觉中国）

题：“深圳创造：‘野蛮’多点，‘规矩’少点”。乍一看，好像还在留恋当年山寨式的发展模式，但如果这个“野蛮”是指市场，这个“规矩”是指政府行政干预，那么这种说法就没有什么错处。

依法治市、依法治国、依法发展经济，走到今天，这是必须要过的一关，是这一代人责无旁贷的天赋职志。深圳分别于1992年和2000年被国家授予“特区立法权”和“较大市立法权”。怎么运用好这个“权”，成了一个新课题。在深圳，任何单位个人都可以随时提出要立什么法，这叫“开门立法”。立法过程网上全公开，这叫“扩大社会参与”。

深圳是全国地方立法最多的城市，自1992年被授予“特区立法权”以来，累计制定了220项法规，包括先行先试类105项、创新变通类57项，两类占比达73.63%。在105项先行先试类法规中，有41项早于国家法律、行政法规出台，64项是国家法律、行政法规的空白点，直接为国家立法提供了借鉴。

深圳有多部法规为自主创新和高新技术产业发展提供强有力支撑。1995年制定、2009年修订的《技术秘密保护条例》、2016年的《高新技术产业园区条例》以及2017年推出的号称“史上最严”的《深圳经济特区知识产权保护条例（征求意见稿）》，对恶意侵犯知识产权，最高可罚500万元。一部好的法规，不仅体现在文本上，更要体现在执行上；不仅要执法，而且还要“依法执法”，才能真正为科技创新和经济发展保驾护航。

向国际化城市迈进的深圳

国际化进行时

天上浓云密布，飘着小雨，北风带来丝丝凉意。2016年1月27日，深圳投资大厦的会议厅里，高朋满座，这里正在举办"'一带一路'国家战略与深圳企业海外投资高峰论坛"。这是由深圳市国际投资推广联合会主办，深圳市投资控股有限公司、中国出口信用保险公司深圳分公司、北京市天元（深圳）律师所承办的一次大型会议。政府多个机构、部门和100家企业代表出席了论坛。

"一带一路"是"丝绸之路经济带"和"21世纪海上丝绸之路"的简称，旨在借用古代丝绸之路的历史符号，发展与沿线国家的经济合作伙伴关系，共同打造政治互信、经济融合、文化包容的利益共同体、命运共同体和责任共同体。2015年3月28日，国家发展改革委员会、外交部、商务部联合发布《推动共建丝绸之路经济带和21世纪海上丝绸之路的愿景与行动》，"一带一路"的具体方案正式出台。

其实，自改革开放以来，深圳一直都在"走向世界"的路上，虽然曲折崎岖，但深圳凿山开路，风雨兼程，从来没有停止过脚步。从最初公社干部站在罗湖桥头追着每一位过境的香港人劝他们回乡投资，到现在拥有世界第三大集装箱港口、中国内地第四大航空港，居亚太地区最重要的交通枢纽之位；2016年英国智库机构Z/Yen公布全球金融中心指数，深圳排名第二十二，居北京之前，与全球排名第四的香港有互补效应，地位更加显要。

早在21世纪前后，深圳就开始在海外布局了。2003年，华为完成了在亚太、欧洲、中东、北非、独联体、拉美、南非、北美八大区的布点；中兴通讯自1998年获得巴基斯坦全国有线通信网建设项目以来，成功进入印度、印度尼西亚、巴基斯坦、尼日利亚和埃及等众多国家，海外据点分布于亚洲、非洲和欧洲等各大地区；2010年，华大基因提出了共建老挝经济特区的四个初步构想——世界先进水平的热带地区品种评价和育种基地、老挝—深圳产业转移工业园区、基因健康主题休闲度假疗养园区、生物经济产业科普教育培训基地；2012年，华大基因又与新加坡INEX Innovations Exchange健康诊断公司合作，在新加坡建立新一代基因组测序中心，开展一系列分子遗传检测项目。

据媒体报道，华为、中兴、华大基因这些深圳龙头企业在“一带一路”沿线38个国家设立了研发中心，部署了137个项目，投资额逾420亿美元，通信、医药、能源、机械等领域是他们的主攻方向。投资1000万美元以上的研发企业就有85家。深圳与这些国家的贸易也大幅增加，2015年进出口4510亿元，占同期深圳外贸进出口总值的16.4%，占同期全国对沿线国家进出口总值的7.3%。深圳还与“一带一路”沿线52个城市结成国际友城和友好交流城市，开展日益频密的文化与贸易交流。

在“‘一带一路’国家战略与深圳企业海外投资高峰论坛”上，与会者显得信心十足，侃侃而谈。大家有一个共识：深圳背靠珠三角，辐射华南地区，经

发展远洋贸易

济优势明显；深圳毗邻港澳，金融优势明显；深圳是中国的经济特区，在对外合作中具有明显的体制机制优势，可以在“一带一路”上扮演更为积极的角色。而深圳市官员则在论坛上介绍了深圳市鼓励企业海外投资的相关政策。按照政府设想，深圳将成为“一带一路”的桥头堡，推动深圳与越南海防经贸合作区建设，谋划深圳与印度尼西亚电子产业园区等合作园区建设，力争与“一带一路”沿线国家双边贸易超过800亿美元。

2015年10月，“中国企业走出去联盟”在北京成立，各地也随即纷纷成立“企业走出去联盟”。深圳的“走出去战略合作联盟”在2016年4月成立。这是一个由政府主导的企业联盟，出席联盟揭牌仪式的一位副市长表示，希望联盟能融合各方资源，从政策信息、市场动态、专业服务、人才培训、风险防范、经验分享等方面尽可能全方位地给予企业支持。

政府设立各种奖项，既鼓励企业“走出去”，也鼓励“引进来”。服装（皮革、内衣）、家具、钟表、黄金珠宝、眼镜等“优势产业”，就有一个以300万元为上限的“开展国际化拓展”奖励计划。所谓“国际化拓展”，是指“引进国际一流设计或运营团队（人才），并购国际品牌，引进、合作开发国际先进适用技术等，并具有一定的实际资金支出”。

前海蛇口片区继续保持着对外资的吸引力。2016年10月国庆节后，深圳便公布前九个月的经济数据。前海蛇口片区利用外资的数量，在全国自贸区中排名第一，实际利用外资位列全国自贸区第二。来自“一带一路”的64个国家和地区的投资者在前海蛇口自贸片区投资兴业，设立企业4596家，投资总额3699亿元。到2016年年底，深圳已在135个国家和地区设立境外企业、机构5000多家，累计投资479.8亿美元，深圳被视为中国对外投资最活跃的地区，实在名不虚传。

然而，蓝图虽然宏伟，愿景虽然美好，但付诸现实，往往投资容易赚钱难。“一带一路”沿线国家各有各的具体情况，千差万别，遇上政治不稳、法治不彰的地区，投资风险总是如影随形，未必有预期的回报，稍不留神，打了水漂也未可知。从2011年开始，中国自身的经济也处于下行状态，生意愈来愈难做。海内外的大小环境都不容乐观，在“走出去”的企业家们前面，颇有“正入万山圈子里，一山放出一山拦”之概，但业再难创，也还是要创的；路再难走，也还是要走的。这就是深圳企业家的精神——“开荒牛”的精神。

2016年11月12日，星期六。微波山下，太子湾邮轮母港（又名蛇口邮轮中

深圳太子湾邮轮母港

心）彩旗纷飞，鼓乐喧天，庆祝正式开港。这是前海蛇口自贸片区的扛鼎之作，2011年11月21日破土动工，历时五年，克奏奇功。

《蛇口消息报》以激动人心的措辞写道："一个美丽、迷人、现代、梦幻的邮轮母港展现在世人面前——这里有可停靠大型邮轮的码头和内地及港澳高速客轮泊位，有高档的商务公寓和住宅以及五星级酒店，有造型现代的写字楼，有供人休闲、游玩、购物的综合商业体、艺术馆、音乐厅、海滨艺术广场、海港广场、餐饮街、21世纪公园，有铭记历史的博物馆、纪念馆、历史码头岸线、吊塔模型，有梦幻的时光长廊、摩天轮，有一流水平的国际医院、学校、幼儿园，还有地铁、高架轻轨、地下通道等十分便捷的立体交通网络，以及让人充满遐想的欢乐岛……"

11月13日，太阳被茫茫云海所遮蔽，虽然立冬已过，但中午气温仍高达29℃。丽星邮轮"处女星"号载着1500多名乘客，从太子湾出发，首航驶往越南，从而开启了一个华丽的邮轮经济时代，可提供3万就业岗位。人们常把太子湾与深圳湾做比较。尽管深圳湾一度是深圳最畅销的豪宅区，但《蛇口消息报》认为，"从场所精神来看，太子湾经过千年历史沉淀、近三十年的建设，历史与现实交织、繁华与宁静相随，是很好的生活场所。而深圳湾更像是一个暴富的新贵，豪华有余而底蕴不足"。因此，它的结论是，"太子湾或超越深圳湾"。

以前人们喜欢说深圳是小渔村，但曾经的小渔村今天已是世界最繁忙的大港之一，拥有蛇口、赤湾、妈湾、东角头、盐田、福永机场、沙鱼涌、内河八个港区，500吨级以上泊位就有113个，其中生产性泊位100个，万吨级以上深水泊位26个，集装箱专用泊位5个。港口设计年综合通过能力3500万吨，其中集装箱140万标准箱。2017年10月12日，第十二届深圳国际物流与交通运输博览会开幕。中国深圳港、比利时安特卫普港、韩国釜山港等15家国际港口签署了一份《深圳宣言》，承诺共同推进港口技术创新与应用，建立更具开放性的合作共享机制，推动区域经济和海上丝绸之路繁荣发展。

深圳的天空也愈来愈繁忙。2016年上半年，深圳机场先后开通了深圳至东京、迪拜、悉尼、洛杉矶及法兰克福5条国际航线。海南航空宣布将开通深圳始发至奥克兰、岘港、芽庄、清迈和普吉五大城市的国际航线。除普吉外，其他四条均为深圳机场始发的新航线。12月29日，深圳第五条洲际航线——深圳至奥克兰航线正式首航。海南航空HU7931班机于北京时间13时55分由深圳宝安国际机场起飞，并将于当地时间清晨6时30分飞抵奥克兰机场。12月31日，深圳至清迈国际航线首航成功。2017年7月1日，中国南方航空公司正式开通深圳至越南河内的直飞航线。

2017年8月10日，意大利国际航空运营的深圳至米兰航线开航。这是深圳首条直飞意大利的客运航线，也是首条由外国航空公司在深圳机场开通运营的洲际客运航线。该航线开通后，深圳机场国际和地区客运航线已达34条，可直飞东南亚、东北亚地区的热门城市，还有7条洲际航线，可达迪拜、法兰克福、悉尼、墨尔本、洛杉矶、奥克兰等城市。还有更多的国际航线正在准备开通。

愈来愈多的人选择从深圳出发出国旅游，名山大川、穷乡僻壤，各有所爱；既要去纽约华尔街，也要去柬埔寨吴哥窟；乘飞机快捷，坐邮轮舒适，跟旅行团也行，自助游也行；住星级宾馆挺不错，住汽车旅店也很好。2016年，根据携程旅行网的数据，按百万规模的出境自由行、跟团游的服务人数统计，在中国出境旅游出发城市中，深圳排名第三，仅次于北京、上海，居广州之前。仅深圳机场的统计，2016年的国际旅客量便达到222.68万人次，同比提升34%。

在四五十年前，从深圳到北京，沿途辗转，得花上几天几夜；但在21世纪的地球村中，深圳与世界的距离，已近在咫尺，伸手可及，高山大海都不成其为障碍。阻隔人类文化交流、资讯流通的鸿沟，大部分都被技术填平了。尽管还有一些人为的樊篱存在，企图把中国隔绝在现代潮流之外，但最终也会被历史证明是白费劲的。

前海再出发

当21世纪的第一个十年即将过去时，许多人都提出了这样的疑问：深圳的发展到头了吗？深圳还有发展的空间吗？现在满城争说高科技，但高科技毕竟是顶尖的东西，不是人人可以参与的，在庞大的金字塔中下端，有什么产业支撑？1982年就在深圳从事物资工作、亲历了深圳崛起全过程的陈平壤说："深圳已经没有土地可开发，没有多少主导产业，高科技的东西风险极大。深圳人的素质成问题，有户口的300万人，没户口的1200万人，多数来自县镇和农村，他们将来难以成为深圳发展的动力。"因此，他担心即使政策不变，深圳也只能往前再走三至五年，最多十年，便会显出后继乏力的问题。这种忧虑，在他那一代的深圳人中有一定的代表性。

深圳最大的困扰之一，是没有多少可供开发的土地了。它不像广州，当年还有番禺、花都、增城，甚至从化，可以提供扩展的空间。深圳被东莞、惠州所包围，可谓"前无去路，后有大海"。北京大学城市规划与设计学院副院长陈可石建议向大海要土地，"深圳是填海较少的城市，应扩大填海面积，将前海扩大到30平方千米，使前海总面积相当于半个曼哈顿"。但填海对生态环境造成的影响，也引起人们的关注和争议。

《21世纪经济报道》说："作为一个海滨城市，事实上过去多年深圳一直在填海。蛇

2014年竖立的前海奠基石

中国（广东）自由贸易试验区深圳前海蛇口片区

口大道，深圳湾包括滨海大道、珠江口的大铲湾以及盐田港口的突堤等许多地方都是填海填出来的，填海不仅扩展城市空间，也与房地产发展息息相关。”时任广东省委副书记、深圳市市委书记马兴瑞在深圳广电《民心桥》节目中说，深圳空间非常小，中央和省里非常赞同深圳拓展发展空间，包括填海55平方千米，陆地整备50平方千米左右，“深圳还有100多平方千米，大家可以想象未来还有发展空间”。

前海地处深圳蛇口半岛西侧，珠江入海口东岸。从地理上看，它正处在珠三角经济发展主轴和沿海功能拓展带的十字交会处，汇聚穗莞深城际轨道、深中通道、广深沿江高速等交通动脉，具有“珠三角一小时交通圈”的优势。通过深港两大世界级港口和机场，连接全球和中国各大城市。在进入21世纪第二个十年以后，它的名字开始密集地出现在人们对深圳未来的各种想象之中，被称为“镶嵌在南中国海滨的璀璨明珠”“全国新一轮改革开放先行地”“21世纪海上丝绸之路重要枢纽”和“深港澳深度合作示范区”，是深圳发展空间的一个新亮点。

2010年8月26日，在深圳经济特区30岁生日当天，国务院批复同意《前海深港现代服务业合作区总体发展规划》，给了广东省三大自由贸易试验区之一的前海片区“准生证”（其他两个自贸试验区是广州南沙和珠海横琴），面积为3.71平方千米。

2012年12月，习近平总书记到前海视察时说：“前海开发开放是深圳经济特区发展的新契机、转型升级的新推力、改革开放的新起点、粤港深港合作的新平台。”他要求前海“依托香港、服务内地、面向世界”，还要“坚定不移，持之以恒，艰苦奋斗，开拓创新”，做到“精耕细作、精雕细琢，一张白纸画出最美最好的图画”。他还说了一句令深圳人非常兴奋的话：“充分发扬特区敢为天下先的精神，落实比特区还要特的先行先试政策。”这不仅肯定了深圳在改革开放初期“敢为天下先”的开拓精神，而且要求前海必须“比特区还特”。改革步伐要更快、更大，开拓精神要更充沛、更进取。从此，前海是“特区中的特区”，便在全国唱响入云了。

2015年4月27日，前海与蛇口合二为一，成为广东自贸试验区的“前海蛇口自贸区”，规划面积28.2平方千米，其中前海区块（15平方千米，含前海湾保税港区3.71平方千米），蛇口区块（13.2平方千米）。建设规模2600万至3000万平方米，规划就业人口65万，居住人口15万。

在建设指挥部的巨幅地图上，画满了圈圈点点。未来前海的定位是：现代服务业体制机制创新区，现代服务业发展集聚区，香港与内地紧密合作的先导区，珠三角地区产业升级的引领区。主导产业包括金融业、现代物流业、信息服务业和科技服务以及其他专业服务。深港现代服务业合作区、保税港区、自贸试验区“三区叠加”，为建设“特区中的特区”奠定基础。桂湾、前湾、妈湾片区为核心商务区、综合发展区和保税港片区，以滨海休闲带和综合功能发展带把三大片区串联起来。

前海自贸区的官网为人们描绘了一幅美好的图画：到2020年，建成基础设施

前海蛇口自贸区已颇具规模

完备、国际一流的现代服务业合作区，具备适应现代服务业发展需要的体制机制和法律环境，形成结构合理、国际化程度高、辐射能力强的现代服务业体系，聚集一批具有世界影响力的现代服务业企业，成为亚太地区重要的生产性服务业中心，在全球现代服务业领域发挥重要作用，成为世界服务贸易重要基地。

2017年，前海蛇口自贸片区管理委员会向媒体披露，前海开业企业数量由2012年的299家增加至2016年年底的4.2万家，注册企业增加值从2013年的49.9亿元增长至926.5亿元，增长近19倍。而《深圳商报》则提供了一组不尽相同的数据：前海蛇口片区注册企业从五年前（2011年）的5215家增加至2016年年底的12.46万家，年均复合增长率高达118.8%；固定资产投资从18.14亿元增长至388.73亿元，年均增速超过80%。2016年，注册企业增加值实现1416.19亿元，同比增长39%；实现税收收入269.33亿元，同比增长48.8%；合同及实际利用外资分别达到547.67亿美元和38.03亿美元，同比增长151.5%和70.6%，分列全国自贸区第一、第二。片区累计推出制度创新成果284项，其中全国首创或领先110项，全省复制推广49项，全市复制推广31项。《深圳特区报》报道：前海每平方千米拥有开业企业2103家，每平方千米注册企业实现增加值达33.03亿元，每平方千米税收收入6.73亿元，经济密度居于全国自贸区榜首。

集万千宠爱与希望于一身的前海蛇口自贸片区，宛如一颗新星释放出超级的能量，光度骤然变得耀眼。

2017年9月9日，中国银行业协会首席经济学家巴曙松在深圳市图书馆五楼报告厅就中国房地产市场新特征与新趋势发表公开演讲。他对房地产的“新特征与新趋势”并没有太多新观点，倒是提出了一个“环深圳城市群”的概念，把香港、广州、佛山、珠海、澳门统统视为“环深圳”城市，一时间在舆论界引发“石破天惊”的震动。

总是有人喜欢在每一个经济区域内找出一个老大来，没有老大好像就找不着北了。珠三角到底谁是老大？深圳？广州？还是香港？有两篇文章在网上抛出来后，众多网站纷纷转载，刷爆了微信朋友圈：一篇是《对不起，香港！你已沦为环深城市》，另一篇是《广州、香港：已沦为“环深圳城市”？》。

在前海蛇口自贸片区的官网上有这么一组数据，说明香港正向深圳靠拢，似乎从某种意义上印证了香港“环深”的现实。数据显示，至2015年年底，在前海蛇口自贸片区，具有港资背景的企业数量为2787家（前海合作区注册企业为2313

俯瞰盐田港

家），比前一年增长107%。自贸区向港资背景的企业出让了26.8万平方米的土地，占总出让土地的43%，兴建了209.3万平方米的建筑，占总建筑面积的45%。2016年，深圳的经济总量已直追香港，但其实在深圳的经济总量中，有不少是港资企业贡献的。

巴曙松认为，未来环北京、环上海、环深圳三大城市圈和南京、合肥、武汉、长沙、重庆、成都六大城市（即所谓“3+6”），将构成中国城市的主力格局。他的主要依据是：2016年，从宏观层面看，“3+6”城市格局占全国人口19.5%，创造的GDP占比达36.8%，新房交易额占比达46.2%，二手房交易额占比达73.5%。城市圈的特征是：大城市人口、资金吸引力持续增强；房地产交易占比高；转型的开发商由开发投资走向多元化运营，同时集中度不断提高。

深圳是中国二手房流通率最高的城市，在全世界仅次于澳大利亚。二手房买卖畅旺，表明房地产已经出现了结构性的转变，从“增量时代”转向“存量时代”，重心也将从开发转向服务。这意味着二手房流通、租赁等交易服务和装修、维护、搬家、保洁等维护服务以及租金、货币化等金融服务将取代房地产开发投资，成为未来新的经济增长点。

不过，有一位署名“孙不熟”的作者撰文批评说：“巴先生也真是敢说，完全没有避讳广深港之间的微妙关系，也没有考虑到穗港两地市民的感受。”他认为巴曙松所称赞的深圳，本身也不是一个环状的城市，“而是一个由深南大道构建的带状城市。与环状城市的‘单中心结构’不同，带状城市是多中心的，罗湖、福田、南山势均力敌，谁也不是谁的‘核’，谁也不是谁的‘环’。现在，连宝安、龙华、龙岗、坪山的房价都赶上罗湖了，谁还好意思说谁是谁的‘环’？”

粤港澳大湾区研究院落户深圳

这位作者特别欣赏富士康老板郭台铭对“广深高速”的解说。因为一般人所说的广深高速，是指广州至深圳全长122.8千米的高速公路，但郭台铭却另作妙喻。富士康从1988年开始涉足中国内地，第一个项目落户深圳，其后扩展到惠州、佛山、中山、广州等地。郭台铭说，要把这些项目串联起来，它们都与“广深高速”有关。

对珠三角城市的布局，郭台铭有自己独特的思路。在他看来，深圳是一个点，广州也是一个点，珠江的东岸、西岸都是一个个的点。经过二十多年的发展，广东借助高速公路、港珠澳大桥的兴建，有了交通的基础，再加上产业的扩充，现在珠三角发展已经是从“点”到“线”联结的阶段。因此，他认为2017年将是珠三角城市联结的“元年”。他强调做事看问题要有高度、广度、深度和速度，这就是他常说的“广深高速”。

2017年3月，国务院总理李克强在第十二届全国人大五次会议上的政府工作报告中正式提出了“粤港澳大湾区”的构想，推动中国内地与香港、澳门特区的深化合作，以香港和澳门的独特优势，提升中国的经济发展。粤港澳大湾区是由香港、澳门、广州、深圳、珠海、佛山、中山、东莞、肇庆、惠州和江门组成的城市群，是继美国纽约都会区、美国旧金山湾区和日本东京都市圈之后的世界第四大湾区。

未来大湾区的发展，必然以高科技为龙头，而高科技的龙头，必然由深圳一力担当，这是历史赋予深圳的新的角色要求。利用高科技为载体，将大湾区打造成“中国的硅谷”，带动整个区域、国家整体以至全球高科技的进一步发展，将使深圳再创辉煌。

深圳的变化实在太快了，地图年年更新也追赶不上。没有一定的“广深高速”，确实无法理解它源源不绝的澎湃动能究竟从何而来。梧桐山上，吹着东南西北的风；大鹏湾边，涌着五湖四海的潮，带走了无数个日夜、无数个春秋。人间多少事，在深圳河两岸兴而废，废复兴，上演着一幕幕盛大的史诗剧。

在千万台电梯穿梭升降的高楼大厦之间，在千万辆汽车川流不息的马路上，在大学的校园里，在人才市场的招聘现场，那首《勇敢吧》的歌曲依然在每个深圳人心中传唱：“勇敢吧，不要怕，人生的舞台很大；奔跑吧，你教给我的力量，也慢慢强大。这城市霓虹闪耀，海浪追逐岸上场。多少个青春勾住风景如画，记忆挥汗的眼下，等待激进的爆发……”

好一个大深圳

中国改革开放已经40年了，深圳经济特区建立也38年了。人们在谈论深圳时，都乐于说它如何从小渔村变大都市，它的国内生产总值如何从2亿元变成2万亿元，它在全国排名第几，几时可超广州，几时可超香港。

在2014年中国社会科学院发布的《城市竞争力报告蓝皮书》中，深圳脱颖而出，在综合经济竞争力中排名第二，仅次于香港，并在10项主要竞争力指数中名列前茅。随后几年，深圳继续以惊人速度上升，在网上一搜，这样的文章标题几乎可以用“铺天盖地”来形容：“深圳GDP连超台湾”“一个深圳打败一个台湾”“如何看待深圳GDP总量或将超过广州”“去年深圳国内生产总值直追香港”“深圳GDP明年将首次超越香港”“就在明年，深圳GDP或将超越香港”“深圳已成中国硅谷，GDP总量将超香港”“四大一线城市里深圳发展最快，深圳GDP早已超越香港”……

确实，深圳创造了一个让历史吃惊的神话。1979年，中国刚刚有了一个深圳市，它的国内生产总值只有1.96亿元人民币；但到了2016年，深圳的国内生产总值已超过1.93万亿元，在当年的“亿”字前，多了个“万”字，排在北京、上海、广州之后，位列全国第四。2017年上半年，深圳国内生产总值达9709.02亿元人民币，同比增长高于全国和全省。大粤网根据2016年各区的国内生产总值排名，排列出广东“十强区”，深圳南山区第一，深圳福田区第三，深圳龙岗区第四，深圳宝安区第六，深圳罗湖区第十。换言之，在“十强区”中，深圳占了五席。

深圳全景大沙盘

如果按人均来算，珠三角地区人均国内生产总值在2016年迈上11万元大关，达11.43万元，按当年平均汇率折算为17 205美元。参照经济合作与发展组织2016年最新划分标准，已达到高等收入水平标准，在全国仅次于天津和北京，超过上海和长三角16个市。其中，深圳已突破了2.5万美元。虽然不能仅以国内生产总值论英雄，但它仍然是“英雄”的指标之一。深圳是全国少数几个有实力在“华山之巅论剑”的城市之一。

2016年，国务院在全国批准了12个跨境电商综合试验区（加上上一年设立的杭州试验区，共13个），深圳入列。21世纪经济研究院一位分析师撰文称，除少数城市数据缺失外，2016年深圳的跨境电商交易额是13个试验区中最高的，"杭州2016年跨境电商的交易额为527.28亿元，而深圳达到了2622亿元"。深圳跨境电商据称已达2万余家，占全国的半壁江山。深圳的跨境电商上市公司更是占据中国跨境电商上市公司的90%以上。按照深圳的实施方案，预期到2020年，该市跨境电子商务交易额将突破1000亿美元，年均增幅达30%左右。

跨境电商成为深圳外贸突破低迷状态的一股强劲动力。回想1979年，深圳建市第一年，进出口总额才1676万美元，出口只有930万美元；而2016年，深圳的进出口总额达到2.6万亿元人民币，其中出口是1.6万亿元，稳居内地大中城市首位，实现24连冠。

深圳创造了一个又一个史诗级的经济奇迹，但它所呈献给历史的，却远不限于经济上的成就，还有一个又一个蔚为大观的文化奇迹。虽然深圳发展神速，虽然它非常富有（2016年的城市资金总量达到6.44万亿元，仅次于北京、上海），但却很少听到有人说深圳是暴发户，因为它没有给人那种暴发户式的狂妄、肤浅、粗鄙、拜金的感觉。相反，正如深圳报业集团一位副总编辑所说："深圳贡献的不只是GDP，不只是夜店，更重要的是，它还贡献了观念。"这在其他经济特区是不多见的。

20世纪80年代"深圳精神"的广告牌

2010年在海选"深圳十大观念"的活动中，主办方设立了网上电子留言板，人们纷纷写下他们认为最能代表深圳精神的观念，多达数千条。有的写"杀出一条血路"，有的写"公民社会，共同成长"，有的写"英雄不问出处"，也有的写"我不同意你的观点，但我捍卫你说话的权利"，还有人直截了当地写下一个"闯"字。这些观念提出来，并不是说它们已全部在深圳落地生根、开花结果了，但它们反映了深圳人的一种理想、一种追求。

最后入选的“深圳十大观念”是：时间就是金钱，效率就是生命；空谈误国，实干兴邦；敢为天下先；改革创新是深圳的根、深圳的魂；让城市因热爱读书而受人尊重；鼓励创新，宽容失败；实现市民文化权利；送人玫瑰，手有余香；深圳，与世界没有距离；来了，就是深圳人。只有把深圳的精神、深圳的文化与它所创造的经济奇迹结合起来，融为一体去观察，才能看到一个完整的深圳，才能理解经济奇迹从何而来，才能明白在1980年同时成为经济特区的几个城市之中，为什么只有深圳能够异军突起，成就今天这样的规模、这样的高度。

四十年过去了。一万四千六百个日日夜夜，深圳就这么“山一程、水一程，风一更、雪一更”地走过来了。万万千千的拓荒者，当初为了一个也许很宏大的理想，也许只是微不足道的人生小目标，从天南地北会集到这个地方，流血流汗，献出青春，乃至献出生命。他们是企业家也罢，是建筑工地或工厂流水线的工人也罢，是普通的公务员、教师、技术员、工程师也罢，历史理应为他们腾出一个席位。深圳市政协在2014年启动了一项浩大的工程——《深圳口述史》，邀请深圳人讲述自己追梦、圆梦的故事。工程分三季完成，以深圳历史每十年为一季划分，共征编约三百期口述故事。《深圳晚报》说：“《深圳口述史》是青年一代追求人生梦想最好的教材。”

随着时间的流逝，很多拓荒者已如天上繁星，渐渐消隐在晨光熹微之间。2017年7月，300多名在20世纪80年代初参加深圳建设的解放军基建工程兵老兵冒雨来到罗浮山内的“罗浮净土人文纪念园”，举行“深圳拓荒牛纪念园”奠基典礼。

当年上级一声令下，两个师建制的2万多名工程兵打起铺盖，登上风驰电掣的列车，开赴深圳。第一批来到深圳的基建工程兵在白沙岭一带安营扎寨，很多老兵还清楚地记得营房“战士之家”大门口的那副对联：“志在特区搞建设，红在深圳保边疆”。在深圳很多基建工地上，包括深圳市府大楼、电子大厦、友谊商场等，他们手上、肩上磨穿了多少血泡。如今他们已白发斑斑，步入晚年，有些战友已经辞世。“拓荒牛”纪念园包括纪念广场、工程兵英模雕像群、3000平方米的纪念馆和一座高17米的纪念塔（基建工程兵从创建到撤销建制共17年）。特区建设中的基建工程兵的拓荒故事和相关资料，将被精心保存下来，传诸后世万代。

外来劳务工是第一代“孔雀东南飞”的主力军。2008年，宝安区出资350万元，在石岩街道上屋社区永和路开办了一家在全国独一无二的博物馆——劳务工博物馆。它是利用已荒废掉的怡高电业厂厂房改造而成，面积5800多平方米。

博物馆保留了工厂的大部分原貌，包括三个不同年代的生产线、劳务工宿舍及食堂、观影厅、管理人员办公室等，还有从其他企业搬来的“夫妻房”。博物馆征集了6000多件（份）劳务工史料及文物标本，在陈列厅展出约900件（份），包括几条曾经使用过的电器装配生产线、一些在地王大厦工地使用过的工具、几十张从全国各地到深圳、宝安的火车票和长途汽车票，还有宝安县临时居住证、宝安县暂住证等。每件物品都布满了时间的风尘，即使隔着玻璃橱窗，人们也能感受到那个时代的温度，不禁思绪激荡、眼角潮湿。

七千年过去了。从咸头岭下、迭福河畔，听着大海的涛声出发，深圳走过了七千年的漫漫长路。它守护着海上丝路的出海口，站在鸦片战争的最前沿，打响反抗列强欺凌的第一枪，打响推翻皇权专制的第一枪。近代两百年以降，深圳始终以“天变不足畏，祖宗不足法，人言不足恤”的拓荒精神，挺身于每一个历史转折的关口。

8月26日，是深圳特区的生日。2017年的这天是星期六，尽管下了一场雷阵雨，但气温还是高达34 ℃，马路上热气蒸腾。各家日报开始陆续摆上报摊了。《深圳特区报》头版头条的文章《新使命，新作为，新征程》，引用了英国《经

深圳（宝安）劳务工博物馆开幕

济学家》周刊对全球4300个经济特区进行盘点后得出的结论：深圳是“若干成功典范中最突出的一个”。文章说：“不忘初心，方得始终。走得再远，也不忘记为什么出发。”《晶报》头版是醒目的大字标题《深圳，生日快乐！》，并配发社论《新的长征路上，让我们将改革进行到底》。稍晚才上报摊的《深圳晚报》头版则是整版广告，第二版的头条是《在新的起点上勇当尖兵再创新局》。

这天，前海举办了“新城建设市民开放日”活动。前海蛇口自贸片区成立两年来，已通车21条（段），通车里程达23千米；121栋永久建筑的主体结构封顶；建成永久建筑163万平方米；建成1.5级开发项目15.5万平方米，堪称“一年一个样”。100多名市民代表和媒体记者兴致勃勃地参观了前海多个具有代表性的项目。

这天，奔驰在马路上的出租汽车、私家轿车中的不少收音机都在播放深圳广电集团《飞扬971》节目推出的一场特别生日派对——“深圳，祝你生日快乐”。21位深圳市民代表应邀出席，表达对深圳生日的祝福。主持人还为与深圳同一天生日的市民送去特制蛋糕和祝福，共同“为城市庆生，为深圳喝彩”。

这天，深圳博物馆里，来自深圳高级中学、石厦中学、莲花小学、海港小学、益田小学、花城小学、华富小学、园岭小学、南外滨海小学等多所学校的37名“2017‘环球自然日’的青少年科普绘画大赛深圳赛区决赛”的选手，聚精会神地通过对世界野生动物标本的观察，把他们对大自然的理解，留在了深圳特区生日的画板上。

“继往开来　开创新业”宣传画

绿色城市深圳风光

这天，由深圳市关爱办、深圳市城管局、深圳新闻网、中国银行深圳市分行共同主办了一次“关爱环卫工人爱心替岗”活动。来自全市各区的一批市民带着孩子走上街头，冒着盛夏的湿热，从环卫工人手里接过清洁工具，让孩子们替他们“上岗”，清扫地上的烟头、灰土、零食包装袋和各种垃圾，体验环卫工人劳动的艰辛。

这天，由《深圳特区报》“冰镇热点”微信公众号和深圳市血液中心共同主办“我的热血我的城”系列活动，呼吁市民以无偿献血这种公益形式，庆祝深圳人自己的节日。不少市民在听到消息后，纷纷赶往深圳市血液中心献血。

这天，深圳关山月美术馆中央展厅举办了一场“中国梦·中国故事（2012—2017）——首届中国图片大赛”颁奖典礼暨典藏作品展开幕式活动。大赛的最高奖项——簕杜鹃奖，颁给了一组题为《奋进深圳》的摄影作品。组委会负责人称：“我们会以更加精彩的画面瞬间，来记录反映改革开放四十年来历史进程中每一个动人的、感人的时刻。”这些“动人的、感人的”瞬间画面连缀起来，就是这座荣光之城的全景图。

回望来路，四十年过去了；展望前方，还有无数个四十年在等着。遥亘万里，山重水复；春秋积序，柳暗花明。深圳仍在继续前行，继续成长，一步一个脚印，一步一声惊雷。世界的舞台，也随着它前行的步伐而扩展，深圳走一尺，舞台大一丈，永无止境。站在南海之滨看世界，一种新文明已从21世纪的海平线上喷薄而出。深圳巨鹏，振起你的双翼，发出你的强音，飞向这个新世界吧！

参考书目

1. ［明］汪运光修；张二果纂；曾起莘重修.［明］崇祯东莞县志［M］. 明崇祯十二年己卯（1639），广东省中山图书馆藏清抄本.

2. ［清］郭文炳修；李作楫，张朝绅纂.［清］康熙东莞县志［M］. 清康熙二十八年己巳（1689），日本内阁文库藏明刻本.

3. ［清］靳文谟修；邓文蔚纂.［清］康熙新安县志［M］. 清康熙二十七年戊辰（1688），广东省中山图书馆藏1962年油印本.

4. ［清］舒懋官，王崇熙修.［清］嘉庆新安县志［M］. 清嘉庆二十四年己卯（1819），民国十九年铅印本.

5. ［清］彭人杰修；黄时沛纂.［清］嘉庆东莞县志［M］. 嘉庆二年丁巳（1797），东莞县署刻本. 省城存古堂承刊.

6. ［清］钱以垲. 岭南见闻［M］. 广州：广东高等教育出版社，1992.

7. 朱寿朋编纂.［清］光绪朝东华录［M］. 上海：上海图书集成公司，1909.

8. 陈海滨. 深圳古代史［M］. 深圳：深圳报业集团出版社，2015.

9. 香港市政局. 岭南古越族文化论文集［M］. 1993.

10. 深圳市文物管理委员会. 深圳文物志［M］. 北京：文物出版社，2005.

11. 深圳市文物管理委员会办公室，深圳博物馆，深圳市文物考古鉴定所. 深圳7000年：深圳出土文物图录［M］. 北京：文物出版社，2006.

12. 深圳市史志办. 深圳市志［M］. 北京：方志出版社（各分卷出版年

份不一）.

13. 张一兵. 深圳古代简史［M］. 北京：文物出版社，1997.

14. 何佳声，等. 中国经济特区建设的回顾与前瞻［M］. 厦门：鹭江出版社，1993.

15. 《广东经济特区十年》编委会. 广东经济特区十年［M］. 广州：广东科技出版社，1990.

16. 广东省地方史志编纂委员会. 广东省志·经济特区志［M］. 广州：广东人民出版社，1995.

17. 李台然，叶青等. 深圳近现代优秀建筑［M］. 合肥：合肥工业大学出版社，2008.

18. 《深圳市城市建设志》编委会. 深圳市城市建设志［M］. 1989.

19. 邢凤麟. 深圳城市史［M］. 北京：团结出版社，1996.

20. 石泰康. 宝安往事——追溯宝安历史文化遗存［M］. 北京：中国文联出版社，2007.

21. 周军. 深圳市第二次文物普查报告［R］. 北京：科学出版社，2012.

22. 深圳博物馆. 宝安三十年史：1949—1979年［M］. 北京：文物出版社，2013.

《深圳传》图片使用说明：

本书图片主要来源于深圳市博物馆“古代深圳”“近代深圳”“深圳改革开放史”“深圳民俗文化”四个展览，部分图片可能博物馆不享有版权，但出版社无法了解具体情况，也联系不上这些图片的作者。请有关权利人主动与我们联系，以便奉付稿酬。

深圳传

叶曙明◎著

SPM 南方出版传媒
全国优秀出版社
全国百佳图书出版单位 广东教育出版社